파타고니아 ——————
파도가 칠 때는 서핑을

LET MY PEOPLE GO SURFING

patagonia®

파타고니아 ————
파도가 칠 때는 서핑을

지구가 목적, 사업은 수단
인사이드 파타고니아

이본 쉬나드 지음 | 이영래 옮김

라이팅하우스

이 책, 『파타고니아, 파도가 칠 때는 서핑을』은 나를 세 번 놀라게 했다. 첫 번째는 이 책을 처음 접하고 하루 만에 빠져들듯 단숨에 읽었을 때이다. 의류 제조 및 판매업에 종사하며 나름 오랫동안 패스트패션의 폐해와 지속 가능 경영에 대해 고민해 왔다고 생각했는데 이미 오래전에 명쾌한 비전을 제시하고 이를 실행하고 있는 회사가 있다는 사실이 매우 놀라웠다. 두 번째는 '과연 이 사람들이 진짜인가? 그냥 마케팅이 아닐까?'라는 일말의 의문을 품은 채 파타고니아에 입사한 후, 실무를 진행하며 이 책의 모든 부분이 정확히 실행되고 있음을 확인했을 때였다. 마지막은 이본 쉬나드를 만나 이야기를 나누면서였는데, '그토록 원대하고 시대를 앞서가는 비전을 가진 사람이 이토록 소탈할 수 있을까?' 하는 놀라움이었다. 이 책을 통해 국내의 기업 경영자들을 포함한 보다 많은 독자들이 이본 쉬나드의 비전을 공유할 수 있기를 바란다.

— 최우혁(파타고니아 코리아 지사장)

21세기 미국 기업계의 특징으로 자리 잡은 탐욕의 물결 앞에서 화가 났다가 우울해지기를 반복하던 모든 사람들에게 희망을 불러일으킨 이름이 있다. 이본 쉬나드. 그 자신처럼 독특하고 흥미진진한 책이다.

— 샌프란시스코 크로니클

내가 할 수 있는 최고의 찬사를 보내고 싶다. 『파타고니아, 파도가 칠 때는 서핑을』은 이본 쉬나드와 식사를 함께하고 싶은 마음이 절로 들 정도로 매력적이다. 원칙을 고수하면서도 번창하는 한 기업에 대한 이야기를 읽는 것은 지금 우리에게 희망과 용기를 준다.

— 월간 워싱턴

전혀 기업가답지 않은 쉬나드는 다른 한편으로는 천생 기업가이다. 그가 걸치고 있는 옷이나 출근하는 사무실 때문이 아니다. 그가 택할 수 있는 혹은 내려놓을 수 있는 역할 때문도 아니다. 있는 그대로의 그의 모습, 그리고 그가 생각하는 방식 때문이다. 『파타고니아, 파도가 칠 때는 서핑을』이 우리에게 보여 주듯이 중요한 것은 진정성이 얼마나 강력하고 조직적인 힘이 될 수 있는가이다.

— Inc.

쉬나드의 전기, 『파타고니아, 파도가 칠 때는 서핑을』은 매혹적이고 다채로운 한 인물을 드러내 보인다. 책임 의식이 있는 기업이 할 일은 쉬나드가 간 길을 뒤따르는 것 같다.

— USA 투데이

이본 쉬나드의 메시지는 명확하다. 당신이 해답의 일부가 아니라면, 문제의 일부라는 것. 쉬나드는 해답의 일부가 되는 일을 필생의 업으로 삼았다.

— 산타바바라 뉴스프레스

이본 쉬나드는 '산을 오르는 사람'이다. 문자 그대로도 그렇고 비유적인 의미로도 그렇다. 그가 사업에서 오르고 있는 산, '지속 가능성의 산'은 그가 실제로 오른 그 어떤 산보다 벅차고 위압적이면서도 중요한 산이다. 이 책에서 그는 그 산을 등반한 이야기를 들려준다. 그 산이 어떤 산이며, 어떻게 그 산에 올랐는지뿐 아니라 왜 올랐는지까지. 영감을 불러일으키는 의미 있는 책이다!

— 레이 앤더슨(인터페이스 회장)

이본 쉬나드는 세계적인 등반가이며 뛰어난 아웃도어용품 기업가이지만 거기에 그치지 않는다. 그는 산처럼 우뚝하다. 그는 진실성, 책임, 용기, 비전의 산을 마음에 품고 일한다. 어떤 일을 하는 사람이든, 『파타고니아, 파도가 칠 때는 서핑을』에서 본질적인 지침과 영감을 찾을 수 있을 것이다. 오랜 세월에 걸친 이본의 지원이 없었다면 나는 이 자리에 있지 못했을 것이다. 이제는 그의 책이 내가 앞으로 나아갈 수 있는 힘이 되어 주고 있다.

— 데이브 포어맨(리와일딩 인스티튜트 창립자)

마침내 이본 쉬나드가 자신의 이야기를 글로 옮기는 데 시간을 할애했다. 진보적인 비즈니스맨들이 수십 년 동안 기다려 왔던 일이다. 정말 너무나 멋진 책이다. 의식을 고양하고 대담한 배짱을 키우게 하는 진실한 이야기가 가득 담겨 있다. 기업가가 되기를 꿈꾸는 사람, MBA 프로그램과 비즈니스를 가르치는 학교라면 반드시 이 책을 사야 한다. 이본, 고마워요!

— 애니타 로딕(더바디샵 창립자)

자본주의와 윤리의 조화를 권장하는 매력적이고 실용적인 지침서.　　— 커커스 리뷰

현대 자본주의라는 거벽에
새로운 바윗길을 내다

클라이머 쉬나드는 우리에게 친숙하다. 그가 주한미군 복무 중에 한국인 클라이머 선우중옥과 함께 인수봉에 낸 새로운 바윗길(쉬나드A와 쉬나드B)을 우리는 마르고 닳도록 올랐다. 우리 기억 속의 그는 '늘 새로운 길을 열어 가는' 산악인이었다. 그는 스스로 대장장이가 되어 세상에 없던 등반 장비를 만들어 냈고, 요세미티 거벽등반(Big Wall Climbing)의 황금시대를 개척한 이들 중의 하나였으며, 히말라야의 미답봉들을 두루 섭렵한 다음에는 초등을 증명할 등반 개념도 따위를 모두 찢어 허공에 날려 버리는 파격을 일삼아 왔다.

사업가 쉬나드는 우리에게 낯설다. 물론 우리는 여전히 그가 만든 스토퍼와 헥센트릭을 쓰고, 블랙다이아몬드의 카라비너에 체중을 싣고, 너무 오래되어 색깔이 바랬으나 여전히 따뜻한 파타고니아의 재킷을 입고 오늘도 산에 오르지만, 그저 그러려니 할 뿐, 그를 사업가로 인식하지는 않는다. 우리에게 쉬나드는 오랜 세월 동안 하나의 자일로

서로를 묶어 의지해 왔던 까닭에 '언제라도 믿고 목숨을 맡겨도 될 만형' 같은 존재였던 것이다.

클라이머 쉬나드가 남긴 책이 『빙벽 등반』(1982)이라면, 사업가 쉬나드가 남긴 책은 『파도가 칠 때는 서핑을』(2005)이다. 이 책의 개정 증보판을 한국어로 읽게 되는 감회가 남다르다. 본래 클라이밍은 반(反)자본주의적인 것인데 반해, 비즈니스란 본질적으로 자본주의적인 것이다. 그러므로 클라이머로서의 정체성을 유지하면서도 사업가로 성공한다는 것은 거의 불가능에 가깝다. 내가 아는 한 이 불가능을 가능토록 한 유일한 사람이 바로 이본 쉬나드다.

이 책 『파타고니아, 파도가 칠 때는 서핑을』에 진술하고 간명하게 피력된 그의 철학들(디자인 · 생산 · 유통 · 마케팅 · 재무 · 인사 · 경영 · 환경)을 읽어 보라. 도대체 자본주의 비즈니스의 세계에서 이런 류의 이상적인 철학을 관철시키면서도 큰 성공을 거둘 수 있다는 것을 믿을 수 있겠는가? 이본 쉬나드는 바로 그런 '불가능한 일'을 성취하였다. 감히 '인간의 얼굴을 한 자본주의'라 칭할 만하다. 사업가 쉬나드는 우리가 알던 클라이머 쉬나드와 다른 사람이 아니다. 그는 '파타고니아'라는 전대미문의 사업체를 이끌며 현대 자본주의라는 거대한 벽(Big Wall)에 새 길을 내고 있는 중이다.

―심산(산악문학 작가, 심산스쿨 대표)

긴 세월 동안 동지이자 아내로 나와 함께해 준
말린다 펜노이어 쉬나드에게 바칩니다.

소형 러프에서 거대한 봉봉(bong-bong, 폭이 넓은 피톤을 이르는 말-옮긴이)에 이르는 다양한 쉬나드 피톤
들. 이 피톤들은 1960년대에 등반가들이 요세미티의 큰 암벽을 오르는 데 도움을 주었다. 사진: 글렌 데니

목차

1 역사

뒷마당 귀퉁이 낡은 대장간에서 세계 최고의 아웃도어 전문 기업이 되기까지

2 철학

제품 디자인 철학

"고품질이라는 기준과 단순함이라는 디자인 원칙은 파타고니아를 이끌어 온 원동력이다. 우리가 만든 모든 제품, 셔츠, 재킷, 바지의 기능 하나하나는 반드시 필요한 것이어야 한다. 디자인이 단순한가? 복잡하다는 것은 아직 기능적 필요가 해결되지 않았다는 확실한 신호다. 완벽은 더 이상 더할 것이 없을 때가 아니라 더 이상 뺄 것이 없는 상태에 이를 때 달성된다."

생산 철학

"더 강하고, 더 가볍고, 더 단순하고, 더 기능적으로 최고의 제품을 만들어라. 색이 바래는 옷감이나 쉽게 고장 나는 지퍼, 질이 떨어지는 단추를 용납해서는 안 된다. 파타고니아의 제품은 먼발치에서도 만듦새와 디자인의 차이를 알아볼 수 있어야 한다. 진짜 파타고니아의 제품은 상표가 필요치 않다."

유통 철학

"많이 파는 것보다 브랜드 이미지를 잃지 않는 것이 중요하다. 통신판매, 전자 상거래, 소매, 도매의 4대 유통망을 모두 사용하고, 소수의 거래처와 장기적인 동반자 관계를 맺어라."

마케팅 철학

"우리의 고객은 삶을 돈으로 사는 것을 원치 않으며, 삶을 깊이 있고 단순하게 만들기를 원하고, 공격적인 광고보다 믿을 수 있는 친구의 조언에 귀를 기울이는 사람들이다. 때문에 우리는 신뢰를 돈으로 사기보다는 자연스럽게 얻기를 원한다. 우리에게 최고의 자원은 입소문을 통한 추천이나 우리의 활동에 대한 언론의 호의적인 칼럼이다."

재무 철학

"우리는 큰 회사가 되기를 바란 적이 없다. 우리는 최고의 회사가 되기를 원하며, 최고의 대기업보다는 '최고의 작은 회사'가 되기 위해 노력한다. 외부에서의 차입을 원치 않을 뿐 아니라 빚이 없는 것을 목표로 두고 있고, 이 목표는 이미 달성되었다."

인사 철학

"우리는 '고객처럼 생각하기 위해 노력하지 않는다. 우리 자신이 최대 고객이기 때문이다. 제품이 우리의 기대에 부합할 때 고객으로서 자랑스럽게 생각하며 그렇지 못할 때 역시 고객으로서 화를 낸다. 제품에 대해 열정적인 관심이 없는 사람들을 직원으로 두면서 업계 최고의 제품을 만드는 기업은 있을 수 없다."

경영 철학

"일은 늘 즐거워야 한다. 일터로 오는 길에는 신이 나서 한 번에 두 칸씩 계단을 겅중겅중 뛰어올라야 한다. 내키는 대로 무엇이든 입고 심지어는 맨발로 일하는 동료들에 둘러싸여 있어야 한다. 유연한 근무로 파도가 좋을 때는 서핑을 하고 함박눈이 내리면 스키를 타고 아이가 아플 때는 집에 머물면서 아이를 돌볼 수 있어야 한다. 권위가 아닌 신뢰로 운영하며 일과 놀이와 가족의 구분을 모호하게 만들어야 한다."

환경 철학

"우리는 매출의 1퍼센트를 환경을 위해 기부한다. 옳은 일을 하기로 선택할 때마다 그 일이 언제나 더 많은 이익을 냈다. 죽은 행성에서는 어떤 사업도 할 수 없다."

끝없는 성장을 요구하는 시장이냐
휴식을 필요로 하는 지구냐

"바로 버리는 것이 아니라 재사용하는 일은 적절한 이유에 따라 행해졌을 때
우리 자신의 존엄을 표현하는 사랑의 행동이 될 수 있습니다."

–프란치스코 교황의 회칙 '찬미 받으소서Laudato Si'–우리의 안식처를 돌보는 일에 대하여' 중에서

당신이 사랑하는 것을 죽음으로부터 구하라. 강과 산, 재킷과 한 켤레의 등산화. 무엇 하나 중요하지 않은 것이 없다. 이 모든 것은 연결되어 있기 때문이다. 이본 쉬나드의 글을 읽으면 우리의 물건을 일회용품처럼 취급하는 것과 그 물건들이 일회용이 되도록 만드는 사람을 대하는 일 사이에는 강력한 연관성이 있다. 우리가 물건을 쓰레기로 만드는 방식과 모든 물건의 궁극적인 근원인 지구를 쓰레기로 만드는 방식 사이에도 마찬가지로 엄청난 연관성이 있다.

저널리스트인 나는 다국적 기업을 지지하지 않는다. 파타고니아와 같은 '녹색' 기업들도 예외는 아니다. 나는 전 세계의 생산과 공급 과정을 파헤치는 데 오랜 시간을 투자했기에 사회적으로 가장 의식 있다는

기업들도 더러운 비밀을 품고 있으며 그 비밀의 일부는 본사의 지도부도 모르고 있다는 것을 알고 있다. 만연한 아웃소싱의 본질이란 이런 것이다. 더구나 경제 시스템이 우리를 철저히 실망시키고 있는 이때에 어떤 한 기업이 고결한 원칙을 실천한다고 한들 문제 해결에 큰 진척이 있을까?

하지만 나는 이 놀라운 책을 지지함에 있어 한 점의 거리낌도 없다. 이 책은 한 회사를 변화시키는 것 이상의 노력을 다루기 때문이다. 이것은 세계 생태 위기의 핵심인 소비문화에 도전하려는 시도이다. 내 첫 책 『슈퍼 브랜드의 불편한 진실』 이후 20년 동안 기업의 '그린워싱(green washing, 실질적으로는 친환경 경영을 실천하지 않으면서 녹색 경영을 표방하는 듯이 홍보하는 것 – 옮긴이)'에 대해 조사해 온 사람으로서, 이런 시도가 절대 흔치 않은 일이라고 확실히 말할 수 있다.

나는 사회적 책임 의식이 있는 혁명적인 기업이라고 스스로를 마케팅하는 기업들(버진에서부터 나이키, 애플에 이르기까지)의 수없이 많은 시도들을 파헤쳐 왔다. 하지만 고객들에게 자신들의 재킷을 하나 더 사지는 말라고 말하며, 회사에 이익이 될 '환태평양 경제 동반자 협정(Trans-Pacific Partnership)'과 같은 무역협정을 반대하는 광고를 하는 회사는 전혀 본 적이 없다.

이 책에 관심을 갖게 된 것은 이본 쉬나드의 이야기가 끝없는 성장을 요구하는 시장과 휴식을 필요로 하는 지구 사이의 팽팽한 긴장을 해결하기 위한 진심 어린 시도를 보여 주기 때문이다. 솔직히 말해 나는 이 긴장이 정말 해소될 수 있을지 확신이 없다. 어쨌든 파타고니아는 계속해서 성장하고 있고, 사람들은 계속해서 파타고니아의 제품을 더 많이 구입하고 있기 때문이다. 또한 세계 공급망을 얼룩지게 하는 노동 스캔들로부터도 자유롭지 못하다. 그러나 한 가지 확실한 것은 이본 쉬나드의 실험, 파타고니아가 공개 기업이 아니기 때문에 가능했을 이 실험은 이전의 어떤 것과도 다르고 우리가 깊은 관심을 가질 만한 것이라는 사실이다.

나의 최신작 『이것이 모든 것을 바꾼다』에서 개술했듯이 이 실험에는 엄청난 이해관계가 얽혀 있다.

세계 각국의 정부들은 20년 이상 기후변화를 막는 일에 대해서 논의해 왔다. 수치를 조작하고 언제 시작할지를 두고 옥신각신하면서 말이다. 이 모든 속임수와 꾸물거림이 낳은 파멸적 결과가 이제는 부인할 수 없는 지경에 이르렀다. 2013년 세계의 이산화탄소 배출량은 국제연합의 기후 협정을 위한 협상이 본격화된 1990년에 비해 61퍼센트나 높았다.[1]

2009년에 코펜하겐에서 열린 기후 정상회담에서 미국과 중국을 비롯한 주요 오염국 정부들은 석탄으로 경제에 동력을 공급하기 시작했던 때보다 기온을 2도 이상 높이지 않기로 약속하는 합의문에 서명했다. 하지만 이 합의는 구속력이 없기 때문에 각국은 약속을 얼마든지 무시할 수 있었다. 그리고 정확히 그런 일이 일어나고 있다. 실제로 이산화탄소 배출은 급격히 늘어나서 우리 경제 구조에 급격한 변화가 일어나지 않는 한 2도 이내로의 억제는 공상에 불과한 일처럼 보인다. 기후변화의 위험성을 알리고 있는 것은 환경운동가들만이 아니다. 세계은행은 2012년 세계 기후보고서를 통해 "우리는 극도의 폭염, 세계적인 식량 감소, 생태계와 생물 다양성의 훼손, 생명을 위협하는 해수면 상승 등으로 특징지어지는 '4도 높은 세계'로 향하는 길에 들어서 있다"라고 경고했다. 또한 이 보고서에는 "4도 높은 세계에 대한 적응이 가능한지 확실치 않다"라는 부정적인 전망이 담겨 있다. 틴들 기후변화 연구센터(Tyndall Center for Climate Change Research)의 전 소장 케빈 앤더슨은 더 직설적이다. 그는 세계 기온의 4도 상승은 "공정하고 문명화된 세계 공동체의 어떤 합리적인 특질과도 양립할 수 없다"라고 말한다.

우리는 기온이 4도 상승한 세계가 어떤 모습일지 정확히 알지 못한다. 하지만 아무리 낙관적으로 전망해 보아도 결과는 재앙이 될 가능성이 크다. 기온의 4도 상승으로 2100년까지 전 세계의 해수면은 1에서 어쩌면 2미터까지 상승할 수 있다(그리고 향후 몇 백 년에 걸쳐 몇 미터가 더 상승할 것이다). 그러면 몰디브나 투발루 같은 섬나라들이 물에 잠기고 에콰도르와 브라질에서 네덜란드, 캘리포니아의 대부분, 미국 북동부, 동남아시아의 많은 지역이 침수될 것이다. 또한 보스턴, 뉴욕, 광역 로스앤젤레스, 밴쿠버, 런던, 뭄바이, 홍콩, 상하이를 비롯한 도시들이 위태로운 상황에 놓일 것이다.[2]

한편, 선진국일지라도 수만 명을 죽음에 이르게 할 수 있는 인정사정없는 폭염이 남극을 제외한 모든 대륙에서 여름마다 일상적으로 나타날 것이다. 그리고 이 폭염으로 인해 전 세계 주요 작물들의 산출량은 급격히 감소하고(메밀과 미국 옥수수의 산출량은 60퍼센트까지 급락할 수 있다), 그와 동시에 인구 증가와 육류 수요 증가로 농작물에 대한 수요는 폭등할 것이다. 여기에 파괴적인 허리케인, 맹렬한 산불, 어장의 붕괴, 광범위한 물 부족, 동식물의 멸종, 세계를 휩쓰는 질병이 더해지면 평화롭고 질서 있는 사회가 (애초에 질서가 있는 곳이었던 경우) 유지될 수 있다고는 상상하기 어렵다.

이 시나리오가 그나마 온난화 추세가 4도 정도로 안정되고 티핑 포인트를 넘어 고삐가 풀려 버리는 상황까지 가지 않는 낙관적인 시나리오라는 점을 기억하라. 대부분의 주류 분석가들은 현재의 탄소 배출 수준에서는 4도 이상의 온난화가 예상된다고 생각하고 있다. 2011년에는 비교적 차분한 태도를 유지해 온 국제에너지기구(International Energy Agency, IEA)마저 지구가 6도 온난화로 향해 가고 있다고 예측하는 보고서를 발표했다. IEA의 수석 연구원 파티 비롤은 이렇게 말했다. "이것이 우리 모두에게 파멸적인 결과를 가져올 것임은 누구나, 어린아이도 알고 있다."[3]

이런 여러 예측들은 당신 집의 모든 경보가 동시에 울리고, 그다음 거리의 모든 경보가 울리는 것과 같다. 이것이 뜻하는 바는 아주 간단하다. 기후변화는 인류에게 존재의 위기라는 것이다.

돌이켜 보면 상황이 다르게 펼쳐질 수 있을 여지가 없었다. 세계화 시대의 두 가지 특징은 (탄소를 끊임없이 태우는) 대량의 장거리 제품 수출과 (마찬가지로, 화석연료를 무분별하게 연소시켜야 하는) 대단히 낭비적인 생산, 소비, 농업 모델을 세계 곳곳에서 수입하는 것이다. 달리 표현하면, 세계 시장의 해방, 즉 지구로부터 전례 없이 많은 양의 화석연료를 '해방'시켜 동력을 얻는 이 프로세스는 북극의 빙하를 자유롭게 '해방'시키는 동일한 프로세스를 극적으로 가속시킨다.

틴들 센터의 케빈 앤더슨 같은 탄소 배출 전문가들에 따르면, 지난 20년 동안 너무나 많은 탄소가 공기 중에 축적되었기 때문에, 현재 국제적으로 합의한 2도 이내의 온난화라는 희망은 선진국이 연간 8~10퍼센트 정도로 탄소 배출을 줄일 때나 이룰 수 있다. 생존을 위해 끊임없는 경제 성장을 요구하는 경제 모델 안에서는 그런 식의 감소가 일어난 전례가 없다.[4]

이 모든 것은 인간의 경제 시스템과 지구 시스템이 현재 전쟁 중이라는 것을 의미한다. 아니 더 정확하게 말하면, 우리 경제는 인간을 비롯한 지구에 존재하는 모든 생물과 전쟁 중이다. 기후가 붕괴를 면하기 위해 필요로 하는 것은 인간에 의한 자원 이용의 축소이다. 반대로 경제 모델이 붕괴를 면하기 위해 필요로 하는 것은 제한이 없는 확장이다. 이 일련의 법칙들 중 바꿀 수 있는 것은 하나뿐이며, 그것은 자연의 법칙이 아니다.

역경에 직면한 우리에게 기회가 있을까?

만약 있다면 '윤리적인' 구매자가 되는 법을 배워서가 아닐 것이다. 그보다는 우리가 쇼핑 이외의 다른 할 일을 찾았기 때문일 것이다. 게임의 규칙을 바꾸는 사회적, 정치적 활동을 개발하는 일이나, 자연에서 시간을 보내고 사랑하는 사람들과 시간을 보내는 등 얼마를 주어도 팔지 않을 경험에서 큰 기쁨을 얻는 일 말이다.

이것이 이본 쉬나드의 긴 여정에서 우리가 배울 수 있는 또 다른 하나이다. 쉬나드로 하여금 첫 등반 장비 라인을 직접 제작하게 만든 것은 자연에 대한 사랑, 자연을 보다 강렬하게 경험하려는 욕망이었다. 그 사랑은 지금도 여전히 그와 이 책에서 만나게 될 많은 사람들을 움직이는 동력으로 작용하고 있다. 소비재를 삶의 대체물이나 대용품이 아닌 우리가 진짜 삶을 사는 데 도움을 주는 도구로 보게 된다면, 행복하기 위해 필요한 물건들은 훨씬 적어질 것이다. 그리고 우리는 이미 가지고 있는 물건들을 좀 더 오래 사용하게 될 것이다.

　많은 사람이 이런 변화를 일으킬 수 있다면, 우리에게 무엇보다 필요한 것, 우리를 먹여 주고, 보호하고, 살아가게 해 주는 지구를 지킬 수 있을 것이다.

-나오미 클라인(저널리스트, 『이것이 모든 것을 바꾼다』 저자)

나오미 클라인 사진: 나오미 클라인 제공

지구가 목적, 사업은 수단
파타고니아 이야기

"알고서 하지 않는다면 모르는 것만 못하다."

– 왕양명(중국 철학자)

2005년 이 책을 처음 썼던 이유는 파타고니아 직원들에게 회사의 철학을 설명해 줄 안내서가 필요했기 때문이었다. 당시 나는 이 단순한 책이 10개 국어로 번역되고 고등학교와 대학교에서 교재로 쓰이고 대기업에 영향을 주게 되리라고는 전혀 생각하지 못했다. 심지어는 하버드대학까지 우리 회사를 사례연구 대상으로 삼았다. 우리는 늘 파타고니아를 인습과 전형에 얽매이지 않는 방식으로 사업을 하는 하나의 실험이라고 생각했다. 아무도 파타고니아의 성공을 확신하지 못했다. 다만 우리는 스스로가 '평범한 방식으로 사업을 하는 일'에 관심이 없다는 점만큼은 잘 알고 있었다. 어쨌든 우리는 거의 반세기 동안 살아남았고 심지어 번창했다. 등반 장비를 다룬 우리의 첫 회사 쉬나드 이큅먼트(Chouinard Equipment)까지 포함시킨다면 반세기가 훌쩍 넘는 기간 동안 말이다. 이제 우리 회사의 이름은 파타고니아 웍스(Patagonia Works)이고 그 아래 의류 회사인 파타고니아 인코퍼레이티드(Patagonia, Inc.)와 식품 회사인 파타고니아 프로비전(Patagonia Provisions)을 두고 있다. 뜻이 맞는 여러 스타트업에도 투자하고 있다. 아이러니하게도 우리는 전혀 꿈꾸어 본 적도 원한 적도 없는 큰 회사가 되었다.

우리는 여전히 가족 소유의 회사이고 앞으로도 계속해서 즐겁게 일을 해 나갈 것이다. 대기업이 되는 과정에서 가치관을 타협해야 했던 적은 없었다. 우리는 회사를 팔거나 공개 회사로 만들어 "환경 위기에 대한 공감대를 형성하고 해결 방안을 실행하기 위해 사업을 이용한다"라는 우리의 사명을 타협할 생각이 없다.

지구의 건강 상태는 그리 좋지 않다. 몇몇 선진국과 일부 사람들 사이에는 우리의 보금자리인 지구가 인간의 일 때문에 위험할 정도로 더워지고 있다는 인식이 커지고 있다. 하지만 관련 기사, 책, 영화, 과학자들의 경고가 넘쳐 나고, 군까지도 지구온난화가 인류의 안전을 위협하는 가장 큰 요인이라고 말하고 있는데도 정부, 기업 그리고 당신과나는 계속 망설이면서 이 문제를 역전시키기 위한 의미 있는 발걸음을좀처럼 내딛지 않고 있다. 더 참담한 것은 2007년과 2008년 갤럽 여론조사에 따르면 전 세계 인구의 38퍼센트가 지구온난화에 대해 들어본 일도 없고 그에 대한 어떤 의견도 가지고 있지 않다는 사실이다.[1]

세계 최대의 기업들 일부가 자기 회사의 환경 발자국을 줄이기 위해상당한 노력을 기울이고 있음에도 불구하고 지구의 건강 상태를 보여

고비 사막에 회색 곰이? 보존하기 위해 노력할 가치가 있는 존재들이다. 사진: 조 리이스

주는 모든 지표는 계속해서 비관적인 방향으로 향하고 있다. 글로벌 생태 발자국 네트워크(Global Footprint Network)는 현재 깨끗한 물, 깨끗한 공기, 경작 가능한 토지, 풍부한 어장, 안정된 기후와 같은 필수적인 '서비스'의 사용량이 이를 공급하는 지구 역량의 150퍼센트에 달한다고 계산하고 있다. 파타고니아가 시작된 1973년 지구의 인구는 40억이었지만 현재는 70억이 넘으며, 2053년에는 90억에 이를 것으로 예상된다.[2] 하지만 가장 겁나는 부분은 이것이 아니다.

동시에 그 인구의 부(富)가 매년 2.5~3퍼센트씩 증가하고 있다는 사실이다. 2050년이면 이 인구의 수요는 지구가 스스로를 갱신하는 능력의 300~500퍼센트까지 증가할 것이다. 그것이 파산 상태라는 것은 굳이 MBA 학위가 없어도 알 수 있다.

대형 다국적 기업에게 조종을 받는 정부들이 운영하는 세계 경제는 끊임없이 증가하는 수익과 성장에 의존하고 있다. 좀 더 지속 가능하고 푸른 지구를 가지기 위해 노력해 얻었던 성과들은 양적 성장에 모두 잡아먹히고 있다. 양적 성장은 아무도 입에 올리고 싶어 하지 않는 불편한 진실이다.

지구온난화의 이 모든 문제들에 자원 이용의 지속 불가능성, 세계적인 부의 불평등까지 더해지면 우리 경제와 환경 모델은 파국을 피할 수 없는 시나리오에 도달한다. 역사적으로 모든 제국의 붕괴는 같은 시나리오를 따랐다. 세계화와 자본주의를 하나의 거대한 '제국'이라고 본다면 그 결과는 심각하다.

한 세기의 3/4에 이르는 세월 동안 갖가지 위험한 일을 해 오면서 나는 거의 죽을 뻔한 경험을 수없이 했기 때문에 언젠가 죽는다는 사실을 온전히 받아들이게 되었다. 그 사실은 나를 그리 괴롭히지 않는다. 모든 생명에는 시작과 끝이 있다. 인간의 모든 노력도 마찬가지이다.

종은 진화하고 소멸한다. 제국은 발흥한 뒤에 분열된다. 기업은 성장한 뒤에 약해지고 망한다. 거기에 예외는 없다. 이런 것들은 나를 고통스럽게 하지 않는다. 하지만 인간의 잘못으로 많은 멋진 생물들과 귀중한 토착 문화가 완벽하게 파괴되는, '여섯 번째 대멸종'의 목격자가 된다는 것은 견디기 힘든 고통이다. 특히 인간이라는 종이 처한 곤경을 바라보는 일은 나를 슬프게 만든다. 우리에게는 스스로의 문제를 해결할 능력이 없는 것 같다.

사회악은 점점 강해지고 다양해지고 있다. 나와 파타고니아 직원들은 영향력 있는 큰 기업으로서 사회적 책임이 커진 만큼 더 책임 있는

크리스마스섬에서. 사진: 버니 베이커

기업이 되기 위한 우리의 노력도 더 커져야 한다는 것을 깨달았다. 이 개정 증보판은 이를 위해 지난 10년 동안 우리가 했던 일과 다음 수십 년 동안 우리가 하려는 일을 다시 정비하고 성취하기 위해 만들어졌다.

-이본 쉬나드

옳은 것을 선택하고 좋아하는 일을 하면서 압도적으로 성공하는 법

나는 거의 60년 동안 사업가로 살아왔다. 이렇게 말하는 것은 누군가 자신이 알코올 중독자라거나 변호사라고(나는 이 직업을 존경해 본 적이 없다) 인정하는 것만큼이나 내게 어려운 일이다. 기업은 자연의 적이 되어, 토착 문화를 파괴하고, 가난한 사람들로부터 착취한 것을 부유한 사람들에게 쥐여 주고, 공장폐수로 지구를 오염시킨 일들을 책임져야 할 주체이기 때문이다.

하지만 한편으로 기업은 식량을 생산하고, 질병을 치료하고, 인구를 제한하고, 사람들을 고용하고, 우리 삶의 질을 전반적으로 향상시킬 수 있다. 이성과 영혼을 저버리지 않고도 수익을 내면서 이런 좋은 일들을 할 수 있다. 바로 이것이 이 책이 말하고자 하는 것이다. 1960년

←

아침에는 말리부에서 서핑을, 오후에는 스토니 포인트에서 암벽 등반을. 1955년경. 사진: 로저 코튼 브라운

대 미국에서 인격 형성기를 보낸 많은 사람들과 마찬가지로, 나는 자라면서 대기업과 그들의 시녀로 전락한 정부에 대한 불신과 경멸의 마음을 키우게 되었다. 부모보다 돈을 더 많이 벌거나 사업을 시작해서 가능한 빨리 회사를 키운 뒤에 상장을 하고 은퇴를 한 후 레저 월드(Leisure World, 캘리포니아에 있는 최초의 미국식 은퇴 공동체 – 옮긴이)에서 골프나 치며 여생을 보내겠다는 전형적인 젊은 공화당 지지자의 꿈은 나에게 전혀 매력이 없었다. 내가 가치 있게 생각하는 것은 자연과 가까운 삶을 살고 사람들이 위험한 스포츠라고 부르는 것에 열정적으로 참여해 얻은 유무형의 결과물들이다.

아내 말린다와 나 그리고 반골 기질을 가진 파타고니아의 다른 직원들은 이런 스포츠와 자연, 대안적인 라이프스타일을 통해 삶의 교훈을 얻었고, 그것을 회사를 운영하는 데 적용해 왔다.

파타고니아 인코퍼레이티드는 하나의 실험이다. 우리는 지구 최후의 날을 예측하는 책들이 자연의 파괴와 문명의 붕괴를 피하기 위해 즉시 해야만 한다고 말하는 권고를 실천에 옮기기 위해 존재한다.

환경의 붕괴가 목전에 있다는 전 세계 과학자들의 보편적인 합의에도 불구하고, 우리 사회는 행동을 취할 의지가 부족하다. 우리는 무관심, 타성, 상상력의 부재로 인해 집단적인 마비 상태에 빠져 있다. 파타고니아는 통념에 도전하는 새로운 스타일의 책임 있는 기업을 보여 주려고 한다. 우리는 끝없는 성장을 필요로 하고 자연 파괴에 대해 책임져야 마땅한 자본주의 모델은 반드시 대체되어야 한다고 믿는다. 파타고니아와 2000명의 직원들은 옳은 일을 하는 것이 세상에 유익하면서도 수익성이 있는 기업을 만든다는 것을 전 세계 기업들에게 입증해 보일 수단과 의지를 갖고 있다.

이 책의 초판을 쓰는 데 15년이 걸렸다. 전형적인 기업의 규칙에 따르지 않고도 일을 잘할 수 있다는 것, 단순히 좋은 성과가 아니라 훨씬 더 압도적인 성과를 올릴 수 있다는 것을 100년 후에도 존재하고 싶은 기업들에게 확실하게 증명할 시간이 필요했기 때문이다.

1

역사

———

우리는 1957년 한 달 동안 멕시코 샌블라스 해변에 있는 판잣집에서 낚시로 잡은 물고기와 열대 과일을 먹고, 진드기, 모기, 전갈에 피를 빨리고, 근처 예배당의 봉헌 양초로 서프보드에 왁스를 먹이면서 살았다. 사진: 쉬나 드 컬렉션

난 커서 꼭 기업가가 될 거야! 과연 이런 꿈을 꾸는 아이가 있을까? 아이들은 보통 소방관이나, 돈을 많이 버는 운동선수, 산림 감독관이 되기를 바란다. 비슷한 가치관을 지닌 다른 기업가들이라면 혹 모를까, 석유 재벌인 코크 형제나 부동산 재벌 도널드 트럼프를 영웅으로 여기는 사람은 없다. 나는 크면 모피 사냥꾼이 되겠다고 생각했다.

아버지는 퀘벡 출신의 프랑스계 캐나다인으로 아주 강인한 사람이었다. 아버지에게 학교 교육이 허락된 기간은 겨우 3년이었다. 아홉 살부터 가족 농장에서 일을 해야 했는데, 할아버지는 9명의 형제자매 중 가장 일을 열심히 하는 아버지를 메인주로 데리고 가 방앗간 일을 시작했다. 아버지가 열 살 때의 일이었다. 이후 아버지는 미장공, 목수, 전기공, 배관공으로 일했다. 3년의 학력으로는 나쁘지 않은 성과였다. 그는 내가 태어난 메인주 리스본에 있는 워럼보 직물 공장에서 방직기를 수리하는 법을 배웠다. 나는 아버지로부터 육체노동에 대한 애정과 물건을 보는 안목, 특히 좋은 도구를 가려내는 눈을 물려받았다고 생각한다. 어린 시절 인상 깊은 기억이 하나 있다. 아버지가 장작이 타고 있는 주방 난로 옆에 앉아 위스키 한 병을 마시고 전기 기술자용 펜치로 이를 뽑아내는 장면이다. 상한 이도 있었지만 멀쩡한 이도 있었다. 사실 아버지에게 필요한 건 틀니였다. 하지만 아버지는 스스로도 손쉽게 해낼 수 있는 일에 동네 치과 의사가 너무나 많은 돈을 요구한다고 생각했다.

나는 제대로 걷기도 전부터 등반을 배웠다. 우리가 세 들어 살던 집 위층에 살던 시마드 신부님은 계단을 올라 보라고 나를 격려했고 기어서 도착한 내 입에 꿀을 한 수저씩 넣어 주었다. 여섯 살 때 형 제럴드는 나를 데리고 낚시를 갔다. 나는 형이 낚싯줄 끝에 몰래 매달아 놓은 25센티짜리 민물꼬치고기를 내가 잡았다고 믿어 버렸다. 그 이후 나는 낚시에 푹 빠졌다.

리스본에 사는 사람은 거의 다 프랑스계 캐나다인이었고 나는 일곱 살까지 프랑스어를 사용하는 가톨릭 학교에 다녔다.

두 누나, 도리스와 레이첼은 아홉 살, 열한 살 위였고, 형은 군에 가 있었으며, 아버지는 늘 바빴기 때문에 나는 여자들에 둘러싸여 자랐다. 그때 이후 나는 그런 환경을 편안하게 느끼게 되었다. 어머니 이본느는 집안에서 가장 모험심이 강한 사람이었다. 1946년에 가족 모두가 캘리포니아로 이주하게 된 것도 어머니의 계획이었다. 어머니는 캘리포니아의 건조한 날씨가 아버지의 천식에 도움이 되기를 바랐다.

아버지가 직접 만든 가구를 비롯해 온갖 세간을 경매로 처분하고 6명의 가족이 크라이슬러에 끼어 탄 채 서부로 향했다. 잊히지 않는, 가히

충격적인 경험이었다. 66번 국도 어디쯤에선가 우리는 인디언 움막을 보고 차를 멈추었다. 어머니는 여행을 위해 챙겨 두었던 옥수수를 꺼내 호피족 여자와 그녀의 배고픈 아이들에게 전부 건넸다. 그 사건이 자선 활동에 관한 나의 첫 경험이었던 것 같다.

버뱅크에 도착한 우리는 다른 프랑스계 캐나다인 가족의 집에 얹혀 살았다. 나는 공립학교에 들어갔는데, 학급에서 가장 키가 작았고 영어를 할 줄 몰랐다. 게다가 이본이라는 '여자 같은 이름' 때문에 끊임없이 놀림을 받았다. 어떻게든 나 자신을 지켜야 했다. 그래서 나는 미래의 기업가라면 누구나 할 법한 일을 했다. 학교에서 도망쳤다.

부모님은 나를 성당에서 운영하는 학교로 전학시켰다. 수녀님들로부터 도움을 받을 수 있게 하려는 생각이었다. 그해 내 성적표는 D 일색이었다. 언어와 문화의 차이는 나를 외톨이로 만들었고 나는 대부분의 시간을 혼자 보냈다. 이웃의 다른 아이들은 혼자 길을 건너는 것조차 허용되지 않을 때, 나는 자전거를 타고 11~12킬로미터를 달려 한 사설 골프장 안의 호수까지 가곤 했다. 그리고 그곳 경비들의 눈에 띄지 않게 버드나무 사이에 숨어 송어와 농어를 낚았다. 그리피스 공원과 로스앤젤레스강과 같은 도심 속의 미개척지를 발견한 이후에는, 학교가 끝나면 그곳에 가서 작살로 개구리를 잡고 올가미로 가재를 잡고 활과 화살로 토끼 사냥을 했다. 여름이면 깊은 웅덩이에서 수영을 했는데, 한 영화 스튜디오에 딸린 필름 현상실의 배출 파이프가 그곳으로 연결된 탓에 웅덩이에는 거품이 가득했다. 내가 혹 암에 걸린다면 아마 원인은 그 시절에 있을 것이다.

고등학교는 최악이었다. 여드름쟁이에 춤 솜씨는 형편없는 데다가 기술 외에는 어떤 과목에도 관심이 없었다. 나는 반항아였고 방과 후면 늘 남아서 벌을 받아야 했다. 문제아였던 나는 종종 "앞으로는 …를 하지 않겠습니다"라는 문장을 500번쯤 쓰는 벌을 받았다. 나는 연필세 자루에 막대를 끼우고 고무줄로 묶어서 한 번에 세 줄을 쓰는 빛나는 창의력으로 예비 기업가의 면모를 나타냈다. 야구와 축구 같은 운동에는 뛰어났지만 사람들이 보는 앞에서는 헛발질을 했다. 나는 자신만의 게임을 만드는 편이 훨씬 낫다는 것을 아주 어린 나이에 깨달았다. 그러면 당신은 언제나 승자가 될 수 있다. 나는 로스앤젤레스 주변의 바다에서, 시내에서, 산비탈에서 나의 게임들을 찾아냈다.

수학 시간은 너무 지루해서 천장을 올려다보거나 공명판에 구멍이 모두 몇 개인지 헤아리며 시간을 보냈다. 역사 시간은 숨을 참는 연습을 할 기회였다. 덕분에 주말이면 맨몸으로 말리부 해안의 더 깊은 곳까지 들어가서 전복과 바닷가재를 잔뜩 잡을 수 있었다. 자동차 기술을 배우는 시간만큼은 바퀴가 달린 작업용 등받이에 누워 차 밑으로 들어가 작업에 열중했다. 출석을 확인하러 온 귀여운 여자애들의 다리가 보일 때나 차 밖으로 나왔다.

나처럼 학교에 잘 적응하지 못했던 아이들과 음악 교사였던 로버트 클라임즈, UCLA 대학원생 톰 케이드를 비롯한 몇몇 어른들이 어울려서 사냥을 위해 매를 훈련시키는 서던 캘리포니아 팔콘리 클럽(Southern California Falconry Club)을 만들었다. 우리는 봄이면 주말마다 매 둥지를 찾아다녔다. 때로는 정부를 위해 새끼 매의 다리에 식별 밴드를 달아 주거나 훈련을 위해 새끼 매를 데려오기도 했다. 우리 클럽은 캘리포니아 최초로 매사냥 규정을 제정하는 일을 하기도 했다.

인생에서 나의 인격 형성에 가장 큰 영향을 미친 시기가 있다면 바로 이때였다. 열다섯 살 소년은 덫으로 참매를 잡은 뒤 새와 함께 뜬 눈으로 밤을 새워서 결국은 그 새가 자신의 주먹 위에서 잠이 들 정도로 그를 믿게 만들었다. 그리고는 오로지 긍정적인 보상을 통한 '정적 강화(positive reinforcement)'만을 사용해서 이 자랑스러운 새를 훈련시켰다. 선불교의 대가가 봤다면 "수련을 받고 있는 게 누군가?"라고 물을 만한 상황이었다.

클럽에 있던 성인 중 한 명인 돈 프렌티스는 등반가였다. 그는 우리에게 레펠링(rappelling, 가파른 절벽을 고정된 로프에 의지해 미끄러져 내려오는 하강 방법 – 옮긴이)으로 절벽을 내려가는 법을 가르쳐 주었다. 그 전까지 우리는 항상 로프에 매달려 손힘으로 조금씩 내려가는 방법을 사용했다. 그는 (전화 회사에서 훔친) 마닐라 로프를 엉덩이에 감아 어깨에 둘러메고 하강 속도를 조절하는 법을 알려 주었다. 우리는 그것을 세상에 다시없을 최고의 스포츠로 여겼고 계속해서 연습과 발전과 혁신을 거듭해 나갔다. 우리는 바지에 가죽을 덧댄 레펠용 옷을 만들었고 덕분에 속도는 점점 빨라졌다. 나는 로프 3개를 한데 묶어 엄청나게 긴 줄을 몸에 걸고 레펠을 시도하다가 죽음의 문턱까지 가는 경험을 했다. 첫 번째 매듭에 이르렀을 때 로프가 내 목에 감긴 것이다. 늘어진 로프들을 끌어올려서 매듭에 걸린 부분을 풀어내기에는 마닐라 로프가 너무 무거웠다. 나는 로프들을 그러모은 채 1시간 이상을 매달려 있었다. 더 이상 기운이 없어 죽음을 받아들이려는 찰나 매듭에 걸린 부분이 풀어졌

1950년대 초 샌페르난도 밸리 스토니 포인트에서 레펠 연습 중. 사진: 쉬나드 컬렉션

고 겨우 땅에 발을 디딘 나는 경련을 일으키며 쓰러졌다.

우리는 스토니 포인트의 사암 절벽에서 레펠링을 연습하기 위해 화물열차를 타고 샌페르난도 밸리의 서쪽 끝으로 갔다. 특수 장비나 클라이밍슈즈 같은 것은 없었다. 우리는 운동화를 신거나 맨발로 등반을 했다.

그때까지 우리 중 누구도 절벽을 오르려는 생각은 하지 못했다. 하지만 스토니 포인트의 침니(chimney, 암벽의 세로로 갈라진 틈 – 옮긴이)를 내려가던 중에 절벽을 오르고 있는 시에라 클럽의 한 친구와 마주친 그날 이후로 우리의 목표는 바뀌었다. 우리는 돈 프렌티스에게 등반에 대한 몇 가지 조언을 들었다. 그해 6월, 당시 열여섯 살이던 나는 자동차 정비 수업 시간에 개조한 1940년형 포드를 타고 와이오밍으로 향했다. 40도에 가까운 네바다 사막에서 혼자 차를 몰고, 과열된 자동차 보닛을 연 채 길가에 서 있는 올즈모빌과 캐딜락들을 지나치던 때의 끝내주던 기분이 아직도 잊히지 않는다.

와이오밍 파인데일에서 돈 프렌티스를 비롯한 몇몇 젊은 사람들과 합류해 북부 윈드리버산맥으로 백패킹을 떠났다. 와이오밍의 최고봉인 개닛봉에 오르고 싶었지만 안내서가 전혀 없어서 길을 잃다시피 했다. 나는 서측을 오르고 싶었고 다른 사람들은 북쪽 방향의 협곡을 오르고 싶어 했다. 결국 우리는 헤어져 나는 서향 사면의 절벽을 혼자 올랐다. 밑창이 매끈한 시어스 작업화는 폭풍이 치는 가파른 설원에서 계속 미끄러졌다. 이런 악전고투 끝에 그날 늦은 오후가 되어서야 정상에 올랐다.

나는 그곳에서 차를 몰고 티턴산맥 쪽으로 가서 그해 여름 내내 등

글렌 엑숨, 산악 가이드, 음악 교사, 뛰어난 드라이 플라이 송어 낚시꾼, 1983년. 사진: 쉬나드 컬렉션

반 연습을 하기로 했다. 도중에 시메트리 스파이어의 템플턴 크랙 (crack, 손가락이나 손, 발, 팔을 넣을 수 있을 정도로 균열된 바위의 틈새 – 옮긴이)을 오르려던 다트머스 출신의 두 사람과 만나 합류했는데, 다른 등반가들이 경험 부족을 이유로 나에게 등반을 만류한 이후라 내 이력을 자세히 밝히지 않았다. 로프를 이용한 실제 등반은 처음이었지만 나는 그 사실을 숨기고 등반을 강행했다. 그들이 가장 어려운 부분, 젖어서 미끄러운 크랙에서 내게 선등에 서 달라고 했을 때에도 말이다. 나는 그들이 건넨 피톤(piton, 암벽을 오를 때 바위에 박아 넣어 중간 확보물로 쓰는 금속 못 – 옮긴이)과 해머를 어떻게 사용하는지도 몰랐다. 그러나 어쨌든 사용법을 알아내 용케 해냈다. 그 여행 후에 나는 매년 여름 티턴산맥으로 가서 3개월씩 등반을 했다. 지금 되돌아보면 그 당시 내가 살아남은 것은 기적이라는 생각이 든다.

나는 티턴에서 낚시도 했다. 열일곱 살 때 우연히 글렌 엑숨이 학교

건물 위에 올라가 아들 에디에게 플라이(fly, 깃털, 털, 실 등을 작은 물고기나 곤충 모양으로 바늘에 다는 가짜 미끼 - 옮긴이)를 던지는 방법을 가르치는 것을 보게 되었다. 글렌은 티턴 지역의 산악 가이드이자 등반계의 전설이었다. 정말 우아하게 플라이를 던지는 최고의 드라이 플라이(dry fly, 가짜 곤충 미끼를 잘 보이는 실로 바늘에 묶어 수면 위에 띄우는 인위적인 낚시 - 옮긴이) 낚시꾼이기도 했다. 내가 지켜보는 것을 알아챈 그는 이렇게 소리쳤다. "어이, 꼬마야! 이쪽으로 올라와 봐!" 그리고 내게 플라이를 던지는 법을 가르쳐 주었다. 나는 그 이후 스피닝 로드(spinning rod, 스피닝 릴이 장착된 낚싯대 - 옮긴이)와 멋진 루어(lure, 가짜 미끼 - 옮긴이)들을 다 치워 버리고 오로지 플라이 낚시에만 매달렸다.

1956년 고등학교를 졸업하고는 2년제 지방대학에 다니면서 형이 운영하는 흥신소, 마이크 콘래드 & 어소시에이트에서 아르바이트를 했다. 최대 고객은 하워드 휴즈였다. 우리는 그가 만나는 수많은 젊은 신인 여배우들을 관리하고, 요트를 '무균 상태'로 유지하고, 트랜스월드 항공에서 제기한 소송으로 인해 소환당하는 일이 없도록 그를 잘 숨겨 주는 등 수상한 일거리를 처리했다.

학교가 쉬는 날이면 15달러에 산 39년형 시보레를 몰고 친구들과 멕시코의 바하와 본토 해안으로 서핑을 하러 갔다. 한번은 여행길에 바퀴가 열아홉 번이나 터지는 통에 뒷바퀴에 덤불과 잡초를 채워 마사틀란까지의 마지막 19킬로미터를 기다시피 가야 했다. 물이 깨끗하지 않아서 우리는 항상 아팠다. 약을 살 돈이 없었기 때문에 캠프파이어에서 탄 숯을 꺼내 가루로 만든 뒤 물컵에 소금과 함께 넣고 마셨다. 숯을 구토제로 이용한 셈이었다.

남은 평생 동안 질이 안 좋은 물을 먹고 개발도상국의 길거리 상점이나 행상이 파는 음식을 먹으려면 그런 일에 더 익숙해져야 한다는 것을 곧 깨달을 수 있었다. 투리스터(turista, 여행자가 물이 바뀌어 앓는 설사병 – 옮긴이)와 편모충에 대한 자연 면역력을 키우는 것은 쉬운 일이 아니었다. 하지만 플라질(Flagyl, 항원충제의 브랜드명 – 옮긴이)과 항생제를 먹지 않고, 요오드나 염소 처리가 된 물을 마시지 않으면 점차 면역력이 생긴다. 일종의 동종요법이다. 요즘에도 나는 낚시를 하면서 그곳의 물(연어가 죽은 강물을 제외하고)을 마시지만 병이 나는 경우는 거의 없다.

캘리포니아로 돌아온 나는 주말이면 겨울에는 스토니 포인트, 가을이나 봄에는 팜스프링스 북쪽의 타퀴츠 록으로 갔다. 그곳에서 TM 허버트, 로열 로빈스, 톰 프로스트, 밥 캠프스를 비롯한 시에라 클럽의 젊은 등반가들을 만났다. 나중에 우리는 타퀴츠를 떠나 사람들의 손을 거의 타지 않은 큰 암벽들이 있는 요세미티로 옮겨 갔다.

1957년 나는 고철상에서 석탄을 때는 중고 화덕과 60킬로그램이 넘는 모루, 집게와 해머들을 구입해 대장간 일을 독학하기 시작했다. 등반 장비를 직접 만들고 싶었던 것이다. 우리는 요세미티의 높은 암벽들을 공략하기 시작했는데 며칠간 이어지는 등반을 위해서는 수백 개의 피톤을 박아야 했다. 당시 모든 등반 장비는 유럽산이었고 피톤은 연철로 만들어져 있었다. 그것은 한번 암벽에 박아 넣은 피톤은 그 자리에 남겨 두어야 한다는 것을 의미했다. 유럽인들은 등반을 '정복'이라는 개념으로 받아들였다. 모든 장비는 뒤따르는 다른 정복자들의 등반을 쉽게 하기 위해서 그 자리에 남겨 두었다. 다시 사용하려고 뽑아내다 보면 피톤의 머리가 부서지곤 했다.

1957년, 버뱅크에 있던 내 첫 작업장 밖에서 피톤을 벼리고 있다. 뒤에 보이는 서프보드는 내가 발사나무와 섬유 유리로 만든 것인데, 이후 포드의 모델 A 엔진과 맞바꾸었다. 사진: 댄 두디

우리 미국 등반가들은 랄프 왈도 에머슨, 헨리 데이비드 소로, 존 뮤어와 같은 초월적 사상가들의 글을 읽으면서 성장했다. '산에 오르거나 자연을 찾을 때는 그곳에 갔던 흔적을 남기지 말라.'

스위스 출신의 대장장이이자 등반가 존 살라데는 포드의 모델 A 차축을 이용해 좀 더 나은 피톤을 만들어서 요세미티 로스트 애로 침니의 첫 등반에 사용했지만 더 이상은 만들지 않고 있었다.

나는 크롬몰리브덴 강철로 만들어진 수확기계의 날로 첫 번째 피톤을 만들어서, TM 허버트와 함께 요세미티의 로스트 애로 침니와 센티넬 록 북벽을 등반하던 초기에 사용했다. 좀 더 단단한 이 피톤은 요세미티의 크랙 등반에 이상적이었고 뽑아내서 몇 번이고 다시 사용할 수 있었다. 이 로스트 애로(lost arrow) 피톤은 나나 등반을 함께하는 친구들을 위해 만든 것이었는데 친구의 친구들이 알음알음으로 부탁을 해왔다. 크롬몰리브덴 강철로 1시간 동안 만들 수 있는 피톤은 2개였고 나는 이들을 개당 1달러 50센트씩 받고 팔기 시작했다. 유럽산 피톤은

20센트면 살 수 있었지만, 우리처럼 최신식 등반을 하고 싶다면 내가 만든 새로운 장비가 필요했다.

나는 카라비너(carabiner, 타원 또는 D자형의 강철 고리 – 옮긴이)도 더 강하게 만들고 싶은 마음에 1957년 낙하 단조 주형을 구입했다. 부모님으로부터 825달러 35센트를 빌려 대금을 치렀다. 나는 차를 몰고 로스앤젤레스에 있는 아메리카 알루미늄 본사로 갔다. 열여덟 살이던 나는 덥수룩한 수염에 리바이스 청바지와 가죽 끈 샌들 차림이었고 35센트까지 딱 맞춘 현금을 손에 쥐고 있었다. 아메리카 알루미늄의 직원들은 자기네 시스템에서 현금 매상을 어떻게 처리하는지는 몰랐어도 낙하 단조 주형은 제대로 만들 줄 알았다.

나는 아버지의 도움을 받아 버뱅크에 있는 우리 집 뒷마당의 낡은 닭장을 작업장으로 만들었다. 도구들의 대부분이 가지고 다닐 수 있는 것이었기 때문에 차 안에 장비를 싣고 빅서에서 샌디에이고에 이르는 캘리포니아 해변을 돌아다녔다. 서핑을 한바탕한 뒤 해변에 모루를 내려놓고 끌과 망치로 앵글(angle) 피톤을 만든 다음 다른 서핑 비치로 옮겨 갔다. 나는 쓰레기통에서 음료수 병들을 주워다 팔아 기름 값을 마련했다. 한번은 안에서 고기가 녹아 가고 있는 냉동고를 통째로 발견한 적도 있다.

겨울이면 장비를 만들고, 4월에서 7월까지는 요세미티의 암벽에서 시간을 보내고, 한여름에는 열기를 피해 와이오밍, 캐나다, 알프스의 높은 산들을 찾아다니다가, 가을에는 요세미티로 돌아와 11월에 눈이 올 때까지 머무르는 식으로 다음 몇 해를 보냈다. 이 기간 동안 차 뒤에 싣고 다니던 장비를 팔아서 생계를 유지했다. 하지만 수익은 얼마 되

지 않았다. 하루에 50센트에서 1달러 정도로 몇 주를 버틴 적도 있었다. 어느 해 여름 로키산맥으로 떠나기 전, 친구 켄 위크스와 나는 샌프란시스코로 가, 하자 있는 캔 식품을 파는 할인점에서 찌그러진 고양이 먹이 캔을 두 상자 샀다. 우리는 여기에 피켈(pickel, 등반용 얼음도끼)로 잡은 얼룩 다람쥐, 푸른 들꿩, 호저(몸이 뻣뻣한 가시 털로 덮인 동물 - 옮긴이)와 오트밀, 감자를 보충해 먹었다. 나는 1년에 200일 이상을 군용 슬리핑 백에서 잤지만, 마흔이 될 때까지 텐트를 사지 않았다. 바위와 낮게 드리운 전나무 가지 아래에서 잠을 청하는 것이 더 좋았기 때문이다.

1958년 나와 내 등반 파트너 켄 위크스는 캐나다의 부가부산을 오르다가 고기 생각이 간절해져서 얼룩 다람쥐를 먹기 시작했다. 우리는 냄비를 뒤집어 그 안에 음식을 두고 위에 돌을 얹은 후 냄비의 한쪽에 나뭇가지를 고여 두는 전형적인 보이스카우트식 덫을 사용했다. 다람쥐가 냄비 안으로 들어가면 나뭇가지에 연결해 둔 끈을 잡아당겼다. 자, 이 약이 잔뜩 오른 다람쥐를 어떻게 꺼냈을까? 냄비 주위에 버너용 연료를 두르고 불을 붙이면 연료가 타면서 냄비 안의 산소를 다 빨아들인다. 1~2분 정도 기다렸다 냄비를 들어 올리면 죽은 다람쥐가 있다.

요세미티에서 우리는 스스로에게 밸리 콩(Valley Cong, 계곡의 공산주의자 - 옮긴이)이라는 이름을 붙였다. 캠핑은 무료였으나 2주간만 허락

위 | 요세미티 등반의 개척자이자 대장장이인 존 살라데. 그가 운영하던 페닌슐라 아이언웍스(Peninsula Iron Works)의 상표는 다이아몬드 모양 안에 P가 들어가 있었고 이에 영감을 받아 나도 쉬나드 이큅먼트의 상표를 다이아몬드 모양 안에 C를 넣은 형태로 만들었다. 사진: 톰 프로스트
아래 | 손으로 단조해 만든 로스트 애로 피톤. 둘 중 '긴' 것은 피톤은 물론 호두까기나 굄목 대용으로도 사용할 수 있다. 사진: 올라프 안데르손

되었다. 그 기간 이후에는 4번 캠프 구역 뒤에 있는 후미진 곳이나 바위틈에 숨어 산림 경비대원의 눈을 피해야 했다. 사실 우리는 암벽이나 빙벽을 타는 것이 사회에서 전혀 경제적 가치를 인정받는 일이 아니라는 데 특별한 자부심을 느꼈다. 우리는 소비문화에 저항하는 사람들이었다. 정치인들과 사업가들은 더러운 인간들이고 기업은 모든 악의 근원이란 것이 우리의 생각이었다. 우리의 영웅은 유럽의 등반가, 가스통 레뷔파(Gaston Rébuffat), 리카르도 카신(Riccardo Cassin), 헤르만 불(Hermann Buhl)이었다. 우리는 생태계의 가장자리에서 살고 있는 야생종과 같았다. 적응력과 회복력이 있었고 강인했다.

위험과 마주하는 것은 등반의 목표가 아니다. 그것은 천천히 기어오르는 상태 그 너머에서 일순간 느껴지는 기쁨을 맛보기 위해 반드시 거쳐야 하는 시험들 중 하나이다.

-리오넬 테레, 『쓸모없는 것을 정복하는 사람들(Les Conquérants de l'inutile)』

값싼 화석연료가 절정을 이룬 시기였다. 차는 20달러에, 기름은 1리터를 6센트 남짓에 살 수 있었고 캠핑은 무료였으며 언제든 아르바이트를 구할 수 있었다. 땅은 기름졌고 우리는 그것을 충분히 이용했다.

1962년 가을, 척 프랫과 나는 동부 해안에서 등반을 마치고 오는 길에 화물열차를 탔다가 애리조나 윈슬로에서 체포되어 18일을 유치장

←

위 | 내 등반 파트너 켄 위크스와 나는 1958년 와이오밍 티턴에서 이 소각로를 치우고 거기에서 여름을 났다.
사진: 로레인 보니
아래 | 티턴에서의 캠핑. 저 말끔한 에어 매트리스는 내 것이 아니다. 1958년. 사진: 쉬나드 컬렉션

에서 보냈다. 죄목은 '뚜렷한 소득원이 없는 상태로 목적 없이 방황했다'는 것이었다. 원더 브레드(Wonder Bread, 미국의 빵 브랜드 – 옮긴이), 콩, 오트밀로 구성된 유치장 식사 덕분에 몸무게가 9킬로그램씩 빠졌다. 우리가 가진 돈은 15센트뿐이었고, 눈이 오고 있었으며, 경찰은 30분 안에 그곳을 떠나라고 지시했다. 하지만 부모님이나 친구들에게 전화를 해 도움을 청해야겠다는 생각은 하지 않았다. 우리는 등반을 통해 자립심을 배웠다. 당시에는 구조팀이란 것이 존재하지 않았다.

몇 주 뒤 영장이 날아왔다. 나는 혈압을 올려서 신체검사에 탈락할 생각으로 간장을 통째로 마셨다. 하지만 너무 역해서 토해 내지 않고는 버틸 수가 없었다. 입대한 뒤 나는 포트 오드로 보내졌다. 권위를 싫어하고 등반 사업을 그만두어야 한다는 생각에 화가 난 내가 군 생활을 잘 해낼 리 없었다. 내 직업이 '대장장이'였기 때문에 군은 자신들의 논리에 따라 나를 나이키 미사일 시스템의 정비공으로 만들려 했다.

기초 훈련 후에 나는 버뱅크 출신의 한 여자와 급히 결혼식을 올렸고 곧장 한국으로 파병되었다. 그곳에서도 나는 장교들에게 경례하는 것은 '잊고', 단정치 못한 외양에, 단식 투쟁을 하고, 약간 정신이 나간 것처럼 행동하는 등 계속 말썽을 일으켰지만 군사법원에 회부되지는 않았다. 군은 나를 민간인들과 일하는 곳으로 보내 버렸다. 거기에서 내가 하는 일이라고는 매일 발전기를 켜고 끄는 것뿐이었다. 나는 한 친구에게 돈을 주고 그 일을 맡겼다. 시간이 많아지자 작업장을 몰래

←

쉬나드의 첫 카라비너는 전체를 시어스 로벅 드릴 프레스로 가공했다. 사진: 파타고니아 제공

빠져나가 젊은 한국 등반가들 몇몇과 서울 북쪽의 매끈한 화강암 봉우
리를 등반하기 시작했다.

1964년 나는 기적적으로 명예제대를 했다. 고향으로 돌아온 나는
결혼 생활에 종지부를 찍고 바로 요세미티 계곡으로 향했다. 척 프랫,
톰 프로스트, 로열 로빈스와 10일에 걸쳐 엘카피탄 노스 아메리칸 벽
을 첫 등반하기 위해서였다. 당시 그곳은 세계에서 가장 등반이 어려
운 큰 암벽이었다. 그해 가을, 나는 다시 등반 장비를 만들기 시작했고
버뱅크의 록히드 항공기 공장 근처의 양철 헛간으로 사업장을 옮겼다.
그해에 나의 첫 번째 카탈로그가 나왔다. 생산 품목과 가격을 등사로

엘카피탄의 돌출된 노스 아메리칸 벽. 바위의 어두운 부분이 미국 지도를 닮아 노스 아메리칸이라는 이름이 붙었다.
사진: 톰 프로스트

인쇄한 한 장짜리 전단지였다. 하단에는 5월부터 11월까지는 빠른 배송을 기대하지 말라는 직설적인 안내 문구가 적혀 있었다.

등반을 함께하는 레이턴 코어, 게리 헤밍, 빌 존슨, 토니 제슨, 데니스 헤넥 같은 친구들을 내 첫 '직원'으로 고용했다. 그들의 일은 대부분 쇠를 벼리거나, 갈거나, 잘라 내는 것이었다. 1966년 나는 버뱅크에서 벤투라로 이주했다. 벤투라나 산타바바라의 서핑 포인트와 가까운 곳에서 살기 위해서였다. 나는 버려진 도살장의 양철 보일러실을 빌려 작업장을 만들었다.

내가 만든 장비에 대한 수요가 손으로 만들어서는 감당할 수 없을 정도까지 늘어나는 바람에 보다 정교한 도구와 주형, 기계를 사용하기 시작했다. 그즈음 톰 프로스트, 도린 프로스트와 동업을 시작했다. 톰은 항공 엔지니어로 디자인과 미학에 대한 감각이 뛰어났다. 도린은 장부 작성과 업무 마무리를 도맡았다. 프로스트와 동업을 한 9년 동안 우리는 거의 모든 등반 장비를 재설계하고 개선시켜 더 강하고, 더 가볍고, 더 단순하고, 더 기능적으로 만들었다. 우리 마음속의 최우선은 항상 품질이었다. 적절치 못한 도구는 사람을 죽음에 이르게 할 수 있고, 우리 자신이 우리 제품의 최대 고객이었으므로 죽음에 이르는 그 사람이 우리가 될 수 있었다. 디자인에 있어서 우리의 지침은 프랑스의 비행사 앙투안 드 생텍쥐페리의 사상에 바탕을 두었다.

항공기뿐 아니라 사람이 만드는 모든 것이 마찬가지이다. 사람이 하는 모든 산업 활동, 모든 계산과 추정, 사람들이 초안을 만들고 청사진을 그리는 데 보낸 모든 밤들은 하나의 원리로 수렴된다. '단순성'이라는 궁극의 원칙으로. 가구의 곡선이나 배의 용골이나 비행기의 동체를 다듬는다고 생각해 보자. 장인 정신을 담은 수 세대에 걸친 실험을 통해, 인간의 가슴이나 어깨의 곡선과 같은 궁극의 자연스러움을 드러내야 한다는 법칙이 존재하기라도 하는 것처럼 그 일에 임해야 한다. 어떤 것이든 완벽은 더 이상 더할 것이 없을 때가 아니라 더 이상 뺄 것이 없는, 무엇 하나 걸치지 않은 적나라한 상태에 이를 때에 달성된다.

54-55쪽 | 주마(jumar, 자일에 이어 몸을 끌어올리는 기구 – 옮긴이)를 이용해 노스 아메리칸 벽의 그레이트 루프를 오르고 있다. 사진: 톰 프로스트

1964년 10월 노스 아메리칸 벽의 17번째 피치에서

낮이 점점 짧아지고 있다. 늘 그렇듯이 우리는 어둠 속에서 등반을 해야 할 것이다. 정말 신경이 쓰인다. 매듭이 정확하게 지어졌는지 확인할 수조차 없다.

프랫은 발고리를 이용해 내게 접근해 몇 피트 아래 매달린 채 선두에 있는 프로스트가 돌출된 바위 아래의 축축한 구석 쪽으로 우리를 이끌어 주길 기다리고 있었다. 모두가 정말 예민했다. 프로스트는 이 위험한 구간을 기록적인 시간 안에 등반하는 놀라운 성과를 일구

톰 프로스트(맨 위), 로열 로빈스, 나(아래에 살짝 보이는). 그레이트 루프 아래에서 야영을 하고 있다. 부모님은 내가 등반을 한다는 것은 알았지만 어느 날 저녁 TV 뉴스에서 헬리콥터가 엘카피탄의 전면을 훑다가 지상에서 600미터 떨어진 암벽에 해먹을 매달고 자고 있는 이 미친 일당들에 초점을 맞출 때까지 암벽 등반이 정확히 뭔지 알지 못하셨다. 사진: 척 프랫

었다. 그는 그레이트 루프(Great Roof, 대천장)에 도착해 볼트 하나와 피톤 몇 개를 설치했다.

나는 완벽한 어둠 속에서 해머로 피톤을 칠 때 가끔씩 일어나는 불꽃과 감각에만 의지해 이 구간을 통과했다. 핀 2개는 남겨 두어야 했다. 피톤을 박느라 손가락은 통통한 비엔나소시지처럼 부어올랐고 손목이 쑤셨다. 하지만 무엇보다 어둠 속에서 등반을 해야 한다는 것에 겁이 났다.

나는 앵커를 하나 더 설치했다. 우리는 정말 믿을 수 없는 장소에 있었다. 8미터에 이르는 지붕 형태의 바위 아래로 암벽 두 면이 뻗어 내려 있었다. 아래의 벽은 절벽 기슭으로 너무 튀어나와 있어서 후퇴란 불가능했다. 혹 이 지붕 위로 올라가게 된다면 그때는 후퇴할 수 있는 가능성이 더 낮았다. 자정쯤에 이르러서 아래에서부터 하나씩 해먹을 설치했다. 로빈스와 프랫은 두 암벽이 만난 모퉁이에 해먹을 설치했다. 비바크(biwak) 장소로 썩 괜찮았다. 모두가 극심한 피로로 숙면을 취했다.

— 이본 쉬나드

버뱅크의 내 두 번째 작업장은 사방이 트인 헛간에 불과했지만 나는 그곳에서 조립 라인 생산에 착수하고 있었다. 1965년. 사진: 쉬나드 컬렉션

선(禪)을 통해 나는 단순해지는 법을 배웠다. 단순해지는 것이 가장 풍성한 결과를 낸다는 것을 깨달은 것이다. 암벽을 오르는 사람은 커다란 등반 장비들을 베이스에 남겨 두고, 오로지 자신의 기술과 바위의 특성에만 의존해서 암벽을 맨손으로 오를 수 있도록 기술을 완벽하게 연마했을 때에야 대가의 반열에 오른다.

나는 하루에 8시간에서 10시간 동안 강철 피톤을 벼리는 대장장이로서 선을 배웠다. 나는 과도한 움직임으로 에너지를 낭비하거나 손을 바꾸지 않고 움직였다. 피톤을 잡고, 두드리고, 다시 노에 넣어 온도를 높이고, 또 다른 피톤을 집어 드는 과정이 궁도나 다도가 보여 주는 유려함이나 우아함을 가지도록 말이다. 긴 하루 일과가 끝나면 낡고 녹슨 기름통이 수십억 개의 작은 루비처럼 반짝이는 것을 지켜보았다.

대장간에서 드롭 해머로 작업 중인 모습. 사진: 톰 프로스트

　암벽 아래에서 장비를 펼쳐 놓고 등반을 준비할 때면 쉬나드 이큅먼트에서 만든 도구들을 쉽게 알아볼 수 있었다. 선이 가장 간결했기 때문에 눈에 띄었다. 가장 가볍고, 가장 강하고, 가장 다목적으로 쓰이는 도구들이기도 했다. 다른 디자이너들은 뭔가를 추가해서 도구의 성능을 높이려고 했지만, 톰 프로스트와 나는 '제거'를 통해, 즉 보호라는 목적이나 강도를 희생시키지 않으면서 무게와 부피를 줄이는 방식으로 같은 목적을 달성했다.

　우리는 일손이 더 필요해질 때마다 친구들을 고용했다. 1960년대에는 서핑 비치에서 한 달에 75달러를 주고 작은 집을 빌려 지냈는데, 로저 맥디비트와 그의 여동생, 크리스가 몇 집 건너에 살았다. 처음에는 크리스가 포장 담당으로 우리와 일을 하기 시작했고 퍼플 하트 훈장

우리는 이 펑키한 느낌의 작업장에서 세계에서 가장 질 좋은 등반 장비들을 생산했다. 1970년, 캘리포니아.
사진: 톰 프로스트

(Purple Heart, 전투 중 부상을 입은 미군에게 수여되는 훈장 – 옮긴이)을 3개나 받은 젊은 장교로 베트남에서 돌아온 로저가 대장간 일을 시작했다.

경제학 학위가 있던 로저는 사업에 천부적인 재능이 있었다. 그는 얼마 지나지 않아 공장 일에서 손을 떼고 도·소매 업무를 담당하다가 결국 총지배인이 되었다. 그가 처음 맡은 일은 망치로 리벳(rivet)을 두드리는 것이었다. 넓은 크랙에 사용하는 큰 각도의 피톤이었는데 리벳의 머리를 망치로 두드려서 매끈하게 만들어야 했다. 로저는 햇빛이 드는 마당에서 개나 다른 직원이 차지하지 않은 좋은 자리를 골라 바닥에 앉아서는 하루 종일 망치를 들고 리벳의 머리가 매끈한 둥근 모양이 되도록 정성을 들여 두드렸다.

등반가들은 우리 장비를 구입하기 위해 작업장에 들르곤 했다. 이런 소매 판매를 로저가 처리했다. 그 임무는 도매로도 확장되었다. 우리의 첫 소매점은 양철로 이어 붙인 또 다른 못생긴 헛간이었다. 근처 목장에서 낡은 나무 울타리를 슬쩍 가져와서 수입 로프가 들어 있던 나무 상자와 함께 가게 내부를 꾸몄는데, 이 역시 로저의 아이디어였다. 로저는 우리의 첫 총지배인이 되어 4년 동안 그 자리를 지켰고 이후 그가 생산을 관리하게 되면서 크리스가 그 자리를 물려받았다.

로저는 초창기부터 뛰어난 사업적 감각을 보여 주었다. 1970년대 초의 어느 날, 그는 작업장 뒤로 새 피톤 상자 10개를 가져왔다. 크롬몰리브덴 강철로 만들어진 로스트 애로, 부가부(bugaboo), 앵글 모델들이 섞여 있었다. 로저는 상자에서 이 피톤들을 한 움큼 꺼내더니 그것을 모두 로프에 연결해서 콘크리트 바닥에 끌고 다녔다. 나는 도대체 뭘 하는 거냐고 물었다.

그는 당시 영국 유통업체였던 스코틀랜드 에든버러에 있는 그레이엄 티소로 보내기 위해 선적할 물품이라고 설명했다. 피톤을 거칠게 만든 뒤 식초를 섞은 물에 며칠간 담가 두었다가 야외에서 말려 녹이 슬면 관세가 적용이 되지 않는 고철로 영국에 수출할 수 있다는 것이었다. 피톤을 받은 티소는 광을 내고 기름칠을 해서 새것처럼 만들어 영국 등반가들에게 합리적인 가격을 받고 팔았다.

로저와의 추억 중에 내가 특히 좋아하는 것이 있다. 우리는 간신히 입에 풀칠을 하며 살았고 게으른 판매업자들은 대금 지불에 늑장을 부리던 때의 일이다. 하루는 중요한 거래처 한 곳에서 미불 금액은 결제도 하지 않은 채 새 주문을 냈다. 로저는 기계 작업장 뒤로 나가 대장간 바닥에 버려진 쇳조각과 납 파이프를 모으더니 배송실로 사라졌다. 그

는 이 고철들을 큰 상자에 담아 배송했다. 미불 액수에 맞춘 상품 상환 방식으로 말이다. 며칠 뒤 화가 난 업자가 전화를 걸어 불평을 하자, 로저는 차분하게 설명을 이어갔다. 이제 미불금은 없으며 앞으로는 상품과 대금을 상환하는 방식으로만 주문할 수 있다고 말이다.

1968년 내가 여섯 달에 걸쳐 벤투라부터 남아메리카의 끝까지 여행을 하는 동안 톰과 도린이 대신 일을 해 주었다. 나는 미국에서 리마에 이르는 서안 해변에서 서핑을 하고, 칠레의 화산에서 스키를 타고, 아르헨티나 파타고니아의 피츠로이산을 올랐다. 다음 해에는 톰이 네팔 안나푸르나의 남쪽 벽을 오르기 위해 몇 달 동안 히말라야에 가 있었다. 그가 떠나 있는 동안에는 도린과 내가 사업을 돌봤다.

이익이 많이 남지 않았기 때문에 우리는 일한 시간대로 급료를 받았다. 사업 그 자체를 목적으로 삼는 사람은 아무도 없었다. 사업은 그저 등반 여행을 떠날 수 있도록 비용을 마련하는 수단일 뿐이었다.

이 시기에 나는 아내 말린다 펜노이어를 만났다. 프레즈노주립대학에서 미술을 공부하면서 주말이면 요세미티 로지에서 룸메이드로 일하는 학생이었다. 그녀는 암벽을 탔다. 그 사실은 떠돌이 등반가 겸 대장장이의 주의를 끌기에 충분했다. 어느 날 우리가 4구역 캠프장 주변에서 데이트를 하고 있는데 여자들이 가득 타고 있는 차가 지나갔다. 그 차의 운전자가 차 밖으로 맥주 캔을 던지자 말린다는 달려가더니 여자들에게 캔을 집으라고 말했다. 그 여자들은 손가락으로 욕을 했고

위 | 캘리포니아 요세미티에서 캠핑을 하고 있는 엘런 말린다 펜노이어, 1969년. 사진: 쉬나드 컬렉션
아래 | 말린다, 그리고 우리의 아들 플레처와 나, 캘리포니아 요세미티, 1975년. 왼쪽 뒤에 엘카피탄의 노즈 루트가 우아한 윤곽을 보여 주고 있다. 사진: 쉬나드 컬렉션

말린다는 맨손으로 그 차의 번호판을 떼어 산림 감독관에게 넘겼다. 나는 그녀에게 홀딱 반했다. 1970년 결혼을 했을 때만 해도 말린다는 고등학교에서 미술을 가르쳤다. 하지만 그녀는 곧 사업에 참여하게 되었다. 우리가 빌려 살던 해변의 오두막은 5월부터 10월까지는 주인이 사용했기 때문에 여행을 하지 않을 때면 말린다와 나는 마당의 낡은 밴에서 살았다. 이후 말린다가 우리 소매점 지하를 집으로 꾸몄고, 한동안 아들 플레처를 등에 업은 채 그 소매점을 공동 경영했다.

매년 매출은 2배씩 늘어나서, 돈만 마련되면 등반을 떠나는 떠돌이 등반가 친구들만 고용해서는 감당할 수 없는 상황에 이르렀다. 때문에 우리는 군에 있을 때 등반을 함께했던 믿음직한 한국인 등반가들과, 몇몇 멕시코인 노동자, 이민국에 적발될까 숨어 사는 훌리오 바렐라는 아르헨티나 출신의 기계 기술자를 고용했다.

매출은 늘었어도 쉬나드 이큅먼트의 연 수익률은 1퍼센트 정도에 그쳤다. 끊임없이 새로운 디자인을 개발하고, 3~5년 정도 감가상각을 해야 하는 도구나 주형을 1년 만에 폐기하곤 했기 때문이다. 경쟁은 심하지 않았다. 그런 시장에 뛰어들려는 다른 바보가 없었기 때문이었다. 그래서 1970년 쉬나드 이큅먼트는 미국 최대의 등반 장비 공급업체가 되었다.

그것은 환경 파괴의 장본인이 되는 길의 시작이기도 했다. 느리기는 했지만 꾸준히 등반의 인기가 높아지면서 볼더 인근의 엘도라도 협곡, 뉴욕의 샤완겅크, 요세미티 계곡과 같이 잘 알려진 루트에 사람들이 몰리게 되었다. 연약한 크랙에 경강 피톤을 반복적으로 박아 넣고 빼낸 덕분에 암벽은 흉하게 망가졌다. 엘카피탄의 노즈 루트를 등반한 나는 몇 해 전 여름만 해도 자연 그대로의 모습을 간직하고 있던 그곳이 심하게 훼손된 것을 발견하고 염증을 느끼며 집에 돌아와야 했다. 프로스트와 나는 피톤 사업을 단계적으로 폐지하기로 결정했다. 우리가 수년에 걸쳐 밟게 될 환경보호를 향한 발걸음의 시작이었다. 피톤은 우리 사업의 중추였지만 그 사업으로 인해 우리가 사랑해 마지않는 암벽들이 훼손되고 있었다.

다행히 피톤을 대체할 수 있는 물건이 있었다. 해머를 이용해서 크랙에 박아 넣고 빼는 대신 손으로 끼워 넣을 수 있는 알루미늄 초크(chock)가 그것이었다. 영국의 등반가들은 험한 바위에서 초크를 사용했다. 하지만 영국산 초크는 조악해서 영국 이외의 유럽이나 미국에서는 신뢰를 얻지 못했고 잘 알려지지도 않았다. 우리는 스토퍼(Stopper)와 헥센트릭(Hexentric)이라는 이름으로 우리 버전의 초크를 만들어 소량씩 판매했고 1972년부터 쉬나드 이큅먼트 카탈로그에도 포함시키기 시작했다.

이 카탈로그는 피톤의 환경적 해악에 대한 사설로 시작된다. 초크의 사용법을 다룬 시에라 클럽 등반가 더그 로빈슨의 14쪽짜리 글도 실렸다. 「클린 클라이밍」이라는 제목의 이 글은 다음과 같은 강렬한 문장들로 시작되었다. "이를 칭하는 단어가 있다. '클린(clean)'이라는 단어이다. 확보 장비로 너트와 러너만을 사용하는 등반이 클린 클라이밍이다. 지나간 등반가에 의해 바위에 변형이 일어나지 않기 때문에 클린이다. 해머로 박아 넣고 빼내면서 바위에 상처를 남기고 다음 등반가가 부자연스러운 형태를 경험하게 하는 일이 없기 때문에 클린이다. 등반가의 보호 장구가 등반의 흔적을 남기는 일이 거의 없기 때문에

클린이다. 바위에 변형을 주지 않고 등반하는, 자연인으로서의 유기농 등반에 한 걸음 가까이 가는 활동이 클린 클라이밍이다."

570그램짜리 해머로 피톤을 최대한 박아 넣곤 했던 나이 든 등반가들의 저항과, 높은 암벽 등반에는 으레 피톤을 사용해 왔는데 어떻게 작은 알루미늄 '너트'만을 사용하느냐고 말하는 젊은 등반가들의 항의가 잇따랐다. 우리의 주장을 입증해 보이기 위해 브루스 카슨과 나는 해머나 피톤 없이 오로지 초크만 사용하고 이미 설치되어 있는 피톤과 몇몇 볼트에만 의지해서 엘카피탄의 노즈 루트를 올랐다.

카탈로그가 발송되고 몇 개월 만에 피톤 판매가 줄어들었다. 초크는 만들 수 있는 것보다 더 빠른 속도로 팔려 나갔다. 쉬나드 이큅먼트의 양철 헛간에서는 여러 개의 드릴 지그가 내는 고음의 징징대는 소리가 쉴 새 없이 쿵쿵거리는 드롭 해머의 소리를 밀어냈다.

그즈음 의류에 대한 첫 아이디어가 떠올랐다. 1960년대 후반 영국 피크 지구에서 크랙 등반을 마친 나는 랭커셔의 오래된 공장에 들렀다. 질기고 엄청나게 무거운 코듀로이 천을 만드는 기계들이 마지막으로 남아 있는 곳이었다. 기계들은 여전히 돌아가고 있었다. 산업혁명 때 생긴 이 공장은 당시에는 수력으로 기계를 돌렸다고 한다. 데님 이전에는 작업복을 코듀로이로 만드는 것이 보통이었다. 촘촘한 골이 직물이 닳거나 찢어지는 것을 막아 주었기 때문이다. 이 내구성 좋은 원단이 등산에 적합하겠다는 생각이 들었다.

←
위 | 캘리포니아 벤투라 대장간에서, 나와 톰 프로스트, 1970년. 사진: 톰 프로스트 컬렉션
아래 | '철기' 시대의 대규모 암벽 등반을 위한 장비 정리, 1964년. 사진: 쉬나드 컬렉션

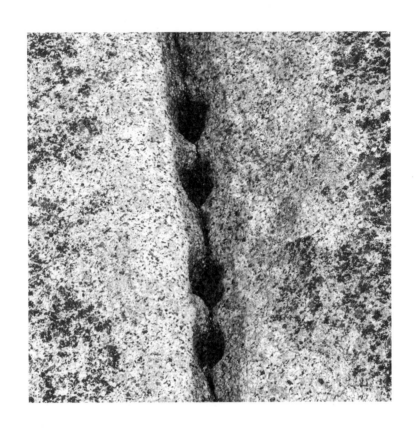

위 | 피톤이 요세미티에 내는 흉터의 극단적인 예. 나는 우리 피톤이 암벽을 훼손하고 있다는 것을 알아차리고 더 나은 방법을 찾아야겠다고 생각했다. 사진: 딘 피델먼
오른쪽 | 엘카피탄 노즈의 스토브레그 크랙에 접어들고 있는 모습. 사진: 데니스 헤넥

위 | 아르헨티나 파타고니아 파소 델 비엔토의 가우초 거처에서 캠핑, 1972년. 사진: 더그 톰킨스
오른쪽 | 클린 클라이밍을 위한 초크, 헥센트릭과 스토퍼를 걸친 '자연인', 1972년. 사진: 톰 프로스트

나는 옷감을 주문해서 엉덩이 부분이 이중으로 된 반바지와 니커스(knickers, 무릎 바로 아래까지 내려오는 반바지 – 옮긴이)를 몇 벌 만들었다. 이 옷이 등반을 하는 친구들에게 잘 팔려서 옷감을 더 주문했는데, 코듀로이가 더 필요할 때마다 은퇴해 있던 7명의 노인들이 공장에 나와서 기계를 돌려야 했다. 100개의 칼날이 코듀로이의 골을 만들고 있었는데, 노인들은 칼날을 가는 데 너무나 많은 비용이 들기 때문에 칼날이 무뎌지면 기계도 끝을 맞이하게 될 것이라고 경고해 주었다. 하지만 결국 날이 무뎌져서 이 방직기가 은퇴하게 된 것은 우리가 니커스와 반바지를 소량이지만 꾸준히 '10년간' 판매한 뒤의 일이었다.

다음으로 낸 의류 아이디어는 정말 큰 반향을 일으켰다. 1960년에는 남성들이 밝은 색상의 옷을 입는 법이 없었다. '액티브 스포츠웨어'라면 특별할 것이라고는 없는 회색 맨투맨에 바지였고 요세미티에서 등반을 할 때의 표준적인 차림은 중고품 할인점에서 산 황갈색의 치노 반바지와 흰색 와이셔츠였다. 1970년 스코틀랜드에서 겨울 등반을 할 때 나는 암벽 등반에 적합하겠다는 생각으로 럭비팀이 입는 셔츠를 구입했다. 럭비라는 격렬한 운동을 견디도록 튼튼하게 만들어진 이 셔츠에는 칼라가 있어서 장비에 목이 쓸리지 않게 해 주었다. 바탕은 푸른색이었고 가운데에 가슴을 가로질러 붉은색으로 두 줄, 노란색으로 한 줄이 들어가 있었다. 미국에 돌아와서도 등반을 할 때 이 셔츠를 입고 다니자 친구들이 모두 옷을 어디서 구했냐고 물어봤다.

우리는 영국의 스포츠웨어 회사 엄브로에서 셔츠 몇 장을 주문했고

←

코듀로이 니커스와 럭비 셔츠를 입은 톰 프로스트. 사진: 게리 레제스터

이들은 바로 팔려 나가 재고가 남아나질 않았다. 우리는 곧 뉴질랜드와 아르헨티나로부터도 셔츠를 주문하기 시작했다. 의류가 이윤이 극히 적은 장비 사업을 뒷받침할 수 있겠다는 생각이 들었다. 당시 우리는 등반 장비 시장의 75퍼센트를 점유하고 있었지만 여전히 남는 것이 별로 없었다.

1972년 우리는 바로 옆에 있는 버려진 정육 공장을 인수해서 그곳의 낡은 사무실을 소매점으로 개조하기 시작했다. 우리는 스코틀랜드산 폴리우레탄 코팅 카굴(cagoule, 비가 올 때 입는 모자 달린 상의 – 옮긴이)과 슬리핑 백, 오스트리아산 양모 장갑과 엄지 장갑, 볼더에서 만든 손으로 짠 양면 모자로 라인을 늘렸다. 거기에 톰 프로스트가 배낭을 몇 가지 디자인해서 우리는 곧 낡은 도축장 위에 있는 다락에 본격적인 봉제 작업장을 운영하게 되었다.

어느 날 나는 이 다락에서 엉덩이 부분을 이중으로 덧댄 엄청나게 큰 뒷주머니가 있는 반바지를 직접 만들어 보기로 했다. 패턴을 만들고 천을 잘랐다. 현장 주임인 선우중옥의 아내, 영선이 바느질을 맡아 정원용 가구에 쓰이는 질긴 10번 캔버스 천을 이용해 반바지를 만들었다. 천이 너무나 두꺼운 나머지 배낭에 가죽 액세서리 패치를 꿰맬 때 사용하는 워킹 풋 노루발을 써야 실을 통과시킬 수 있었다. 바느질을 끝낸 그녀는 테이블 위에 올려 놓은 바지가 사람이 입지 않았는데도 혼자 '서 있는' 모습에 웃음을 터뜨렸다. 하지만 험하게 입고 10~20번쯤 세탁을 하자 길이 들어서 대단히 편안해졌다. 이 반바지는 곧 두 번째로 인기 있는 의류 품목이 되었다. 우리는 아직도 이 스탠드업 반바지를 만든다. 물론 좀 더 부드러운 소재를 사용하지만 말이다.

내가 의류에 대한 아이디어를 더 내는 동안 톰 프로스트와 등반 동료 피트 카먼은 지지 프레임이 내부에 장착된(internal frame pack) 스키 또는 등반용 1박 배낭 울티마 툴레와, 내구성이 강한 암벽 등반용 배낭(이 배낭의 옷감은 냄새가 정말 이상했기 때문에 우리는 이 배낭을 피시 팩이라고 불렀다) 등 배낭에 대한 아이디어들을 잇달아 내놓았다. 얼마 지나지 않아 우리의 배낭 라인은 〈백패커〉지로부터 혹평을 받았다. 그들은 우리 배낭이 당시 인기를 끌었던 켈티(kelty) 스타일 프레임 배낭에서 너무 급진적으로 변화했다고 평가했다. 이 리뷰는 "철물점 주인이 바느질을 얼마나 잘하리라고 기대할 수 있겠는가?"라는 말로 끝맺었다. 솔직히 바느질에 대해서는 우리가 부족할 수 있다. 하지만 좋은 대장장이가 그렇듯이 물건을 튼튼하고, 기능적이고, 단순하게 만드는 방법에 대해서는 잘 알고 있었다. 배낭은 그리 잘 팔리지는 않았다. 하지만 우리가 '손으로 만든' 의류는 고객들로부터 우호적인 반응을 얻었다.

점점 더 많은 의류를 만들게 되면서(모직 샤모니 가이드 스웨터, 전형적인 지중해풍 세일러 셔츠, 캔버스 소재의 바지와 셔츠, 고어텍스의 원조 격인 기능성 레인웨어 라인 폼백), 의류 라인에 대한 이름이 필요해졌다. '쉬나드'는 첫 번째 안이었다. 이미 좋은 이미지의 이름을 가지고 있는데 맨땅에서 시작할 필요가 있을까? 하지만 거기에 반대하는 두 가지 이유가 있었다. 첫째, 우리는 쉬나드라는 이름으로 의류를 만듦으로써 장비 회사로서 쉬나드 이큅먼트가 가진 이미지를 희석시키고 싶지 않았다. 둘째, 우리가 만든 의류 제품이 오로지 등산에만 연관되는 것을 원치 않았다. 우리는 그보다 큰 미래에 대한 비전을 가지고 있었다.

6월 20일 엘카피탄 뮤어 벽 첫 등반 7일째

해먹 아래의 풍경은 기가 막혔다. 땅과 우리 사이는 760미터 떨어져 있었다. 그것은 또 다른 삶이었고 우리는 우리만의 세계를 발견하기 시작했다. 편안함을 느꼈다. 해먹에서의 야영은 완전히 자연스러웠다. 우리의 수직 세계가 전혀 이상하게 느껴지지 않았다. 지금까지보다 더 수용적인 감각으로 주위 모든 것의 진짜 모습을 받아들이고 있었다. 화강암 속의 결정 하나하나가 또렷이 눈에 들어왔다. 시시각각으로 변하는 구름의 모양은 끊임없이 우리의 관심을 끌었다. 처음으로 바위 여기저기에 있는 작은 벌레를 발견했다. 너무 작아서 눈에 잘 띄지도 않았다. 나는 자일을 매면서 15분 동안 벌레 한 마리를 응시했다. 그것이 움직이는 것을 지켜보았고 그것의 밝고 붉은 빛깔을 황홀하게 바라보았다.

　보고 느낄 것이 이렇게 많은데 지루해할 사람이 있을까? 기쁨을 가져다주는 환경과의 이러한 유대, 이런 극도로 날카로운 인식은 수년 동안 가져 보지 못한 만족감을 우리에게 가져다주었다. 여기에서 TM 허버트는 온 가족이 포치에 모여 앉아 석양을 바라보던 때를 떠올렸다.

-〈아메리칸 알파인 저널〉, 1966년

토론 중에 파타고니아라는 이름이 등장했다. 대부분의 사람들에게 파타고니아는 팀북투나 샹그릴라와 같이 지도상의 특정한 장소라기보다는 아득하고 흥미로운 이상향을 의미했다. 당시에는 특히 더 그랬다. 카탈로그의 소개말에 "피오르로 이어지는 빙하, 바람에 흔들리는 들쭉날쭉한 봉우리, 가우초, 콘도르"라는 글귀를 쓰다가 파타고니아가 떠올랐다. 우리는 험준한 남부 안데스와 케이프 혼(Cape Horn)의 환경에 맞는 의류를 만드는 것을 목표로 했다. 그런 목표를 가진 우리에게 잘 어울리는 이름이었고 어떤 언어로도 발음이 가능했다.

1973년, 진짜 파타고니아와의 강한 연계를 위해 폭풍우가 몰아치는 하늘, 피츠로이산(FitzRoy Mt.)의 스카이라인을 기초로 한 삐죽삐죽한 봉우리, 푸른 바다가 있는 상표를 만들었다.

이 상표를 단 초기 제품 중 하나 때문에 우리는 거의 파산의 위기까지 갔다. 럭비 셔츠는 등산용품점에서 급성장하는 언더그라운드 패션(underground fashion, 신세대에 인기 있는 신진 디자이너나 개성 있는 디자이너의 독립적 패션 – 옮긴이)이 되었다. 이들 상점은 우리와 같은 전통을 가지고 있었다. 사업에 대해서는 잘 모르지만 생계와 등산을 동시에 해결할 길을 찾아야 하는 등반가나 백패커들이 시작한 상점이었던 것이다. 비브람 솔(Vibram sole, 이탈리아 비브람사의 상품명. 뚜렷한 요철 무늬가 있는 고무 밑창 – 옮긴이) 등산화를 학교에 신고 다니거나 시내에서 오리털 패딩 재킷을 입는 것이 대학생들 사이에서 유행하면서 예상치 못하게 판매가 신장했다. 럭비 셔츠는 새로운 고객을 끌어들였으나 늘어난 수요를 감당하지 못해 고객을 빈손으로 돌려보내는 일이 속출했다. 1974년 우리는 큰 결단을 내렸다. 홍콩에 있는 한 봉제 공장과 매달 8

파타고니아 찰텐 산괴(매시프). 사진: 엘리소 미치우

가지 색상으로 3천 벌의 셔츠를 공급받기로 계약을 맺은 것이다.

그러나 이것은 재앙이 되어 돌아왔다. 배송은 느렸고, 유행하는 의류를 만드는 데 익숙한 공장이라 제품의 품질은 형편없었다. 너무 가는 실을 사용해서 셔츠가 끔찍할 정도로 줄어들었다. 팔이 7부가 된 셔츠들도 있었다. 원가보다 싼값에 셔츠를 팔아 치우다 보니 회사가 거의 넘어갈 지경이었다. 성장이 너무 빨랐고 이윤은 많지 않았기 때문에 현금 유동성에 심각한 문제가 나타났다.

등반 장비라면 우리는 재고를 훤히 꿰고 있었다. 강철 바와 알루미늄 막대 같은 재료는 바닥에 널려 있거나 제작 과정에 들어가 있었고 완성품 통을 들여다보면 제품 재고가 얼마나 되는지 바로 알 수 있었다. 우리가 만들지 않는 장비는 믿을 만한 곳에서 수입했고, 프로스트와 내가 모든 카라비너와 초크에 결함이 없는지 직접 검사했다. 하지만 옷은 얘기가 달랐다. 옷감은 공급업체에 몇 개월 먼저 주문을 넣어야 했고, 공장은 전 세계에 흩어져 있었다. 기본적인 결함은 점검할 수 있었지만 옷감이 물이 빠지지 않는지, 줄지 않는지는 확인할 방법이 없었다. 우리는 대장간을 운영하는 것과 옷 장사를 하는 것이 천지 차이라는 사실을 정말 어렵게 배웠다.

결함 있는 럭비 셔츠들이 우리 잔고를 비워 가는 동안, 말린다와 나는 은행가들과의 끝없이 이어지는 지루한 점심 식사를 견뎌야 했다. 우리는 돈을 빌릴 필요가 전혀 없다는 것을 그들에게 인식시키기 위해 노력했다. 대출의 핵심적인 기준이 그것이었기 때문이다. 지역 은행 한 곳은 우리 재고가 전 세계에 흩어져 있기 때문에 돈을 빌려줄 수 없다고 했다. 그곳의 은행가들은 재고가 한곳에 모여 있기를 원했다(큰 탑 모양의 곡식 저장 사일로처럼 말이다!). 회계사가 이율이 28퍼센트에 달하는 로스앤젤레스 마피아를 소개시켜 준 적도 있었다.

말린다와 나는 외상으로 물건을 사 본 적이 없었다. 프로스트도 마찬가지였다. 항상 제때 결제를 했던 우리에게는 공급업체에 지불을 미루는 일이 죽을 맛이었다. 프로스트와 우리 부부는 속이 쓰리고 잠이 오지 않는 많은 밤들을 보내야 했다. 결국 동업이 끝을 맞았다. 우리는 1975년 마지막 날을 끝으로 다른 길을 가게 되었다. 프로스트는 콜로라도 볼더로 이주해서 사진 장비 사업을 시작했고 말린다와 나는 등반 장비와 의류 사업을 힘겹게 이끌어 가게 되었다.

프로스트 부부가 떠나고 우리는 그들이 택했던 사업부장을 우리가 선택한 사람으로 바꾸었다. 1979년 크리스 맥디비트가 그 자리에 앉

사업은 성장 중! 1973년 12월 19일의 직원들. 사진: 톰 프로스트

았다. 어려운 시기에 일을 인계받은 그녀는 이해가 빠른 사람이었다. 파타고니아는 비로소 소유주들의 변덕스런 창의성을 헤아려 줄 수 있는 사업부장을 갖게 되었다. 크리스는 자금 조달을 안정시키고, 영업 인력을 격려하고, 공급업체들을 회유해서 독점 계약을 따내고, 산만한 직원들을 다독이고, 친밀감과 풍부한 감성으로 회사를 하나로 뭉치게 만들었다. 한편으로 그녀는 디자인과 예술 부서를 면밀하게 감독해서 파타고니아의 이미지를 확립하고 그것을 지독하게 지켜 냈다. 내가 아무리 말도 안 되는 아이디어를 생각해 내도 그것이 비현실적이라고 입증되기까지는 그녀에게 말도 안 되는 아이디어가 아니었다. 이런 점에서 우리는 훌륭한 파트너였다. 그녀는 나의 다소 급진적인 아이디어를

포장 담당 보조 직원 크리스 맥디비트. 1974년. 사진: 게리 레제스터

진지하게 받아들여야 하는 이유를 모두에게 납득시키거나 내가 그런
아이디어를 잊을 때까지 나를 어르고 달래 줄 수 있는, 사람들을 정말
잘 다루는 사람이었다.

몇 년 전의 인터뷰에서 크리스는 회사의 상황을 회상하면서 그녀를
믿고 사업을 맡긴 우리의 결정이 옳았다는 것을 보여 주었다.

1972년 회사에는 다섯 사람이 전부였어요. 1977년에는 식구가 열여섯으로
늘어났고 오빠가 사업부장이었죠. 1979년에는 오빠가 일을 그만두었어요.
이본은 회사를 경영하는 일을 원치 않았죠. 그는 산에 오르고 서핑을 하는
등 다른 일을 하고 싶어 했어요.

"자, 파타고니아와 쉬나드 이큅먼트입니다. 당신이 원하는 대로 하세요. 저는 등반하러 갈 겁니다." 이본은 이런 식으로 얘기하면서 회사들을 제게 맡겼어요.

저는 사업 경험이 전혀 없었어요. 때문에 사람들에게 공짜 조언을 구하러 다니기 시작했죠. 은행장들을 불러다 놓고 이렇게 말했어요. "이제 이 회사들을 맡아서 경영해야 하는데 뭘 해야 하는지 도통 모르겠어요. 누군가 저를 좀 도와줘야 할 것 같아요."

그들이 도움을 주었죠. 모른다는 것을 인정하고 도움을 구하면 사람들은 적극적으로 도우려고 애를 써요. 그렇게 해서 회사를 키우기 시작했죠. 저는 이본이 회사에 대해 가진 비전과 목표를 해석해 내는 사람이었어요.

나는 스스로를 사업가라고 생각하지 않았다. 나는 등반가였고, 서핑을 하는 사람, 카약을 하는 사람, 스키를 타는 사람, 대장장이였다. 나는 그저 나 자신과 친구들이 원하는 좋은 도구와 기능적인 옷을 만드는 것을 좋아했을 뿐이다. 융자가 잔뜩 들어 있는 데다가 언제라도 안전 부적격 판정을 받아도 이상하지 않은 해변의 오두막 한 채와 낡아빠진 포드 밴이 말린다와 내가 가진 개인 자산의 전부였다. 이제 우리에게는 각자 가족이 딸린 직원들이 있는, 차입금이 엄청난 회사가 있었다. 모두의 운명이 이 회사의 성공에 달려 있었다.

우리의 책임과 금융 부채에 대해서 곰곰이 생각해 본 어느 날, 나는 사업가이고 앞으로도 오랫동안 사업가로 남게 될 것이라는 깨달음이 찾아왔다. 이 게임에서 살아남으려면 사업에 진지하게 임해야 한다는 것이 명백한 상황이었다. 그뿐만 아니라 나는 평범한 사업 규칙을 따

크리스 맥디비트 톰킨스

로저 맥디비트의 여동생 크리스는 고등학교에 다닐 때 반항심으로 교사들을 격분하게 만
들곤 했다. 늘 해변에서 시간을 보내던 그녀는 종종 맨발로 등교를 했고 신발을 신지 않을
거면 다시는 학교에 오지 말라는 이야기를 들어야 했다. 그녀는 끊임없이 규칙을 벗어나려
고 노력했고 하루는 가죽 신발 끈을 발에 두르고는 그것을 샌들이라고 우겼다. 고등학교를
졸업할 때 크리스를 맡은 지도교사는 그녀의 어머니에게 이렇게 말했다. "크리스틴을 대학
에 보내려고 생각하신다는 건 알고 있습니다만, 괜한 수고는 하지 않는 것이 좋겠습니다."
대학에 다니는 동안 그녀는 활강 스키 선수였고 긴 시간이 흐른 후 학생들 앞에서 졸업 연
설을 하고 명예 학위를 받을 때까지 자신이 어떤 학위로 졸업을 했는지도 확실히 모르고
있었다.

그녀는 13년간 우리 회사의 사업부장이자 CEO였다. 그녀는 1994년에 은퇴했고 내 친구
더그 톰킨스와 결혼했다. 그들은 남아메리카로 이주해서 칠레와 아르헨티나에 8900제곱
킬로미터에 이르는 야생 공원을 조성하는 일을 맡고 있다. 역사상 어떤 자선가나 정치인이
조성한 야생 보호구역보다 넓은 면적이다.　　　　　　　　　　　　　　　　　　－이본 쉬나드

13년간 파타고니아의 사업부장 겸 CEO였던 크리스 맥디비트, 1985년 벤투라 서핑 포인트. 사진: 이본 쉬나드

라서는 행복할 수 없다는 것도 알고 있었다. 항공사 잡지 광고에서 본 양복을 입은 창백한 얼굴의 시체들과는 가능한 거리를 두고 싶었다. 사업가가 되어야만 한다면 나만의 방식으로 사업을 해야 한다는 것이 내 생각이었다.

기업가 정신에 관한 말 중에 내가 가장 좋아하는 것은 "기업가가 무엇인지 알고 싶다면 비행 청소년을 연구하라"이다. 비행 청소년은 행동을 통해 이렇게 말한다. "이건 정말 엿같네. 난 내 방식대로 할 거야." 난 정말 사업가가 되고 싶지 않았기 때문에 사업가가 되려면 좋은 명분들이 필요했다. 다행히 나에게는 사업을 확장하더라도 절대 놓치고 싶지 않은 것이 있었다. 일은 늘 즐거워야 한다는 점이다. 일터로 오는 길에는 신이 나서 한 번에 두 칸씩 계단을 경중경중 뛰어올라야 한다. 내키는 대로 자유롭게 입고 심지어는 맨발로 일하는 동료들에 둘러싸여 있어야 한다. 유연한 근무로 파도가 좋을 때는 서핑을 하고 함박눈이 내리면 스키를 타고 아이가 아플 때는 집에 머물면서 아이를 돌볼 수 있어야 한다. 일과 놀이와 가족의 구분을 모호하게 만들어야 한다.

기존의 규칙을 버리고 나만의 시스템이 돌아가게 만드는 창의적 경영은 나에게 큰 만족감을 주었다.

나는 어떤 일에든 사전 준비를 다 갖추기 전까지는 거기에 뛰어들지 않는다. 1978년 빙벽 등반 기술에 대한 책을 냈는데 이 책을 내기까지 12년이 걸렸다. 알파인 클라이밍(alpine climbing, 바위, 눈, 얼음이 뒤섞인

벽을 오르는 등반 형식 – 옮긴이)을 하는 대표적인 국가들을 모두 여행하고, 그곳에서 등반을 하고 눈과 빙벽 등반에 대해 연구하면서 나의 책, 『빙벽 등반(Climbing Ice)』을 위한 통일된 기법을 만들어야 했기 때문이다. 이 책은 다음과 같은 글로 시작된다.

1970년대까지 설원과 빙벽을 타는 스포츠를 하는 국가들은 바닥을 설사면에 평평하게 딛는 플랫 푸팅(flat-footing/pied à plat, 크램폰(crampon, 경사가 심한 얼음이나 단단한 설사면과 빙하지대를 오르내릴 때 미끄러지지 않도록 등산화 밑창에 부착하는 금속 장비 – 옮긴이)의 발톱이 얼음에 고루 박히도록 편평하게 딛는 기술) 기법을 사용하는 나라와 크램폰의 앞부분만으로 등반을 하는 나라로 나뉘었다. 두 등반 유파 모두 뛰어난 실력을 가지고 있었지만 둘 다 서로의 기법이 가진 가치를 인정하려고 하지 않았다. 하나의 기술만으로도 빙벽 등반을 할 수 있다. 그리고 아직도 많은 사람들이 그렇게 하고 있다. 하지만 이것은 가장 효율적인 방법도 아니고 가장 흥미로운 경험으로 이어지지도 않는다. 이것은 한 가지 춤만 아는 것과 같다. 음악이 바뀌어도 춤을 출 수는 있다. 하지만 음악과 맞지 않는 춤이 된다. 이런 문제들이 대부분 그렇듯이, 진리는 정가운데에 있다. 현재 모든 최고의 빙벽 등반가들은 두 가지 크램폰 기법을 모두 알고, 두 가지 방법을 모두 적용한다.

프랑스식 피켈(piolet ramasse) 사용법을 시연하고 있다. 『빙벽 등반』을 쓰는 동안에는 빙벽에서 사용하는 기술을 가르치는 일이 내 중요한 수입원이었다. 기술을 전달하는 법을 배우는 가장 좋은 길은 직접 시도하고 가르쳐 보는 것이라고 생각했기 때문이다. 나는 매 강좌마다 기술들을 보다 간단하게 설명하는 법을 익혔다.
사진: 레이 콘클린

사업 지식을 쌓을 때도 마찬가지였다. 지난 몇 년 동안 나는 사업에 대한 책을 모조리 읽으면서 나에게 맞는 사업 철학이 있는지 살펴보았다. 일본이나 스칸디나비아 스타일의 경영에 관한 책이 특히 흥미로웠다. 미국식 사업이 여러 가능한 루트 중 하나만을 제시한다는 것을 알았기 때문이다.

미국 회사 중에는 우리가 롤모델로 삼을 만한 곳이 없었다. 연관성을 찾기에는 너무 규모가 크고 보수적이거나 우리와는 다른 가치관을 가지고 있었다. 에스프리(Esprit)만은 예외였다. 내 친구 더그 톰킨스와 그의 첫 번째 아내인 수지 톰킨스가 만든 이 회사는 다른 미국 기업과 정반대의 성향을 가지고 있었고 우리와 가치관을 공유했다. 더그는 등반과 서핑을 같이 하는 친구로 60년대 초반에 샌프란시스코에 노스페이스 매장을 시작했다. 1964년부터 1965년까지 그가 내 등반 장비 도매 유통을 맡으면서 우리는 함께 일했다. 그는 1968년 노스페이스를 처분한 후 파타고니아라고 불리는 칠레와 아르헨티나의 외딴 지역을 내게 소개해 준 장본인이다. 우리가 파타고니아 여행을 하는 동안 수지와 그녀의 친구는 플레인 제인이라는 회사를 차렸고 이것이 훗날 에스프리가 되었다. 더그 역시 권위를 본능적으로 싫어했고 언제나 규칙을 깨뜨리는 것을 즐겼다. 에스프리는 우리보다 훨씬 큰 회사였고 이미 성장과 관련된 많은 문제를 접하고 해결해 낸 상태였다. 때문에 회사 초기에 그들은 큰 도움이 되었다.

더그 톰킨스가 로열 로빈스, 레그 레이크 등의 친구들과 함께 나를 급류 카약의 세계로 이끌었다. 우리는 스스로에게 "두 보이즈(Do Boys)"라는 이름을 붙였다. 액티브 스포츠를 일본어로 두 스포츠(do sports)라고 이상하게 번역하는 것에서 착상한 이름이었다. 남부 시에라에서의 첫 급류 카약 경험은 엄청난 '자기 학대'였다. 우리는 첫날 스타니슬라우스강의 3급 구간을, 둘째 날 머세드강 하류의 4급 구간을, 셋째 날 투올럼니강의 5급 구간을 주파했다. 12일에 걸친 훈련이었다. 훈련이 끝나자 얼굴을 열두 바늘 꿰매야 했고, 등이 너무 아파서 히치하이커 한 명을 태워 집까지 운전을 시켜야 했다. 가이드나 야외 스포츠를 가르치는 학원이나 교재가 없던 시절에는 위험한 스포츠를 보통 이런 식으로 배웠다.

몇 년 후 나는 카약에서 획기적인 발전을 이루어 냈다. 나는 막 핸드롤(hand roll)을 배운 참이었다. 패들이 아닌 손만을 이용해서 조종하는 방법이다. 나는 패들 없이 와이오밍 잭슨홀의 그로스 벤트레강을 달리는 무모한 짓을 벌였다. 이 강은 최고 수위 난이도가 4급으로 초당 30미터의 속도이기 때문에 보트에서 떨어지면 몇 킬로미터 아래 하류로 가야 보트를 찾을 수 있었다.

패들은 강력한 도구이기 때문에 이를 이용하지 않는다는 것은 손을 물에 넣은 채 몸을 앞으로 숙이고 최대한 낮은 자세로 앉아야 한다는 것을 의미했다. 시선을 멀리 두고 뱅킹(banking, 카약을 좌우로 기울이는 동작 – 옮긴이)과 카빙(carving, 상체 이동을 통한 방향 전환 동작 – 옮긴이)만으로 보트의 방향을 조정해야 했다. 나는 과한 동작 없이 물고기처럼 움직여서 패들을 사용할 때보다 더 깔끔하게 물살을 탔다.

나는 항상 내 자신을 80퍼센트까지 하는 사람이라고 생각해 왔다. 나는 스포츠를 비롯한 모든 활동에 80퍼센트의 능숙도를 달성할 때까지 열성적으로 임한다. 그 수준을 넘어서려면 집착과 어느 정도의 전문성이 필요하다. 나는 그런 일에는 매력을 느끼지 못한다. 80퍼센트 수준에 이르면 시들해져서 전혀 다른 일로 이동한다. 파타고니아의 제품 라인이 그토록 다양하고 우리의 다재다능하고 다면적인 의류들이 크게 성공한 것도 이런 이유 때문이 아닐까 싶다.

우리는 (은행으로부터 회전 신용 한도를 확보해서) 첫 번째 현금 유동성 위기에서 살아 나온 후 기능성 의류에 집중하게 되었다. 첫 기능성 제품은 폼백 재킷이었다. 내부에 물방울이 많이 생기던 당시의 폴리우레탄 소재 레인웨어에서 한 차원 더 발전한 제품이었다. 우리는 나일론 외피 안쪽에 얇은 발포체 층과 면포 안감을 덧대 보온성을 높이고 물방울이 덜 생기게 만들었다. 우리는 이런 디자인 작업을 통해 예측할 수 없는 날씨가 생명을 위협할 수 있는 고산지대에서 어떻게 옷을 입어야 할까 하는, 보다 큰 문제의 해결에 나서게 되었다.

등반 의류 업계 전체가 땀을 흡수하는 면, 양털, 오리털과 같은 전통적 소재에 의존하던 때에, 인명 보호를 중심으로 삼은 우리는 영감을 찾기 위해 등반 이외의 다른 곳으로 눈을 돌렸다. 우리는 북대서양 어부들이 즐겨 입는 파일 스웨터가 이상적인 산악 스웨터가 될 것이라고 판단했다. 습기를 흡수하지 않으면서 보온이 잘 되기 때문이었다.

아이디어를 시험할 옷감을 찾아야 했지만 쉬운 일이 아니었다. 1976년 말린다는 어떤 직감에 이끌려 로스앤젤레스에 있는 캘리포니아 머천다이즈 마트로 갔다. 그곳에 우리가 찾던 물건이 있었다.

$\longrightarrow$

위 | 더그 톰킨스(왼쪽)와 로열 로빈스. 사진: 더그 톰킨스 컬렉션
아래 | 1986년 클라크스포크 옐로스톤강에서 3일간의 첫 급류 타기를 마친 두 보이즈. 더그 톰킨스, 롭 레서, 존 왓슨, 나, 레그 레이크. 사진: 더그 톰킨스 컬렉션

두 보이즈

두 보이즈의 다른 회원으로는 '모험 자본가'라 할 수 있는 릭 리지웨이, 자선가 더그 톰킨스, NBC 뉴스의 앵커 톰 브로코가 있었다. 〈라이프〉지와의 인터뷰에서 톰은 처음 빙벽 등반을 배운 일에 대해 이렇게 이야기했다.

가장 어려웠던 등반은 어떤 것이었습니까?

아마 파타고니아의 창립자인 이본 쉬나드를 비롯한 친구들과
레이니어산의 카우츠 빙하를 오른 때였을 겁니다.
저는 이전에 빙벽 등반을 해 본 적이 없었습니다. 친구들이
크램폰과 피켈 사용법을 30초간 설명해 주었습니다.
살얼음이 긴 가파른 암벽을 가로지르고 있을 때였습니다.
미끄러지면 300미터 아래로 떨어질 상황이었죠.
이본에게 말을 걸었습니다. "로프를 서로 묶어야지?"
그가 대답했습니다. "아니야. 그럼 네가 떨어질 때 나도 떨어져.
난 그러고 싶지 않아. 이건 뉴욕에서 비오는 날 택시를 잡는 것과
똑같아. 각자 알아서 해야 하는 거지."
이본을 친구로 삼은 것은 참 다행스런 일이었습니다 ….
그는 세상일을 새로운 방식으로 생각하게 해 주었습니다.

– 〈라이프〉, 2004년 11월 26일

←
톰 브로코. 워싱턴 레이니어산에서. 사진: 릭 리지웨이

인조 모피 코트 시장이 무너진 후 파산에서 막 회생해 재고를 판매하던 말덴 밀스의 옷감이었다. 우리는 스웨터를 몇 개 만들어 고산 환경에서 현장 실험을 했다. 폴리에스테르 옷감은 특히 외피와 함께 사용할 경우 놀랄 만큼 따뜻했다. 젖어도 보온이 되었고 빨리 말라 등반가들이 입어야 할 옷의 숫자를 줄여 주었다.

우리의 첫 번째 파일직물(표면에 고리 모양 구조를 가진 직물) 의류는 변기 시트 커버를 만들기 위해 생산된 옷감으로 외피를 만들었고 사이징(sizing, 풀을 먹이는 것 – 옮긴이) 처리까지 거쳐 상당히 뻣뻣했다. 그러나 옷감을 따로 제작할 만큼 많은 양을 주문할 수가 없었기 때문에 말덴의 기존 재고를 사용해야 했다. 그런데 기존 재고라는 것이 흉한 황갈색과 푸르뎅뎅한 파란색뿐이었다. 시카고 무역 박람회에 재킷을 전시하고 있을 때 한 바이어가 재킷을 만지작거리며 우리 영업사원 텍스 보시에에게 도대체 어떤 털로 만든 것이냐고 물었다. 텍스가 진지한 표정으로 답했다. "흔치 않은 시베리안 블루 푸들의 털입니다." 볼품없는 데다가 사용한 후에는 미친 듯 보풀이 일어났지만 이 파일 재킷은 곧 아웃도어 의류의 주요 상품이 되었다.

하지만 빨리 마르고 보온이 잘 되는 옷을 입어도 면 속옷이 땀을 흡수해서 얼려 버린다면 아무런 소용이 없었다. 그래서 1980년, 우리는 폴리프로필렌으로 만든 보온 속옷을 내놓았다. 폴리프로필렌이라는 합성섬유는 가볍고 물을 전혀 흡수하지 않아 물에 뜨는 해양 로프와 같은 산업 제품에 사용되었다. 이 소재가 처음으로 의류에 적용된 것은 일회용 기저귀의 부직포 안감이었다. 폴리프로필렌 부직포는 발수성과 속건성이 커 피부에서 땀을 제거하고 수분을 기저귀 외피에 있는 흡수력이 큰 소재 쪽으로 이동시키는 기능을 한다.

한 노르웨이 기업이 피부의 땀을 바로 건조시켜 주는 폴리프로필렌 소재의 스트레치 니트(stretch-knit, 편물에 탄성이 강한 실을 섞어 직조해 강한 신축성을 갖게 한 니트 제품 – 옮긴이) 속옷을 이미 개발했으나 큰 단점이 있었다. 너무 얇고 투과성이 높아 거의 보온이 되지 않았던 것이다. 우리의 니트 옷감은 안쪽에 솔질을 해서 공기층을 더 만들고 부드러움을 더했기 때문에 4배 더 두꺼웠다.

우리는 새 속옷의 기능을 제대로 활용하는 방법을 카탈로그를 통해 알렸고, 동종 업계와 고객들에게 겹쳐 입기(레이어링)라는 개념을 가르치는 첫 번째 회사가 되었다. 겹쳐 입기란 피부에 닿는 내의는 땀을 흡수하는 기능성 베이스레이어를 입고, 그 위에 보온성을 높이는 미드레이어를 겹쳐 입고, 그 위에 바람과 습기로부터 몸을 보호하는 방풍, 방수 쉘 재킷을 착용하는 접근법을 말한다.

우리의 가르침은 성과를 거뒀다. 머지않아 산 위에서 면직과 모직보다는 줄무늬가 들어간 폴리프로필렌 속옷 위에 보풀이 많이 일어난 연한 청색과 황갈색 파일 스웨터를 입은 사람들을 많이 만나게 되었다.

하지만 폴리프로필렌도 파일직물과 마찬가지로 문제가 있었다. 열에 약했다. 녹는점이 너무 낮아서 일반 가정용 건조기보다 온도가 훨씬 높은 상업용 빨래 건조기를 이용한 고객들은 속옷이 변형되는 경험을 해야 했다. 또한 폴리프로필렌은 물을 밀어내는 발수성 때문에 깨끗하게 세탁을 할 수가 없어서 냄새가 남았다. 게다가 습기가 바로 마르는 속건성이 직물에 내재된 것이 아니라 방사와 직조 과정의 기름 때문이어서 스무 번 정도 세탁을 하고 나면 기름이 날아가 옷이 해졌다.

파일직물과 폴리프로필렌이 즉각적인 성공을 거두고 아직 눈에 띄는 경쟁자도 나타나지 않은 상황이었지만, 우리는 의류의 질을 높이고 이 두 직물이 가지고 있는 문제를 극복하기 위해 열심히 노력했다.

느리지만 점진적으로 파일직물의 질을 개선시키는 작업이 성과를 만들어 갔다. 우리는 말덴과 긴밀한 협력 하에 보풀이 덜 생기고 부드러운 인조 모직 원단을 개발했고 결국에는 보풀이 전혀 생기지 않으며 더 부드러운 양면 원단, 신칠라(Synchilla)를 개발했다. 말덴 밀스의 자금 동원력이 좋아지면서 이런 많은 혁신이 가능해진 것은 맞지만, 우리가 적극적으로 연구와 개발 과정에 참여하지 않았더라면 이 원단의 개발은 불가능했을 것이다. 그 이후로 우리는 연구와 디자인 부서에 상당한 투자를 시작했다. 특히 우리 원단 연구소와 원단 개발 부서들은 업계의 부러움을 사는 존재가 되었다. 개발 프로젝트에서 우리와 힘을 합치기를 간절히 원하는 많은 공장들이 있었다. 파타고니아의 도움이 있다면 더 나은 원단을 개발할 수 있다는 것을 알았기 때문이다.

하지만 신칠라를 개발한 해에 발견한 폴리프로필렌의 대체품은 공장과의 상호 개발 과정에서 나온 결과가 아니었다. 이 대체품의 아이디어는 난데없이 나타났다. 때로 좋은 아이디어는 자신이 지향하는 목표에 대한 확고한 신념과 더 훌륭한 제품에 대한 비전 사이에서 불쑥 튀어나온다.

1984년 나는 시카고의 스포츠 제품 박람회장을 돌아다니다가 폴리에스테르 소재 축구 유니폼의 풀 얼룩을 없애는 시연을 보게 되었다. 폴리프로필렌과 폴리에스테르 같은 합성섬유는 플라스틱 수지에서

파일직물 원단의 이용법을 보여 주는 사진 중 내가 가장 좋아하는 것. 사진: 게리 빅햄

사출성형한 얇고 둥근 섬유 조직으로 만들어진다. 이 플라스틱 섬유들은 매우 매끄럽다. 이 매끄러운 성질이 일반적인 세탁에 쓰이는 비누와 물을 밀어내기 때문에 이 섬유로 만든 옷들은 빨기가 어렵다.

이 축구복 옷감을 만든 회사, 밀리켄은 섬유의 표면을 산으로 영구 부식시켜서 친수성으로 만드는 에칭(etching) 기법을 개발했다. 유리에 물을 떨어뜨리는 것을 상상하면 쉽게 이해할 수 있을 것이다. 매끈한 유리라면 물방울이 그대로 맺혀 있지만 에칭 과정을 거친, 표면을 부식시킨 유리라면 물방울이 퍼져 나간다.

나는 생각했다. '축구 유니폼에 한정할 아이디어가 아니다. 이것은 베이스레이어로 완벽한 섬유다!' 폴리에스테르는 녹는점이 대단히 높기 때문에 건조기에서 손상될 염려가 없었고, 에칭 공정이 습기를 대단히 빨리 흡수하게 하지만 섬유가 내부로 물을 빨아들여 담고 있지 않기 때문에 빠른 건조가 가능했다.

신중한 직원들은 신칠라의 도입과 겹쳐지지 않도록 새 소재의 도입 시기를 조정하자는 의견을 내놓았다. 폴리프로필렌과 플리스(fleece, 표면의 털이 일어나도록 만든 가볍고 따뜻한 폴리에스테르 직물 – 옮긴이)가 우리 매출의 70퍼센트를 차지했기 때문이었다. 하지만 모든 답을 알 때까지 행동을 미룰 수는 없었다. 때로 제품의 단계적 도입은 큰 위험이 될 수 있다. 새로운 아이디어를 가진 선구자로서의 우위를 잃을 수도 있기 때문이다.

나는 이 새로운 옷감이 좋다는 확신을 가지고 있었고 고객들의 특성도 잘 알았기 때문에 폴리프로필렌 베이스레이어 라인 전체를 새로운 캐필린(Capilene) 폴리에스테르로 바꾸는 일을 빠르게 밀고 나갔다. 충성도가 높은 핵심 고객들은 캐필린과 신칠라의 장점을 바로 알아보았고 매출은 급증했다. 이제야 플리스와 폴리프로필렌 의류의 아류를 만들기 시작한 다른 업체들은 우리를 따라잡기 위해 허둥대고 있었다.

늘 경쟁자들이 바짝 추격해 왔지만 우리는 계속해서 제품 혁신과 개발을 이루어 냈다. 1980년대 초 또 다른 중대한 변화가 있었다. 당시 아웃도어 제품은 황갈색, 황녹색이 대부분이었고 가장 선명한 색상이라고 해 봐야 적갈색이 전부였다. 우리는 파타고니아 라인에 코발트색, 청록색, 프렌치 레드색, 망고색, 산호색, 크림색과 갈색이 혼합된 아이스 모카색에 이르는 다채로운 색상을 도입했다. 파타고니아 의류는 단조로운 분위기에서 화려하고 자유분방한 이미지로 변화했다. 질기고 튼튼한 성질은 그대로 유지되었다. 대성공이었다. 업계의 다른 기업들은 우리를 따라잡느라 10년 가까운 세월을 보냈다.

선명한 색상이 걷잡을 수 없을 정도로 인기를 얻고 신칠라와 같은 기능성 직물의 매력이 높아지면서 우리의 운명에도 극적인 변화가 찾아왔다. 파타고니아 상표는 이제 럭비 셔츠와 같은 유행의 하나로 자리매김했고 우리 제품의 인기는 아웃도어 시장을 넘어 패션 소비자들에게로 확장되었다. 모든 영업 전략과 카탈로그 공간은 오랜 진성 팬들에게 겹쳐 입는 의류의 기능적 장점을 설명하는 데 할애되었지만, 가장 잘 팔리는 제품은 헐렁한 비치 반바지와 외피가 있는 봄버(bomber, 미 공군 조종사들이 입는 옷을 응용한 짧은 길이의 재킷 – 옮긴이) 스타일 신칠라 재킷 등 오히려 기능성이 가장 떨어지는 것들이었다.

1980년대 중반부터 1990년까지 매출이 2000만 달러에서 1억 달러로 늘어났다. 개인적으로 말린다와 나는 전혀 부유해지지 못했다. 이윤을 회사의 자산으로 적립해 두었기 때문이다. 어쨌든 회사의 성장은 여러 면에서 흥미로웠다. 지루할 새가 없었다. 소매점이나 창고의 가장 보수가 낮은 자리에 있는 사람들과 신입 직원들도 보수를 올리고 빨리 승진할 수 있었다. 몇몇 자리의 경우 의류와 아웃도어 업계에서 가장 뛰어난 사람을 영입하기도 했지만 우리가 고용한 대부분의 새로운 직원은 뿌리가 튼튼하고 빠르게 성장하는 우리 내부 공동체에서 비롯되었다. 새로운 자리가 생기면 우리 직원들은 친구들에게 알리고 친구들은 다시 다른 친구들과 친척들에게 그 사실을 알렸다.

파타고니아는 양적으로 성장했지만 여러 가지 면에서 우리의 문화적 가치를 놓치지 않았다. 우리는 여전히 신나게 출근했다. 내키는 대로 자유롭게 옷을 입는 친구들에 둘러싸여 있었고, 점심시간이면 사람들은 달리기를 하거나, 서핑을 하거나, 건물 뒤쪽의 모래밭에서 배구

가업. 사진: 쉬나드 컬렉션

를 했다. 회사에서는 스키나 등반 여행을 위한 자금을 지원했다. 친구들끼리 모여 금요일 밤에 시에라로 갔다가 월요일 아침에 지쳤지만 행복한 모습으로 출근하는 직원들도 있었다.

몸집이 커지자 변화도 필요했다. 1984년 우리는 그레이트 퍼시픽 아이언 웍스(Great Pacific Iron Works)라는 이름을 로스트 애로 코퍼레이션(Lost Arrow Corporation)으로 바꾸어 지주회사로 만들었다. 그리고 그 아래 의류를 디자인, 제조, 유통하는 파타고니아 인코퍼레이티드와 등반 장비를 디자인, 제조, 유통하는 쉬나드 이큅먼트를 자회사로 두었다. 그레이트 퍼시픽 아이언 웍스는 소매점들을 운영하기 위해 새롭게 설립됐고, 파타고니아 통신판매 부서는 독립 법인이 되었다. 그해에 우리는 로스트 애로의 새로운 사옥을 지었다. 거기에는 개인 사무실이 존재하지 않았다. 임원들을 위한 사무실조차 말이다. 이런 구조가 때로는 산만한 분위기를 연출하기도 했지만 그 덕분에 개방적인 커뮤니케이션을 유지할 수 있었다. 경영진은 개방된 형태의 커다란 공간에서 직원들과 함께 일을 했고 직원들은 곧 이 공간에 '울타리(corral)'라는 이름을 붙였다. 그리고 몸에 좋은 음식을 제공하는 카페테리아를 만들어 직원들이 근무 중 언제라도 이용할 수 있게 했다. 또 말린다의 강력한 주장으로 그레이트 퍼시픽 차일드 디벨로프먼트 센터라는 사내 어린이집을 개설했다. 당시에는 이런 사내 어린이집이 전국적으로 120개에 불과했다. 물론 현재는 8000개 이상의 사내 보육 시설이 운영되고 있다. 아이들이 마당에서 뛰어놀고 카페테리아에서 부모들과 점심 식사를 함께하는 풍경 때문에 회사라기보다는 가정과 같은 분위기가 조성되었다. 우리는 자녀를 새로 얻은 직원들은 물론이고 다른 직원들도 근무시간을 유연하게 조정하고 업무를 분담할 수 있게 해 주었다.

우리는 회사를 편협하게 몰아가고 창의성을 저해하는 전형적인 기업 문화로부터 달아날 필요가 없었다. 그저 독특한 전통을 유지하기 위한 노력만 기울이면 됐다. 한때는 우리의 전통이 특이해 보였지만 이제는 그렇지 않다. 미국의 많은 기업들이 보다 자유롭고 격식을 차리지 않는 직장 문화를 택하고 있기 때문이다. 우리는 그런 추세가 시작되는 데 상당한 영향을 끼쳤을 뿐이다.

그렇지만 사업을 키우는 데 있어서는 전형적인 교과서적 관행을 사용하기도 했다. 제품의 수를 늘리고, 직영점을 열고, 새로운 해외 시장을 개척했다.

대장간, 1966년. 사진: 톰 프로스트

서핑숍, 2009년. 사진: 팀 데이비스

보육에 대한 말린다의 생각

세밀한 계획에서 시작된 것은 아니었다. 내 부전공이 가정학이기는 했지만 나는 유치원 교육에 대한 수업은 전혀 듣지 않고 졸업한 몇 안 되는 사람 중 하나였다. 사실 우리 보육 센터는 프로스트 부부가 아이들을 데리고 출근을 했고 우리도 그 뒤를 따른 데에서 출발했다. 새로운 직원들을 고용하자 그들도 그렇게 했다. 컴퓨터에 대해서 잘 아는 사람들에게는 끔찍한 광경이었겠지만 아기 침대가 컴퓨터 모니터 위에 걸쳐져 있기도 했다. 울음을 멈추지 않는 예민한 아기 하나가 오기 전까지 우리는 아기들이 일터에 어떤 혼란을 야기할 수 있는지 깨닫지 못하고 있었다. 그 아기 엄마는 아기와 함께 밖에 세워 둔 차에 앉아 있어야 했고 우리는 죄책감을 느꼈다.

　아기들을 위해 돈이나 공간을 투자하자는 아이디어가 나왔지만, 돈과 공간 모두가 부족해 2년의 논의를 거쳐야 했다. 보육 시설을 어떻게 시작해야 하는지 전혀 알지 못하는 상태였음에도 몇몇 부모들이 그 아이디어를 밀어붙였다. 사내 어린이집을 시작하고 상당한 시간이 흐른 후에야 그것이 법규 문제와 히스테릭한 부모들에게 시달릴 수 있는 급진적인 아이디어였다는 것을 알게 되었다. 아동 발달 분야에서 전국적으로 인정받는 애니타 개러웨이-퍼타우를 찾은 우리는 비로소 마음을 놓을 수 있었다. 이로써 우리는 오늘날 가족 친화적인 직장에서 표준으로 받아들여지고 있는 법규와 기준을 만드는 일에 일조할 수 있었다.

우리에게 보다 큰 사회적 혁명을 일으키도록 조언을 준 사람도 애니타였다. 분만실에서 갓 낳은 아이를 데리고 출근을 하는 엄마들이 속속 등장하자, 애니타는 어린이집 직원들이 공공연히 반감을 표현하고 있다는 소식을 가감 없이 전했다. 내가 산후 8주가 될 때까지는 아기를 회사에 데려올 수 없다는 발표를 하자 부모들은 "그럼 우리는 어떻게 먹고 살죠? 융자는 어떻게 갚고요?"라며 눈물을 흘렸고 회사를 그만둘 조짐을 보였다.

보육 시설에 대한 논의는 느긋하게 여유를 갖고 시작되는 법이 없었다. 늘 긴박하고 극적인 드라마가 함께했다. 우리는 출산을 한 어머니들이 집에 머물면서 아기를 돌보는 동안에도 급료를 지불했고 아버지들에게도 출산휴가를 주어서 그 제도를 한층 더 매력적으로 만들었다. 시간이 흘러 우리 어린이집의 첫 졸업생들이 부모이자 직원이 되는 동안 우리의 정책은 연방 법률로 제정되었다. 여기에는 애니타의 로비도 큰 몫을 했다.

－말린다 펜노이어 쉬나드

곧 우리는 감당할 수 있는 범위를 넘어서는 심각한 위험에 처했다. 아웃도어 전문 시장이라는 우리에게 꼭 맞는 자리를 벗어나 버린 것이다. 1980년대 후반, 회사의 성장세가 지속된다면 10년 내에 10억 달러 규모의 회사가 될 상황이었다. 10억 달러라는 지점에 이르려면 대형 상점이나 백화점에서도 물건을 팔아야 될 것이다. 이것은 우리가 최고의 등반 장비를 만드는 제조업체로서 지켜 왔던 회사 설립의 근본 취지에 도전하는 일이었다.

세상에서 제일 좋은 품질의 아웃도어 의류를 만들고자 하는 회사가 나이키와 같은 규모가 될 수 있을까? 테이블 10개짜리 미슐랭 3스타 프랑스식 식당이 테이블을 50개로 늘려도 별 3개를 유지할 수 있을까? 두 가지 모두를 손에 넣을 수 있는 것일까? 파타고니아가 진화한 1980년대 내내 이런 질문이 뇌리에서 떠나지 않았다. 나를 괴롭힌 또 다른 질문이 있다. 자연의 훼손이었다. 네팔, 아프리카, 폴리네시아 등지에 등반이나 서핑, 낚시를 하러 가면 그전에 방문했던 때로부터 몇 년간 어떤 일이 일어났는지를 생생히 목격할 수 있었다.

나는 나만의 MBA 경영 이론을 계속 실천했다. 히말라야나 남아메리카와 같은 가장 극심한 조건에서 장비와 의류를 시험하는 동안 '부재를 통한 경영(Management by Absence, MBA)'을 행한 것이다. 1981년 세 친구와 나는 티베트의 해발 7010미터 궁가산을 오르려다가 눈사태를 만났다. 450미터를 굴러떨어져 90미터 높이의 수직 절벽 9미터 앞에 멈추었다. 한 친구는 목이 부러져 세상을 떠났고, 또 다른 친구는 척추가 부러졌으며, 나는 갈비뼈가 부러지고 뇌진탕을 일으켰다. 나는 처음부터 7600미터가 넘는 산을 등반하는 일에 큰 관심이 없었다. 게다가 두 아이의 아빠로서 이런 사고까지 겪자 고산 등반에 대한 관심은 더 줄어들게 되었다. 나는 새로운 아이디어를 가지고 돌아오는 역할을 맡은 사람이었다. 회사에는 밖으로 나가 세상의 분위기를 파악할 사람이 필요하다. 나는 수년 동안 세계를 돌아다니며 새로운 제품, 새로운 시장, 새로운 소재에 대한 아이디어를 가지고 들뜬 마음으로 집에 돌아왔다. 이후 세상의 빠른 변화를 보기 시작했고 환경과 토착 문화의 훼손에 대한 이야기와 함께 돌아오는 일이 점점 잦아졌다.

아프리카에는 인구가 증가하면서 숲과 초원이 사라지고 있었다. 극지방에서는 지구온난화로 대륙 등반 역사의 일부였던 빙하들이 녹고 있었다. 숲을 개벌(皆伐)하고 감염된 침팬지와 과일박쥐와 같은 야생동물 고기를 대량으로 공급하는 관행 때문에 에이즈와 에볼라 같은 바이러스가 출현했다.

소비에트연방이 무너지기 전 러시아 극동 지역을 카약으로 여행한 나는 러시아인들이 군비 경쟁에서 미국을 따라잡기 위해 국토를 유린하는 것을 발견했다. 원유, 광물, 산림을 얻는다는 명목으로 땅이 훼손되었고 실패로 돌아간 산업화 정책이 도시와 농지를 오염시켰다. 심어야 할 종자를 먹어 치우고 있는 꼴이었다.

고향 남부 캘리포니아에 갔을 때는 그나마 남아 있던 해안선과 산비탈이 가차 없이 헤집어지는 모습이 눈에 들어왔다. 30년 동안 여름을 보냈던 와이오밍에서는 매년 눈에 띄게 야생동물의 수가 줄어들었고, 잡히는 물고기의 양이 줄었으며, 기운을 빼는 기록적인 폭염이 수주 동안 계속됐다. 하지만 대부분의 환경 파괴는 눈에 보이지 않는다. 나는 책을 통해 상토(上土)와 지하수의 급격한 소실, 열대우림의 개벌, 멸종

지역에 사는 청년들이 벤투라강의 티코 나루 인근에서 잡은 무지개송어를 들고 있다. 1920년.

위기종의 증가, 과거 자연 그대로의 청정 지역이었던 북극의 주민들이 이제는 산업 국가에서 비롯된 독소로 인해 지역의 포유류와 물고기를 잡아먹지 말라는 경고를 받고 있다는 사실들에 대해 알게 되었다.

그와 동시에 우리는 서서히 알게 되었다. 소수의 헌신적인 사람들이 자연을 구하기 위해 치르는 힘든 싸움이 상당한 결과를 낼 수 있다는 것을 말이다. 첫 번째 가르침은 1970년대 초 바로 우리가 사는 곳에서 배웠다. 친구 여럿이 근처 영화관에 서핑 영화를 보러 갔었다. 영화가 끝나고 젊은 서퍼 한 명이 관객들에게 시에서 열리는 공청회에 참석해 달라는 부탁을 했다. 벤투라강의 물길을 돌리고 강 입구를 개발하려는 시의 계획에 반대 의견을 내 달라는 것이었다. 그 지역은 최고의 서핑 포인트이고 파타고니아 사무실에서 500미터도 떨어지지 않은 곳이었다.

몇몇이 그 공청회에 가서 서핑 포인트 파괴에 반대했다. 우리는 벤

벤투라강 어귀, 2011년. 사진: 짐 마틴

투라강이 한때 무지개송어의 주요 서식지였다는 것을 어렴풋이 알고 있었다. 1940년대에는 이 강에 4000~5000마리의 무지개송어와 몇백 마리의 치누크 연어가 살고 있었다. 이후 댐 2개가 만들어지고 물의 방향이 바뀌었다. 겨울철에 오는 비를 제외하면 강에 남은 물은 1단계 하수처리장에서 흘러나오는 물뿐이었다. 공청회에서는 시에서 돈을 받는 몇몇 전문가들이 이 강이 이미 죽어 있으며 물길을 바꾸어도 강어귀에 남은 조류와 다른 야생동물이나 서핑 포인트에 전혀 영향을 주지 않을 것이라는 증언을 했다.

그때 젊은 대학원생 마크 카펠리가 강에서 찍은 사진들을 슬라이드 쇼로 보여 주었다. 버드나무들 사이에서 살고 있는 새들과 사향쥐, 물뱀, 강어귀에 알을 낳은 뱀장어의 사진이었다. 2년생 무지개송어들의 사진을 보여 주자 모두가 일어나서 환호했다. 소위 전문가들이 '죽었다'고 말했던 강에 수십 마리의 무지개송어가 알을 낳으러 올라오고 있었다.

개발 계획은 무산되었다. 우리는 마크에게 사무 공간과 우편함을 내주고 벤투라강을 위한 그의 투쟁에 도움이 되고자 약간의 기부도 했다. 더 많은 개발 계획이 생겨났지만, 벤투라강의 친구들(Friends of the Ventura River)은 그런 계획들을 좌절시키고, 물을 정화하고, 유수의 양을 늘리기 위해 노력했다. 우리는 하수처리장을 2단계, 3단계로 확충하기 위한 로비 활동을 벌였다. 야생동물이 늘어났고 좀 더 많은 연어들이 강으로 올라와 알을 낳기 시작했다. 마크는 두 가지 중요한 가르침을 주었다. 풀뿌리 환경운동이 변화를 만들어 낼 수 있으며 황폐해진 야생동물의 서식지도 노력을 기울인다면 복구할 수 있다는 것을 말이다. 그의 성과에 고무된 우리는 천연 서식지를 보호하고 복구하는 활동을 하는 소규모 단체에 정기적으로 기부를 하기 시작했다. 직원이 많고, 간접비가 발생하고, 기업과 연줄이 있는 대형 비정부기구(NGO)는 피했다. 1986년 우리는 지역의 풀뿌리 환경단체에 매년 수익의 10퍼센트를 기부하기로 결정했다. 이후 세전 수익의 10퍼센트나 총매출액의 1퍼센트 중 큰 액수로 분담금을 높였다. 우리는 호황이든 불황이든 매년 그 약속을 지켜 왔다.

1988년 우리의 첫 전국적 환경 캠페인이 시작되었다. 요세미티 계곡의 도시화를 막는 종합 계획을 지지하는 캠페인이었다. 작가들에게 글을 요청해서 카탈로그에 싣고 매장들 내부에 전시 공간을 마련했다.

우리는 연어와 강 복원을 위한 캠페인, 유전자 변형 농산물에 반대하는 캠페인, 와일드랜드 프로젝트(Wildland Project, 북아메리카의 토착

동식물과 공존하기 위한 캠페인)를 위한 캠페인, 나아가 유럽에서는 알프스를 통과하는 트럭의 과도한 오염에 반대하는 캠페인을 벌이면서 참여 범위를 점점 확대했다. 우리는 세계화와 자유무역주의에 문제가 있다는 신념을 갖고 있으며 말린다는 개인적으로 NAFTA(North America Free Trade Agreement, 북미자유무역협정)과 GATT(General Agreement on Tariffs and Trade, 관세 및 무역에 관한 일반 협정)에 반대하는 광고 자금을 대고 있다.

우리는 이런 외부적 문제를 개선하는 것 외에 회사 내부를 살피고 상업적 오염원으로서의 우리 역할을 줄여야 한다는 점도 인식했다. 1984년부터 폐지를 재활용하기 시작했고 카탈로그를 만들 가장 재활용도가 높은 종이의 공급원을 찾는 데 심혈을 기울였다. 우리는 미국 최초로 재생 종이를 이용해 카탈로그를 만든 기업이 되었지만 첫 시즌의 결과는 참혹했다. 아직 시험 단계였던 재생지에는 잉크가 잘 스며들지 않았다. 사진은 흐렸고 색상은 우중충했다. 하지만 그 첫해에 재생 종이를 사용한 것만으로도 350만 킬로와트의 전기와 600만 갤런의 물을 절약하고, 23.5톤의 오염물질이 공기 중으로 배출되는 것을 막고, 1300제곱미터에 이르는 고형 폐기물이 쓰레기 매립지에 버려지는 것과 1만 4500그루의 나무가 잘리는 것을 막았다. 다음 해에는 종이의 질이 훨씬 나아졌다. 우리는 건축이나 리모델링 계획에 독성이 낮은 재활용, 재사용 자재를 사용할 방법을 연구하고 개척했다. 우리는 웰먼, 말덴 밀스와 함께 신칠라 플리스에 사용할 재생 폴리에스테르의 개발에 나섰다. 그리고 1리터짜리 페트병 25개로 신칠라 플리스 재킷을 만들 수 있다는 것을 발견했다.

아웃도어 의류 회사가
유전자 조작 생물에 대해서
얼마나 알겠는가?

충분히 알지 못한다. 그러나 당신도 마찬가지이다.

유전자 변형을 연구하는 과학자들조차 자신들이 모두를 알고 있는 것은 아니라고 말한다. 이렇게 그 영향에 대해서 너무나 아는 것이 없으면서도, 이미 일반 연어보다 2배 빠른 속도로 자라는 유전자 조작 연어가 만들어졌고, 세포 하나하나에 살충제가 들어 있는 변종 옥수수가 만들어졌으며, 나무는 펄프화 공정에서 보다 쉽게 분해될 수 있도록 리그닌(lignin)이 적게 유전자 조작이 이루어졌다. 이런 새로운 종들이 야생 상태의 자연에 들어가거나 음식의 공급 체계 내로 들어온다면 우리 건강과 생태계의 건강에는 어떤 영향이 있게 될까? 아무도 알지 못한다.

살충제 DDT나 핵에너지와 같이 적절한 시험을 거치지 않은 기술들로 우리가 저질렀던 실수를 되풀이하지 말자. 우리는 유전자 조작의 위험에 대해서 충분히 알지 못한다. 그러므로 유전자 조작 생물을 받아들이기 전에, 음식으로 먹기 전에 이 모든 위험에 대해 더 알아보아야 하지 않을까?

더 자세한 내용은
파타고니아 코리아 홈페이지에서 INSIDE PATAGONIA의
'환경과 사회에 대한 책임' 카테고리를 참고하세요.

patagonia

사진: 토퍼 도나휴 ⓒ 2001 파타고니아

우리의 성장은 계속되었다. 우리는 1980년대 후반 너무나 많은 부분에서 큰 성공을 경험했기 때문에 성장이 절대 끝나지 않을 거라고 믿기 시작했다. 그 믿음을 바탕으로 우리의 길을 계속 걸어 나가기로 마음먹었다.

쉽기만 한 일은 아니었다. 급속한 성장 속도를 뒷받침하느라 안간힘을 썼다. 사무 공간, 공급업체의 수용력, 은행가, 내부 정보 시스템, 관리자들이 계속 부족해졌다. 2년에 한 번씩은 더 크고 강력한 컴퓨터를 사야만 하는 것 같았다. 나는 지금도 컴퓨터를 사용하지 않고 전자제품에는 관심이 없다. 하지만 어느 날인가 컴퓨터실에 가서 모두가 로스코라고 부르는 새로운 IBM 시스템 38을 한번 정도는 봐야겠다고 생각했다. 커다란 쇳덩어리를 보고 나는 이렇게 외쳤다. "저기에 내 돈 25만 달러가 들어갔다고!"

"아니에요." 관리자가 대답했다. "저건 에어컨이고요. 로스코는 저기 있어요."

말린다와 나는 관리자들과 도매 부문의 성장을 억제하는 것, 혹은 보다 '자연스러운' 성장 속도를 유지해야 한다는 것을 주제로 자주 논의를 가졌다. 우리는 관리자들에게 고객들과 좀 더 직접적인 관계를 맺기 위해 소매와 통신판매를 확대하고 국내 판매가 저조한 시기에 균형을 잡는 데 도움이 되도록 해외 사업을 개발하라고 압력을 가했다. 우리는 모든 아웃도어 활동을 대상으로 하는 보온 의류와 베이스레이어 이외에 새로운 전문 스포츠 제품 라인도 추진해서 1989년에는 등

←
파타고니아의 유전자 조작 생물 반대 광고

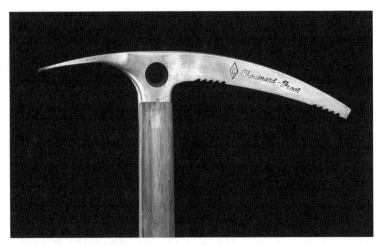

쉬나드의 대나무 피켈은 뉴욕 현대미술관에 전시되어 있다. 예술인가 기능인가? 사진: 올라프 안데르손

반, 스키, 패들링, 낚시, 세일링을 위한 기능성 의류까지 내놓게 되었다. 여전히 성장의 중추는 기능성이 덜한 스포츠 의류였고 그 대부분은 도매를 통한 것이었다. 새로운 전문 스포츠 제품군은 품질, 유통, 영업 부문의 문제에 시달렸다. 전체적으로 제품의 개발과 시험 기간이 1년에서 2년으로 연장되었다.

우리 회사가 처음으로 맞은 큰 위기는 매출의 문제가 아닌 법률적인 문제에서 비롯되었다. 1980년대 말 우리가 여전히 소유권을 갖고 있던 쉬나드 이큅먼트가 몇 건의 소송에 연루되었다. 장비의 결함이나 등반가와 관련된 소송은 없었다. 창문 청소부, 배관공, 무대 담당자, 심지어 우리의 등반용 로프를 이용해서 줄다리기를 하다가 발목이 부러진 사람들이 소송을 제기했다. 각 소송은 경고문이 충분치 않다는 점을 걸고 넘어졌다. 고객들에게 우리가 예상할 수 없는 방식으로 장비를 사용하는 데 따르는 위험을 적절히 경고하지 않았다는 것이다. 더 심각한 소송이 그 뒤를 따랐다. 초보 등반 수업에서 우리 벨트 중 하나에 잘못 묶여서 사망한 변호사의 유가족이 제기한 소송이었다.

기소를 한 사람들은 쉬나드 이큅먼트와 파타고니아가 같은 회사라고 생각했고 파타고니아가 승승장구하고 있기 때문에 회사로부터 많은 돈을 뽑아낼 수 있다고 계산했다. 보험사는 모든 소송을 재판까지 끌고 가지 않고 배상으로 해결했다. 보험료가 1년 만에 2000퍼센트 올랐다. 결국 쉬나드 이큅먼트는 파산보호를 신청했다. 직원들에게 인수 자금을 모을 수 있는 시간을 주기 위한 조치였다. 그들은 자산을 성공적으로 인수했고 회사를 솔트레이크시티로 옮겨 블랙다이아몬드(Black Diamond Ltd.)를 만들었다.

소송 문제가 없을 때는 해외 사업이 잠을 못 이루게 만들었다. 유럽에서의 출발은 고난과 손실로 얼룩졌다. 판매권을 얻은 사업자, 유통업자들과의 관계는 틀어졌고 유럽과 일본 사업의 첫 관리자들과도 마찬가지였다. 크리스 맥디비트는 회사 운영이 점점 전문화되고 있는 것을 깨닫고 우리에게 사업 경험이 더 많은 진짜 CEO가 필요하다고 제안했다. 그리하여 우리는 새로운 CEO를 고용했고, 브랜드와 이미지 관리만은 크리스가 계속 담당했다.

우리는 국내는 물론 해외에도 파타고니아의 특성을 고객들에게 온전하게 드러내 보이기 위해 주요 도시와 휴양지에 소매점을 운영하는 일이 꼭 필요하다고 판단했다. 우리는 1987년 알파인 등반의 본거지인 프랑스 샤모니에 유럽 1호점을 개설했고 1989년에는 도쿄에 매장을 열었다. 1986년부터 한 해에 2개씩 일정한 속도로 새로운 미국 매장을 열었다. 벤투라 이후 처음으로 매장을 개설하는 모험을 한 곳은 샌프란시스코였다. 대부분의 매장은 처음부터 상당히 성공적이었다.

파타고니아 통신판매는 많은 문제를 안고 있었다. 업계에서 두루 사용하던 광고우편 수신자 명단을 빌리지 않고, 새 시즌마다 카탈로그의 표지만 바꿔 고객들에게 보내는 업계의 전형적인 영업 전략도 거부했기 때문이었다. 우리는 이런 제약을 안고 다른 효과적인 대안을 찾지 못한 채 거의 10년 동안 회사를 운영했다. 통신판매 재고를 효과적으로 관리하는 방법을 알지 못한 탓에 어려움을 겪기도 했다. 그래서 시즌이 끝날 때까지 제품을 계속 비축했다가 도매 부서로 재고를 돌렸고 결국 매년 직원 세일에 넘기는 물건이 늘어 가게 되었다.

도매 부문에서는 그 사업 경로에서 흔한 최악의 과잉 요소를 다행히도 피해 나갔다. 구애를 해 오는 백화점이나 스포츠용품 체인점에 대한 판매는 거절했고 중개인도 절반으로 줄여 가장 적극적이고 충성도가 높은 중개인들에게 집중했다. 그렇지만 여전히 도매는 제한된 제품군, 대부분 비기능성 제품 라인의 성장에 의존하고 있었다. 패들링, 세일링, 플라이 낚시를 위한 의류는 자리를 잘 잡은 전문 기업들과 경쟁을 하고 있었기 때문에 판매가 쉽지 않았다. 우리 제품이 전문성 없는 레저스포츠 의류 이미지를 갖게 되는 것이 아닐까 하는 걱정이 들었다.

우리는 쉬나드 이큅먼트 시절의 기업 분위기를 재창조하기 위해서 제품을 8개 범주로 나누고 제품 전문가 8명을 고용해 책임지게 했다. 이들은 자신이 맡은 제품군의 개발, 마케팅, 재고 관리, 품질 관리 및 3대 판매 경로(도매, 통신판매, 소매)의 조정을 책임졌다. 1990년에는 그 이듬해 또 한 번의 40퍼센트 도약에 대비한 자금 조달과 제품 생산 계획을 마련했다. 직원도 미리 100명을 더 뽑았다. 이후에 성장세를 따라잡느라 허둥대는 일을 없애기 위해서였다. 낡은 도축장의 일부를 증축해서 이들을 위한 공간을 마련했다.

지금 되돌아보면 우리는 성장하는 기업이 저지르는 전형적인 실수들을 모두 저질렀다. 우리는 새로 뽑은 각 부서의 리더들에게 적절한 교육을 제공하지 못했다. 한 사람이 제품의 개발부터 판매 경로까지 책임진다는 것은 무리였다. 게다가 우리는 기업의 목표를 이해하고 다른 사람들과 협력해 일하도록 그들을 독려하는 방법도 알지 못했다.

여러 기획이 중단되어야 했다. 아무도 시장 특화 제품의 개발을 복잡한 유통 경로에 맞추는 문제를 해결하지 못했다. 조직도는 일요일 아침 신문의 십자말풀이처럼 복잡해 보였고 또 그만큼 자주 바뀌었다. 5년간 다섯 번의 구조조정이 있었지만 어떤 것도 이전보다 나은 결과를 내지 못했다.

우리는 다른 시각이 필요하다는 판단을 내렸다. 말린다와 나는 회사의 CEO, CFO와 함께 명성 높은 컨설턴트를 찾아가 조언을 구했다. IBM의 전략 기획을 맡았었고 할리데이비슨의 재기를 이끈 마이클 카미 박사에게 연락을 취했고 모두 함께 플로리다로 가 카미 박사를 만났다. 70대의 카미 박사는 키가 작았고 걸걸한 목소리에 강한 악센트, 덥수룩한 수염, 지칠 줄 모르는 대단한 에너지를 가지고 있었다. 거대한 요트에서 살고 있는 그는 선장 모자에 견장이 달린 셔츠를 입고 우리를 맞이했다.

그는 우리를 돕기 전에 왜 사업을 하게 됐는지 알고 싶다고 말했다. 나는 그에게 회사의 역사를 들려주었고, 스스로를 어쩌다 성공적으로 사업을 성장시키게 된 기술자라고 생각한다는 이야기도 전했다. 돈을 충분히 벌면 배를 타고 완벽한 파도가 있는 남태평양으로 나가겠다는 꿈을 꾸고 있다는 말도 했다. 회사를 정리하고 은퇴하지 못하는 것은 우리가 세계의 운명에 대해서 비관적인 전망을 가지고 있고 그것을 위해 무슨 일이든 하려면 밑천이 있어야 하기 때문이라고 말했다. 수익의 10퍼센트를 기부하는 우리 회사의 프로그램과 지난해만 해도 200개 이상의 단체에 100만 달러를 기부했다는 점, 사업을 계속하는 최종적인 이유는 기부할 수 있는 돈을 벌기 위해서라는 것도 이야기했다.

카미는 잠시 생각하더니 이렇게 말했다. "다 헛소리요. 기부에 대해 정말 진지하게 생각하는 거라면 회사를 1억 달러쯤에 팔고, 200만 달러만 챙긴 후에, 나머지로 재단을 만드는 게 나을 거요. 그렇게 하면 원금을 투자해서 매년 600~800만 달러를 기부할 수 있소. 영리한 사람이 회사를 인수하게 된다면 그들은 수익의 10퍼센트를 기부하는 프로그램을 유지할 거요. 좋은 홍보가 될 테니까 말이오."

함께 간 관리자들이 발끈했다.

"무슨 걱정이란 말이오?" 카미가 그들을 보고 말했다. "당신들은 젊어요. 다른 일을 찾으면 되잖소!"

나는 회사를 팔면 어떤 일이 생길지 염려스럽다고 말했다. 그러자 그는 이렇게 말했다.

"당신은 자기가 왜 사업을 하는지 모르고 있는 것 같소."

선승이 막대로 머리를 내려치는 것 같았다. 우리는 깨달음을 얻는 대신 그 어느 때보다 혼란스러운 채로 그곳을 나왔다.

매년 30~50퍼센트에 이르는 성장률을 기록하던 파타고니아도 1991

년이 되자 난관에 부딪혔다. 나는 여전히 내가 왜 사업을 하고 있는지 알지 못했다. 나라 전체가 불황에 들어섰고 우리가 계획하고 원자재를 사들여 대비했던 성장은 멈추어 버렸다. 매출 경색이라고 해서 큰 손실이 발생한 것은 아니었다. 전년도에 비해 성장률이 20퍼센트에 그쳤을 뿐이었다. 하지만 이런 성장률의 둔화는 우리에게 큰 영향을 미쳤다. 중개인들이 주문을 취소했고 재고가 쌓이기 시작했다. 통신판매도 해외 사업 부문도 예상 판매치를 충족시키지 못했다. 우리는 봄부터 가을까지 최대한 생산을 줄였다. 고용을 중단했고 불필요한 출장은 자제했다. 신제품 출시는 미뤘고 잘 팔리지 않는 상품은 생산을 중단했다.

상황은 점점 더 악화되었다. 주거래 은행인 시큐리티 퍼시픽 은행까지 자금난을 겪으면서 우리의 신용 한도는 몇 달 만에 두 번이나 급격히 하향 조정됐다. 새로운 신용 한도에 따라 자금을 들여와야 했기 때문에 지출을 대폭 줄였다. 사무실을 줄이고, 런던, 밴쿠버, 뮌헨에 있는 전시장을 철수하는 계획을 세웠다. CEO와 CFO를 내보내고 크리스 맥디비트가 다시 CEO 자리에 앉았다. 그리고 유럽 총책임자 알랭 데볼데어를 불러들여 임시로 COO 역할을 맡겼다.

우리는 단순히 경비를 줄이기 위해 해고를 단행한 적이 없었다. 사실 어떤 이유로도 해고를 한 적이 없었다. 우리에게 회사는 대가족과 비슷한 개념이었고, 대부분의 직원에게도 회사는 곧 가족이었다. 우리가 늘 친구, 친구의 친구, 그들의 친지를 고용해 왔기 때문이다. 남편과 아내, 어머니와 아들, 형제자매, 사촌과 사돈이 함께 혹은 다른 부서에서 일을 했다. 어떤 회사든 해고가 기분 좋은 선택일 리는 없지만, 우리에게는 특히 생각할 수도 없는 일이었다. 그래서 해고의 가능성이 높아지면서 생긴 긴장감은 참기 힘든 정도였다. 임금 삭감이나 근무시간 단축과 같은 대안들을 고려했지만 결국 해고만이 우리가 일으킨 문제를 해결할 수 있다는 결론이 나왔다. 성장기에 직원을 지나치게 많이 늘렸고 이제는 할 일이 너무 적었다. 1991년 7월 31일 수요일, 우리는 직원의 20퍼센트에 해당하는 120명을 해고했다. 회사 역사상 가장 슬픈 날이었다.

나는 우리의 위기가 전 세계적으로 벌어지고 있는 일의 축소판이라는 것을 깨달았다. 월드워치연구소(Worldwatch Institute)가 발표한 「1991 지구환경 보고서」의 내용은 다음과 같다.

"연 생산량이 20조 달러에 달하는 현재 세계 경제는 1900년에 한 해 동안 산출하던 양을 단 17일 만에 생산해 낸다. 경제 활동은 이미 수많은 지역, 세계의 한계점을 위협하고 있고 이에 사막화의 확산, 호수와 숲의 산성화, 온실가스의 증가라는 결과가 나타나고 있다. 성장이 최근 몇십 년간의 추세로 이어진다면 그 압박에 지구 공동체가 무너지는 것은 시간문제이다."

우리 회사는 가진 자원과 한계를 초과하고 말았다. 우리는 세계 경제와 마찬가지로 유지할 능력이 없는 성장에 의존하게 되었다. 이 문제를 무시하거나 문제가 사라져 버리기를 바라고만 있을 수는 없었다. 우선순위를 다시 생각하고 새로운 경영방침을 도입해야 했다. 기존의 관행을 깨뜨리는 일을 시작해야 했던 것이다.

나는 십여 명의 임원들을 이끌고 아르헨티나로 가서 바람이 몰아치는 진짜 파타고니아의 산에 올랐다. 이 황무지들을 돌아다니며 우리는 스스로에게 왜 사업을 하고 있는지, 파타고니아가 어떤 회사가 되기를 원하는지 물었다. 10억 달러 규모의 회사도 좋지만 우리가 자랑스럽게 여길 수 없는 제품을 만들어야 한다면 아무런 의미가 없다는 데 모두 의견이 일치했다. 기업으로서 우리가 유발한 환경 피해를 저지하기 위해 할 수 있는 일이 없는지에 대해서도 논의했다. 우리를 다른 회사가 아닌 파타고니아로 이끈 공통의 가치관과 문화에 대해서도 심도 깊은 대화를 나누었다.

아르헨티나에서 돌아온 우리는 믿을 수 있는 친구와 조언자들로 이루어진 이사회를 처음으로 소집했다. 이사진 중에는 작가이자 생태계 보호론자인 제리 맨더도 있었다. 우리의 가치관과 행동 강령을 말로 옮기기 위해 갑론을박하며 토론하던 어느 날 제리가 점심도 거르고 자리를 떠났다가 얼마 후 완벽하게 정리된 글을 들고 되돌아왔다.

우리는 제어되지 않은 성장이 지금까지 회사를 성공으로 이끌어 왔던 가치관을 위험에 빠뜨렸다는 점을 알고 있었다. 하지만 짧고 간결하게 해법을 제시하는 운영 매뉴얼로는 이런 가치관들을 제대로 표현할 수 없었다. 우리에게는 항상 옳은 질문을 던지고 옳은 답을 찾을 수 있게 하는 철학적이고 영감을 주는 지침이 필요했다. 우리는 주요 부서와 직무 하나하나에 적용되어야 할 지침을 파타고니아의 '철학'이라고 부르기로 했다.

관리자들이 판매와 현금 유동성 위기를 타개할 방법에 대해 논의할 동안 나는 글로 옮겨진 우리의 철학을 바탕으로 일주일에 걸친 직원 세미나를 이끌기 시작했다. 버스에 직원들을 가득 태우고 요세미티나 샌프란시스코 북쪽의 마린 헤드랜드 등의 장소를 찾아 캠핑을 하면서 나무 아래에 모여 함께 이야기를 나눴다.

1991년 파타고니아의 파타고니아 도보 여행. 사진: 크리스 반 다이크

다음은 제리 맨더가 이사회에 제출한 글이다.

우리의 가치관

우리는 지구상의 모든 생명체가 위태로운 시기를 맞고 있다는 전제에서 사업을
시작했다. 이제 생존 가능성은 점점 대중의 관심을 지배하는 문제가 될 것이다.
생존이 문제의 대상이 아닌 곳에서는 인간 삶의 경험의 질이 생물 다양성과 문화
적 다양성의 감소, 지구 생명유지 시스템의 소실로 나타나는 자연환경의 건전성
저하와 함께 점차 문제로 떠오를 것이다.

이런 상황의 근본 원인은 기업의 가치관과 우리 경제 시스템에 내재된 기본적
가치관에 있다. 가장 문제가 되는 기업 가치관은 사세 확장이나 단기적인 수익
창출을 품질, 지속 가능성, 자연환경, 인간의 건강, 성공적인 공동체 등의 고려 사
항들보다 우선시하는 것이다.

우리 회사의 근본적인 목표는 위와 같은 상황을 온전히 인식하여 기업의 가치
관을 다시 정립하고 인간과 환경 모두에 이로운 제품을 생산하는 것이다.

이런 변화를 달성하기 위해서 우리는 모든 결정을 다음의 가치 목록에 근거해
내릴 것이다. 다음의 가치들은 중요한 순서대로 배치된 것이 아니다. 모두가 똑
같이 중요하다. 이들은 우리 시대의 환경적, 사회적 위기를 완화시키기 위해 기
업의 경제 활동에서 강조되어야만 하는 대표적인 가치의 '생태학'이라고 할 수
있다.

- 회사의 모든 결정은 환경 위기를 염두에 두고 내린다. 우리는 피해를 주지
  않기 위해 분투해야만 한다. 우리의 활동은 가능한 문제를 줄이는 역할을
  해야 한다. 우리는 이 분야의 활동을 지속적으로 평가, 재검토함으로써 개
  선을 위해 부단히 노력할 것이다.
- 제품의 품질에 최대한의 관심을 쏟는다. 여기에서 품질은 내구성, 자연 자
  원(원료, 에너지, 운송)의 최소 사용, 다기능, 비노후화, 용도에 대한 완벽한 적

합성에서 나오는 종류의 아름다움으로 정의된다. 특히 일시적인 유행을 따르는 것은 우리 기업의 가치관과 부합하지 않는다.

- 이사회와 경영진은 성공적인 공동체가 지속 가능한 환경의 일부라는 것을 인식한다. 우리는 스스로를 직원들과 지역사회, 공급업자와 고객들이 포함된 공동체의 일원으로 생각한다. 우리는 이 모든 관계에 대한 책임을 인식하고 그들의 보편적 이익을 염두에 두고 결정을 내린다. 회사와 근본적인 가치관을 공유하는 동시에 문화적, 인종적 다양성을 보여 주는 사람들을 고용하는 것이 우리의 정책이다.

- 이익을 추구하되 성과를 우선시하지 않는다. 성장과 확장은 우리 회사의 기반이 되는 가치가 아니다.

- 우리는 사업 활동이 환경에 주는 부정적인 영향을 최소화하기 위해 매년 스스로에게 총매출의 1퍼센트 혹은 연 수익의 10퍼센트 중 큰 금액을 세금으로 부과한다. 이 세금의 모든 수익은 지역 공동체와 환경운동의 보조금으로 사용한다.

- 파타고니아의 모든 임직원은 우리의 가치관을 구현하는 데 적극적으로 참여한다. 여기에는 다른 기업들의 참여를 이끌어 내는 일과 환경적, 사회적 문제를 해결하기 위해 노력하는 풀뿌리 운동, 전국적 캠페인 활동을 직접 참여나 금전을 통해 지원하는 일이 포함된다.

- 최고 경영진은 하나가 되어 최대한 투명하게 회사를 운영한다. 개인의 사생활 침해나 영업상의 기밀이 누설되지 않는 범위 안에서는 모든 회사의 방침과 경영 전반을 공개하는 '오픈북 경영(open book management)'을 한다. 우리는 모든 기업 활동에서 개방적인 의사소통, 협력적인 분위기, 최대한의 단순성을 장려하는 동시에 역동성과 혁신을 추구한다.

- 이본 쉬나드

샌프란시스코 마린 헤드랜드에서의 철학 수업. 사진: 파타고니아

목표는 회사의 전 직원에게 우리의 사업과 환경 윤리, 가치관에 대해 가르치는 것이었다. 버스를 대절하지 못할 정도로 자금이 부족한 상황일 때는 인근의 로스 파드레스 국유림에서 캠핑을 하면서도 교육은 멈추지 않았다.

지금 생각하면 나는 위기에 처한 우리 회사에 한 인간으로서, 그리고 등반가이자 서퍼, 카야커, 플라이 낚시꾼으로서 내가 체득한 교훈을 심어 주려 노력하고 있었다. 나는 삶을 단순하게 유지하기 위해서 항상 노력했다. 1991년 환경문제의 심각성을 파악한 나는 먹이사슬의 하단에 있는 식품(주로 야채류)을 먹고 물질 재화의 소비를 줄이기 시작했다. 위험한 스포츠를 하면서도 중요한 가르침을 얻었다. 한계를 넘어서는 안 된다는 것이다. 한계를 넓히려고 노력하고 한계를 초월하는 것을 목표로 두고 살지만, 한계를 넘어서는 안 된다. 자신의 본분을 알아야 한다. 자신의 장점과 한계를 알고 분수에 맞게 살아야 한다. 사업에서도 마찬가지이다. 본분을 잊고 '모든 것'을 가지려고 할수록 기업은 파멸로 빠르게 다가간다. 선(禪)의 철학을 사업에 적용해야 할 때였다.

직원들에게 파타고니아의 철학을 가르치면서도 나는 당시의 혼란에서 회사를 구해 내기 위해 무엇을 해야 하는지 알지 못했다. 하지만 우리가 지속 불가능한 상태에 이르렀고, 이제는 경영과 지속 가능성의 모델을 미국 기업계가 아니라 7세대 앞을 내다보는 이로쿼이(Iroquois) 인디언과 같은 방식으로 찾아야 한다는 것만은 알고 있었다. 이로쿼이족은 의사결정 과정에 향후 7세대를 대표하는 사람을 포함시켰다고 한다.

파타고니아가 이 위기에서 살아남을 수 있다면 이후부터는 모든 결정에서 100년 앞을 내다보기 시작해야 한다. 그렇게 긴 미래를 내다보고 그때까지 유지할 수 있는 속도로만 성장해야 한다.

직원들에게 회사의 철학을 가르치면서 비로소 카미 박사의 질문에 대한 진짜 답을 찾을 수 있었다. 사업을 시작하고 35년이 지난 후에야 내가 왜 사업을 하는지 알게 된 것이다. 나는 환경이라는 대의에 금전적인 지원을 하고자 했다. 하지만 그보다 더 바랐던 것은 우리의 피톤과 피켈이 다른 장비 제조업체의 본보기가 되었던 것처럼, 파타고니아가 다른 기업들이 환경에의 책임과 지속 가능성을 탐구할 때 본보기로 삼을 만한 모델이 되는 것이었다.

직원들에게 회사의 철학을 가르치면서 애초에 왜 사업가가 되었는지를 기억해 냈다. 나는 장비와 의류의 개선 방안에 대한 아이디어를 품고 산에서 집으로 돌아오곤 했다. 직원들에게 회사의 철학을 가르치면서 고품질이라는 기준과 전통적인 디자인 원칙이 하나의 기업으로서 파타고니아를 이끌어 온 큰 원동력이라는 점을 깨달았다. 우리가 만든 모든 제품, 셔츠, 재킷, 바지의 기능 하나하나는 반드시 필요한 것이어야 했다.

1991년 상황은 상당히 빠르게 호전되었다. 거의 하룻밤 새에 우리는 훨씬 명확한 목적의식을 가진 냉철한 회사가 되었다. 성장을 지속 가능한 속도로 제한하고, 지출은 신중하게 했으며, 경영은 사려 깊은 사상과 생각을 기반으로 이루어졌다. 우리는 3년 만에 경영진 내에서 몇 개의 계층을 없애고, 재고를 단일 시스템으로 통합하고, 판매 채널을 중앙의 통제 하에 두었다. 철학을 글로 정리하고 수업을 통해 문화적 경험을 공유한 것이 이런 급진적 전환에 큰 역할을 했다.

1994년 6월 12일
받는 사람 : 앨리슨
보내는 사람 : 크리스 맥디비트
제목 : 재미에 관하여

앨리슨에게,

왜 사명 선언문에 **재미**에 대한 언급은 없냐고요? 좋은 질문입니다. 제가 생각
하기에는 재미를 느끼는 것은 파타고니아 문화의 일부여야 합니다. 사람들이 재
미를 느끼지 못한다면 최소한 함께 일하면서 기분 좋은 시간을 보냈으면 하는 것
이 저의 바람입니다. 하지만 우리가 재미를 느끼지 못하고 있다면 이본을 탓해
봅시다.

그는 우리 중에 처음으로 세계가 생태적인 파멸이라는 끝으로 가고 있다는 것
을 인식한 사람이었습니다. 그는 처음으로 우리 모두가 배와 함께 가라앉고 있
다는 것을 발견한 사람이었고, 처음으로 관련 책들을 읽은 사람이었습니다. 그는
제가 쓰레기를 분류하는 것 이상의 일이 필요하다는 사실을 알기 오래전부터 이
런 퍼즐 조각들을 이어 붙이기 시작한 사람이었습니다.

재미를 느끼고, 개척자나 잔소리꾼처럼 살고, 기업을 특이하게 운영하고, 마치
지구와 주민이 심각하고 돌이킬 수 없는 문제에 빠진 듯이 기업을 이끌면서 우리
의 오랜 미사여구를 지켜 나가는 것은 쉽지 않은 일입니다. 적어도 저에게는 그
렇습니다. 제 개인적 경험을 통해 알고 있습니다. 자연재해와 얼마나 가까이 있
는지 이해하기 시작하는 순간 그 사람의 세계관 전체가 변하게 되리라는 것을 말
입니다. 그저 할 수 있는 일만을 하고 그 문제에 목숨을 걸지는 않더라도 당신이
알고 있다는 사실이 변하지는 않습니다. 매일 이런 견해를 설파하는 회사 내에서
이런저런 형태의 피할 수 없는 힘겨운 문제를 책임지는 것이 쉽지 않은 일임을

기억하십시오.

　우리는 일터에서 재미있게 지낼 권리가 있습니다. 그리고 권리를 누리는 방법도 알고 있습니다. 하지만 그것은 분명 새로운 종류의 재미, 고개는 땅을 향해 있어도 곁눈질하게 되는 재미일 것입니다.

철거 전의 에드워즈 댐. 1989년, 4개의 환경단체가 케네벡 연합(Kennebec Coalition)을 결성해 미국 연방에 너지규제위원회에 에드워즈 댐 철거를 설득하고 어류들이 다시 강을 거슬러 올라올 수 있도록 끌어들이는 활동을 시작했다. 파타고니아는 금전적 지원과 함께 주요 일간지와 지역신문에 이 활동을 옹호하는 광고를 만들어 게재했다. 댐은 2000년에 철거되었고 2005년에는 허드슨 북쪽의 27킬로미터에 이르는 가장 긴 산란장으로 에일와이프, 줄무늬 농어, 청어, 철갑상어, 연어가 들어왔다. 이후 마틸리하 댐, 헤츠헤치 댐, 클라마스 댐, 스네이크강 하류 댐의 제거를 위한 운동이 이어졌다. 사진: 스콧 페리

성장하는 기업은 첫 번째 위기에서 어떻게 생존하는가를 통해 자질을 입증하고 나서야 투자자들과 은행가들의 신뢰를 얻을 수 있다는 말을 들은 적이 있다. 그것이 사실이라면 우리는 그들의 신뢰를 얻을 수 있는 위치에 도달해 있었다.

카미의 충고를 따르지 않은 것은 다행이었다. 내가 당시 회사를 팔고 수익을 주식시장에 투자했더라면 2008년의 시장 붕괴 이후 자연을 보호하는 운동에 내줄 돈이 많이 남아 있지 않았을 것이다. 계속 사업을 하지 않았더라면 나는 파타고니아의 지속 불가능한 성장 추진과 전체 산업 경제의 지속 불가능한 성장 추진이 비슷한 모양새라는 것을 깨닫지 못했을 것이다. 사업을 계속했기 때문에 비록 정말 어려운 방식이었어도 이런 깨달음을 얻을 수 있었다.

1992년 〈Inc.〉지가 파타고니아에 대한 매우 부정적인 기사를 냈다. 이 기사는 1990년대 우리 회사의 생존 가능성에 의문을 제기하면서 이렇게 끝을 맺었다. "이본 쉬나드는 자신의 회사를 미래의 모델로 내세웠다. 하지만 미래에는 이미 파타고니아의 시대가 끝난 뒤일 것이다."

우리는 새로운 천년으로 넘어가는 시기를 견뎌 냈다. 아니, 사실 단순히 생존했다고 표현할 수 없을 정도로 좋은 성과를 거두고 있다. 회사의 성장을 우리가 유기적 성장이라고 부르는 것으로 조정해 왔다. 우리는 아웃도어 특화 시장에서 벗어나거나 우리의 진짜 모습이 아닌 것을 시도하는 식으로 성장을 강요하지 않는다. 얼마나 성장해야 할지를 고객들이 매년 알려 준다. 어떤 해에는 5퍼센트일 수도 있고 어떤 해에는 25퍼센트일 수도 있다. 25퍼센트의 성장은 금융위기의 와중에 일어난 일이었다. 소비자들은 금융위기 동안 대단히 보수적이 된다. 그들은 유행을 따르는 물건들의 구매를 중단한다. 그 대신 실용적이고, 다양한 기능을 갖고 있으며, 오래 지속되는 제품에 더 많은 돈을 쓴다. 때문에 우리는 금융위기 동안에도 번성할 수 있었다.

우리는 일을 통해 수익을 거뒀음은 물론이고 사업에서 우선시하는 일들로 인해서 많은 상을 받았다. 〈워킹 마더〉지는 우리를 '워킹맘들이 선정한 100대 기업'으로 꼽았고 〈포춘〉지는 '일하고 싶은 100대 직장'에 우리 회사의 이름을 올렸다. 우리의 카탈로그와 웹사이트는 〈카탈로그 에이지〉지로부터 20개의 금메달과 은메달을 수상했다. 2004년 파타고니아는 일하기 좋은 기업 연구소(Great Place to Work Institute)와 인적자원관리협회(Society for Human Resource Management)가 선정한 '25대 중소기업' 중 14위에 올랐다.

1997년 우리는 여성들을 대상으로 서핑과 수상 스포츠 관련 의류를 만드는 '워터 걸 USA(Water Girl USA, Inc.)'를 시작했다. 다른 이름을 사용하기로 한 것은 등반용품 전문업체이자 환경의 파수꾼이라는 우리 이미지를 비키니와 연관시키는 것이 위험하다고 판단했기 때문이었다. 하지만 이후 워터 걸이라는 이름을 버리고 이제는 파타고니아라는 브랜드로 서핑과 관련된 모든 의류를 자랑스럽게 내놓고 있다.

의류, 웻슈트, 서프보드, 수상 스포츠와 관련된 다른 제품들을 만드는 외에도 플라이 낚시로 사업을 확장하고 자연 속에서 튀지 않기 위한 색조의 의류 라인을 출범시켰다. 이 라인에는 생산직에 종사하는 육체 노동자를 위한 내구성이 좋은 작업복(워크웨어)도 포함되었다. 우리는 산과 야생에서의 활동과 수상 스포츠가 균형을 이룬 파타고니아의 미래를 그리고 있다.

우리는 라틴아메리카, 유럽, 아시아로 시장을 넓혔고 도매와 직접판매 사이의 균형을 잡기 위해 노력하고 있다. 우리의 직영 소매점들 대부분은 철거에서 살아남은 낡은 독립 건물에 입주해 있다. 네바다 리노에 지은 창고는 첨단 에너지 효율 건물로 LEED(미국 그린빌딩위원회의 친환경 건축물 인증제도 – 옮긴이) 골드 인증을 받았다. 캘리포니아 벤투라에는 95퍼센트의 재활용 자재를 사용해서 3층짜리 사옥을 지었다. 이 건물의 지붕과 주차장에는 태양전지판들이 자리하고 있다.

우리는 마침내 복잡한 퍼즐을 풀었다. 다양한 제품 라인을 관리할 방법을 찾은 것이다. 반(半)독립적인 스포츠 제품팀을 만들고 각각에 대표와 디자이너, 제품 담당자, 재정과 마케팅 인력을 두었다. 하지만 개별적으로 재고를 소유하고 관리하는 부담은 지우지 않았다.

1994년 우리는 첫 번째 내부 환경 평가 보고서를 만들었다. 이를 통해 의류를 만듦으로써 우리가 환경에 미치는 영향에 의문을 제기하기 시작했다. 1993년 우리는 재활용 페트병에서 추출한 섬유를 이용해 신칠라 플리스 재킷을 만든 첫 업체였다. 1996년 봄부터는 모든 면직 의류를 유기농으로 키운 목화로 만든다.

1994년부터 지금까지 파타고니아는 유기농 천연섬유와 재활용 합성섬유, 독성이 적은 염료와 화학물질, 더 나은 노동 관행, 제품의 탄생부터 재탄생까지 모든 것을 책임지는 생산 공급망 정비에 가장 큰 공을 들이고 있다.

하지만 우리가 어떤 매출 수치나 제품 라인보다 자랑스럽게 생각하는 것은 1985년부터 풀뿌리 환경보호 운동에 현금과 현물로 7900만 달러를 기부해 왔다는 점이다. 우리의 성공은 개벌을 면한 삼림, 광산 개발을 면한 청정 지역, 살포가 저지된 유독성 살충제 등 우리가 막은 피해의 수로 측정된다. 우리는 기부의 가시적인 결과를 목격하고 있다. 자연을 훼손하는 댐이 해체되고, 강이 복구되어서 경관을 되찾고 야생동물 서식지가 되었으며, 공원과 환경보전 지역이 만들어졌다. 이런 승리들이 모두 우리의 공이라고 할 수는 없다. 우리는 일선의 활동가들에게 자금을 지원했을 뿐이다. 파타고니아는 이런 여러 계획과 승리에 종잣돈을 대거나 주된 자금 제공자가 되었다.

1991년에서 1992년에 있었던 위기 이후 현재까지는 다행히 파타고니아의 역사에 그리 흥미로운 얘깃거리가 없다. 여기에서 '흥미롭다'는 것은 중국인들이 악담할 때 쓰는 "흥미로운 시대를 살길 바란다"라는 말에서의 '흥미'를 뜻한다. 대부분의 큰 문제는 해결되었다. 매를 훈련시킬 때 쓰는 용어를 빌리면 '야락(yarak)'의 상태이다. 배는 고프지만 약하지는 않은, 사냥에 나설 준비를 갖춘 가장 기민한 상태라는 말이다. 회사를 야락의 상태로 유지하기 위해 경영진이 의도적으로 만들어 낸 것 이외에는 어떤 위기도 없었다. "최고의 제품을 만들되 불필요한 환경 피해를 유발하지 않으며 환경 위기에 대한 공감대를 형성하고 해결 방안을 실행하기 위해 사업을 이용한다"라는 사명 선언(2019년에 "우리는 우리의 터전, 지구를 되살리기 위해 사업을 합니다"로 변경)에 따라 살기 위해 우리가 노력하는 과정이 우리 이야기의 전부이다.

⟶
40년이 지나서도 여전히 대장간 역할을 하고 있다. 사진: 팀 데이비스

2

철학

'완벽한' 스코틀랜드 환경조건 아래에서의 제품 테스트, 1969년. 사진: 더그 톰킨스

─── 철학은 회사의 다양한 부분에 적용될 우리 가치관을 표현한 것이다. 디자인, 생산, 유통, 마케팅, 재무, 인사, 경영, 환경에 대한 우리의 철학은 의류의 디자인, 제조, 판매 과정 전반에 걸쳐 파타고니아를 이끄는 지침이다. 하지만 이 철학들은 어떤 종류의 사업에든 적용될 수 있다. 예를 들어 우리는 의류 제조의 디자인 지침을 건축에도 적용한다.

비즈니스 세계의 모든 것들이 역동적으로 움직이고 있는 시대에 문서화된 철학을 갖고 있는 것이 도움이 될까? 인터넷 시장의 확대, NAFTA와 GATT의 후폭풍, 디자인과 생산에 큰 영향을 미치는 수십 가지 기술적 발전, 새롭고 다양한 직원 구성, 끊임없이 변화하는 고객의 취향과 라이프스타일 사이에서 파타고니아는 그 철학을 어떻게 따르고 있을까?

이에 대한 답은 "우리의 철학은 규칙이 아니다"라는 말로 요약할 수 있을 것이다. 우리의 철학은 규칙이 아닌 지침이다. 우리의 철학은 모든 프로젝트에 대한 접근법의 핵심이며, 문서의 형태로 명확히 남아 있기는 하지만 적용 방식이 고정불변인 것은 아니다. 오래 지속되는 기업에서는 사업을 영위하는 방법이 끊임없이 변화하기 마련이다. 하지만 가치관, 문화, 철학은 변함없이 유지된다.

파타고니아에서는 모든 임직원들이 상관의 명령을 기다리거나 융통성 없는 계획을 따르는 대신, 우리의 철학을 지침으로 삼아 자발적으로 옳은 길을 찾아가는 자율권을 갖는다.

철학을 숙지함으로써 우리는 모두 같은 방향으로 발을 맞추어 나아가고, 효율을 높이고, 적절치 못한 소통에서 생기는 혼란을 피할 수 있다.

지난 10년 동안 많은 실수를 저질렀지만 오랫동안 길을 잃은 적은 한 번도 없었다. 우리의 철학이 지도가 되어 주었기 때문이다. 비즈니스 세계의 등고선은 산의 등고선과는 달리 계속 변화하며 경고는 빈약하다. 우리의 철학은 이런 비즈니스 세계에서 선명한 지도가 되었다.

──→
사진: 쉬나드 컬렉션

모루는 지금까지 발명된 도구 중 가장 단순하면서도 완벽한 물건 중 하나다. 사진: 팀 데이비스

제품 디자인 철학

사명 선언의 첫 부분인 "최고의 제품을 만든다"는 파타고니아의 존재의 이유이며 사업 철학의 초석이다. 최고의 품질을 가진 제품을 만들고 싶은 마음은 애초에 우리가 사업을 시작한 이유였다. 우리는 제품 중심 기업이다. 실체적인 제품 없이는 회사도 없고 사명 선언문의 다른 목표들도 뜬금없는 허풍이 될 것이다. 고품질의 유용한 제품은 회사를 지탱해 주고 목표를 향해 나아갈 수 있게 한다.

우리는 세상에서 가장 좋은 등반 장비와 생명을 의지하는 도구들을 만들어 왔기 때문에 의류에 있어서도 차선으로 선택되는 일은 용납할 수 없었다. 배기스 팬츠에서 플란넬렛 셔츠까지, 속옷에서 겉옷까지 우리의 의류는 동종 최고가 되어야 했다. 최고의 제품을 만든다는 자부심은 최고의 보육 시설과 최고의 생산 부서, 최고의 일터로 이어졌다. '최고를 만든다'는 것은 달성하기 힘든 목표이다. 그것은 '가장 좋은 것들 중 하나'나 '특정 가격대에서의 최고'를 뜻하는 것이 아니다. 말 그대로 모든 면에서 '최고'를 만든다는 것을 의미한다.

무엇이 제품을 최고로 만드는가? 초창기에 오랫동안 수석 디자이너 자리를 지켰던 케이트 라라멘디는 나에게 도전장을 던졌다. 그녀는 우리가 세계 최고의 옷을 만들 수 없으며 혹 그런 시도를 한다면 회사 문을 닫게 될 것이라고 말했다.

"왜죠?" 내가 그녀에게 물었다.

"세계 최고의 셔츠는 이탈리아산이에요." 그녀가 대답했다. "손으로 짠 옷감으로 만들어지죠. 단추와 단춧구멍도 손바느질을 하고요. 마감도 흠잡을 데가 없죠. 그런 셔츠는 하나에 300달러예요. 우리 고객들은 그 돈을 내고 옷을 사지 않을 겁니다."

내가 다시 물었다. "그 300달러짜리 셔츠를 세탁기와 건조기에 넣으면 어떻게 되죠?"

"절대 안 되죠. 옷이 줄거든요. 반드시 드라이클리닝을 해야 해요."

나에게 그토록 까다롭게 다루어야 하는 셔츠는 가치가 없었다. 나는 관리가 쉬운 것이 중요한 속성이라고 생각하기 때문에 그런 셔츠는 사지 않을 것이다. 만들거나 파는 것은 더 말할 것도 없다.

수석 디자이너와 내가 품질이란 것에 대해 이렇게 다르게 생각하는 상황에서는 무엇을 파타고니아의 기준으로 삼을지 결론을 봐야 했다. 웹스터 사전은 품질(quality)을 '탁월함의 정도'라고 정의하고 있다. 그렇다면 최고의 품질은 당연히 가장 높은 탁월함이 될 것이다. 품질은 주관적인 것이고, 한 사람에게 탁월한 것이 다른 사람에게는 평범할 수 있다고 생각하는 사람들도 있을 것이다. 하지만 그 사람들이 생각하는 것은 '개인적 선호'를 의미하는 취향이지 품질이 아니다. 수석 디자이너와 나는 객관적이고 분명히 정의할 수 있는 품질의 기준을 만들어야 했다. 그렇게 하지 않으면 우리만의 디자인을 시작조차 할 수 없기 때문이다.

플레처 쉬나드(Fletcher Chouinard). 사진: 팀 데이비스

품질과 서프보드

아들 플레처가 10대일 때 나는 어떤 것이든 손으로 직접 하는 일이 포함되는 기술을 익히
기만 한다면 장래에 무슨 일을 하고자 하든 상관하지 않겠다고 이야기했다. 플레처는 서프
보드를 만드는 일을 택했다. 그로서는 아주 좋은 선택이었다. 그는 약간 난독증이 있었고
난독증 환자들은 비율에 대한 감각이 뛰어나 훌륭한 조각가의 자질을 갖고 있는 경우가 많
았기 때문이다.

　몇 년 뒤 플레처가 서프보드 만드는 일을 평생의 업으로 삼겠다는 결정을 내린 후 나는 더
나은 서프보드를 만들라고 그를 부추기기 시작했다. 그가 말했다. "안 돼요. 알(Al)이나 러
스티(Rusty)보다 보드를 잘 만들 수는 없어요. 그들은 최고의 보드를 만든단 말이에요. 서
핑을 최고로 잘하기도 하고요."

　내가 말했다. "프로 서퍼는 타히티나 인도네시아로 갈 때 보드를 6개에서 10개까지 가지
고 가. 그중 절반이 부러지기 때문이지. 그런 걸 최고의 품질이라고 할 수 있을까?"

　"하지만 누구의 보드든 그렇게 부러져요." 그가 대답했다.

　우리는 서프보드의 전반적 품질에서 내구성은 주된 기준이 아니라는 것을 깨달았다. 사실 서프보드는 패션 아이템이었다. 젊은 초심자들도 세계 챔피언과 같은 스타일의 보드를 고집하곤 하기 때문이다. 그게 과연 좋은 효과를 내는지 알 만하지 않은가!

더 나은 서프보드를 만들어야 한다는 설득이 통했다. 이제 플레처가 할 일은 사람들이 서프보드의 품질과 성능을 판단하는 기준을 모두 알아내는 것이었다.

품질을 위해서 그는 우선 글라싱 후에 샌딩을 거치지 않아서는 안 되고, 기포가 없어야 하고, 핀 스트라이프가 예리해야 하는 등 마감에서의 모든 심미적 요소를 포함시켜야 했다. 다음으로 보드의 파단 강도, 압축 강도(힐 프레서 딩: heel pressure ding, 발꿈치에 눌려 생기는 손상 – 옮긴이), 자외선 차단력, 핀 박스의 강도, 폼의 수분 흡수율 등 보드의 내구성에 영향을 미치는 특성을 살펴봐야 했다. 기능에는 최대 속도, 회전 능력, 패들링 특징과 같은 몇 가지 주요소들이 있다. '반응성'이나 탄력성과 같이 정의하기가 좀 더 어려운 기준들도 있다.

또한 플레처는 온갖 종류의 발포고무와 스트링거(stringer, 강도를 위해 서프보드에 넣는 긴 각재 – 옮긴이)용 목재를 비롯해 외관을 위한 다양한 소재, 유리섬유, 합성수지 등을 연구해야 했다. 수백 개의 패널을 만들어 강도, 가벼운 정도, 유연성, 박리 저항성도 시험했고, 자신의 발목을 잡는 것이 보드 제작 기술이 아니라는 확신을 얻을 때까지 수천 개의 보드를 만들어야 했다.

그 결과로 그의 보드는 다른 보드보다 더 가볍고, 더 강하고, 좋은 기능을 발휘하며 더 오래 쓰게 되었다. 보통의 서퍼들은 자기 보드의 품질에 대해서 알지 못하고 따지지도 않는다. 플레처는 그렇지 않다.

－이본 쉬나드

우리는 파타고니아 디자이너들을 위한 체크리스트를 만들었다. 이 체크리스트는 다른 제품과 사업에도 똑같이 적용된다. 제품의 모든 측면을 명확하게 정의하는 품질 기준이 정립되자, 어떤 것이 최고의 의류, 최고의 자동차, 최고의 와인, 최고의 햄버거인지 판단하는 일이 어렵지 않았다. 하지만 품질을 따질 때에는 오렌지를 사과와 비교하는 오류를 범하지 않는 것이 중요하다. 고산 등반을 위한 재킷에는 방수 기능이 있다. 도심에서 사용하는 우비도 마찬가지이다. 이 두 가지를 비교하여 하나가 꼭 다른 것보다 낫다고 말할 수는 없다. 그들은 서로 다르다. 우리의 목표는 같은 범주 안에서 최고를 만드는 것이다.

다음은 파타고니아의 디자이너가 각각의 제품이 우리의 기준에 적합한지 판단하기 위해 제품에 대해 던져야 하는 주요한 질문들이다.

필요한 기능을 갖추었는가?

언젠가 복식사 연구자들은 남성들이 야외에서 회색 스웨트 셔츠를 벗어 버리고 다채로운 색상의 옷들을 입게 한 공로를 파타고니아에 돌리게 될지도 모르겠다. 하지만 나는 산업 디자인의 원칙을 의류 디자인에 적용한 최초의 기업으로 우리를 기억해 주었으면 한다.

산업 디자인의 첫 번째 수칙은 물건의 기능이 디자인과 소재를 결정해야만 한다는 것이다. 파타고니아의 모든 디자인은 기능적 필요에서 시작한다. 방한용 내의는 수분을 흡수하고 피부가 숨 쉬게 하며, 빠르게 건조되어야만 한다. 등산 재킷은 방수 기능이 있고 팔 움직임이 편해야 하며 땀을 내보내는 통기성이 있어야 한다. 반드시 기능이 형태를 좌우해야 한다.

패션 사업에서 디자인은 보통 직물에서 시작하고 다음에 그 용도를 생각한다. 파타고니아에서는 가장 마지막에 선택하는 항목이 직물인 경우가 많다. 물론 내가 폴리에스테르 축구복을 우연히 만나서 암벽 등반 의류로서의 가능성을 보았을 때처럼 새로운 직물이 제품의 혁신을 촉발하는 경우도 있기는 하다. 그러나 직물의 피상적인 측면은 중요치 않다. 우리는 그보다 직물의 본질 자체에 관심을 둔다.

스포츠 의류에도 기능적 고려가 우선한다. 열대성 더위에 필요할까, 덥고 건조한 날씨에 필요할까? 몸에 걸쳤을 때 어떤 핏이 나와야 할까? 성긴 조직으로 짜서 빨리 마르게 해야 할까, 촘촘히 짜서 모기의 날카로운 주둥이를 막아야 할까? 우리는 제품의 기능적 필요를 결정한 후에야 직물을 탐색한다. 다른 한편으로, 우리 섬유 부서는 언제나 마, 유기농 면, 재활용 폴리에스테르와 나일론 같이 환경에 피해를 덜 주는 소재로 만들어진 직물을 찾고 제품 라인에 포함시키기 위해 노력한다.

기능적 필요를 토대로 디자인하면 과정에 집중하게 되며, 궁극적으로 최고의 품질을 만들어 낼 수 있다. 반면 진지한 기능적 필요가 존재하지 않을 때는 보기에는 그럴듯해도 제품 라인에 포함시켜야 하는 합리적인 이유, 즉 "누가 이 제품을 필요로 하는가?"에 대한 답을 찾기 어려운 제품이 나온다.

다기능적인가?

한 가지 장비가 두 가지 일을 해낸다면 왜 2개의 장비를 구입하겠는가? 제품을 가능한 다용도로 만드는 것은 우리가 장비를 SUV의 트렁크가 아닌 등에 직접 메고 산을 올라야 하는 등반가라서 생겨난 기준이다. 산에서 가능한 장비를 적게 가지고 다니는 것은 단순히 실용적인 이유 때문이 아니다. 야외 활동에 열광하는 많은 사람에게 이것은 신조나 다름없다.

존 뮤어는 자신의 짐을 양철통 하나에 넣을 수 있는 정도로 제한하곤 했다. 묵은 빵 한 덩어리와 외투 한 벌로 말이다. 그것은 환경적인 고려이기도 하다. 우리가 개인적으로 소유한 모든 것들은 만들어져서, 팔리고, 운송되고, 보관되고, 세탁되고, 결국은 버려지는 그 모든 단계에서 환경에 피해를 입힌다. 우리에게 직접적인 책임이 있기도 하고, 우리에게서 비롯되어 다른 사람에 의해 저질러지기도 한다.

그렇기 때문에 생산자로서든 소비자로서든 무언가를 구입할 때에는 이렇게 자문해 보아야 한다. 이 구매가 필요한가? 요가를 하기 위해서 새로운 옷이 정말로 필요한가? 이미 가지고 있는 것으로도 충분하지 않은가? 이 제품이 한 가지 이상의 일을 해낼 것인가?

우리는 작은 암벽 등반용 배낭을 만든 적이 있었다. 배낭을 멨을 때 편안하도록 등 부분에 얇은 발포고무 패드가 들어 있었다. 이 패드는 떼어 내면 야영지에서 방석으로 사용할 수 있었다. 티턴에서 등반을 함께하던 친구 한 명이 넘어져서 팔이 부러졌을 때 나는 이 패드와 액세서리 끈 몇 개로 완벽한 부목을 만들 수 있었다.

아는 것이 많아질수록 필요한 것은 줄어든다. 숙련된 플라이 낚시꾼은 낚싯대 하나, 플라이 한 종류, 낚싯줄 한 종류만으로도 장비와 플라이를 잔뜩 가진 서투른 사람보다 많은 물고기를 낚는다. 나는 소로의 조언을 절대 잊지 않는다. "새 옷이 필요한 모든 사업을 조심하라."

하나의 활동을 위해 디자인된 제품이 다른 활동에 놀라울 정도로 잘 적용되는 때도 있다. 우리가 만드는 등반 재킷의 상당수는 암벽보다는 스키 슬로프 위에서 활약한다. 우리는 그런 변칙을 염두에 두고 잊지 않기 위해 노력한다. 최고의 제품은 마케팅을 어떻게 하든 다기능적 (multifunctional)이다. 스키를 탈 때 입으려고 구입한 등반 재킷을 파리나 뉴욕의 눈보라 속에서도 입을 수 있다면, 굳이 재킷을 2개 구입해서 하나는 1년 중 9개월 동안 옷장 안에 묵혀 둘 필요가 없다. 적게 사고, 더 나은 것을 사라. 장식은 줄이고 디자인은 더 낫게 하라.

하지만 우리는 등반, 스키(재킷), 플라이 낚시(조끼, 재킷, 장화, 부츠), 서핑(반바지, 보드, 웻슈트)과 같이 활용 범위가 좁은 특화된 스포츠용품도 만들고 있다. 그렇게 하는 데는 두 가지 이유가 있다. 첫째, 우리가 다루는 스포츠에 한해서는 모자부터 양말까지 고객의 모든 의류를 갖추어 주고 싶기 때문이다. 이것은 고객과의 유대의 일부이다. 두 번째 이유는 신뢰성 때문이다. 우리는 스키나 플라이 낚시를 위한 의류를 만드는 업체로서 최고의 스키 재킷, 최고의 낚시 조끼를 만든다는 것을 제품을 통해 평가받고자 한다.

내구성이 있는가?

이 질문 역시 우리의 근원, 오랜 기간 험한 사용을 견뎌야 하는 등반 장비를 처음 만들었을 때부터 시작된 고민이었다. 이제는 우리 환경 철학의 한 요소가 되었다. 제품의 전반적인 내구성은 가장 약한 요소를 기준으로 평가해야 하기 때문에, 제품의 요소들이 오랜 시간이 지난 후에 거의 동시에 해지거나 마모되는 것을 궁극적인 목표로 삼아야 한다. 리바이스나 랭글러와 같이 좋은 제품들은 옷의 뒤쪽이나 주머니에 구멍이 생기는 시점에 무릎에도 구멍이 생기곤 한다. 한 가지 요소가 고장 나면 사실상 버려야 하는 전자제품이나, 다른 부분은 새것과 다름없는데 수영장 소독물의 염소 때문에 허리 밴드가 늘어나는 값비싼 수영복은 내구성이 약한 제품 중에서도 최악의 사례일 것이다. 물론 기술적으로라면 이런 수영복이나 전자제품도 수리할 수 있다. 하지만 수리비가 구매 가격에 비해 너무 비싸기 때문에 버려지는 것이 보통이다. 가난한 사람은 값싼 물건을 살 여유가 없다는 말이 있다. 얼음을 몇 조각 갈자마자 타 버리는 값싼 믹서기를 사느니 오래 버틸 만한 품질을 가진 믹서기를 살 여유가 생길 때까지 기다리는 게 낫다는 말이다. 오래 기다릴수록 허튼 지출을 줄일 수 있다. 내 나이쯤 되면 '평생 가는' 제품만 구입하는 일이 점점 쉬워질 것이다. 파타고니아는 제품의 모든 요소가 거의 비슷한 내구성을 갖도록 하기 위해 연구실과 현장에서 끊임없이 실험을 한다. 어떤 요소의 내구성이 다하면 그 부분을 강화하고 다음 요소가 한계를 드러내면 그 부분을 강화하는 식으로 제품 전체의 내구성에 만족할 수 있을 때까지 실험을 계속하고 있다.

수선이 가능한가?

아무리 내구성이 강한 의류를 만들더라도 수선이 필요한 때가 오기 마련이다. 캠프파이어에서 불똥이 튀면서 구멍이 생길 수도 있고, 크랙을 오르다가 무릎 부분이 찢어질 수도 있고, 지퍼가 고장 날(가장 흔한 일) 수도 있다. 그러므로 우리가 만드는 모든 제품은 수선할 수 있게 디자인되어야 한다. 예를 들어 지퍼는 재킷 전체를 분해하지 않아도 교

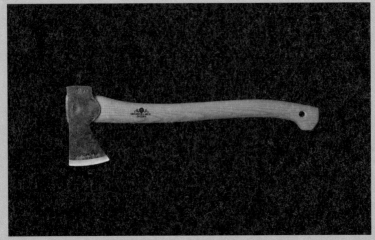

스웨덴 그랑스포스 브룩 AB(Gränsfors Bruk AB)의 도끼는 내가 선호하는 도구들 중 하나이다. 그랑스포스 브룩 AB는 1902년부터 도끼를 제작해 왔다. 아래의 짧은 글은 이 회사 카탈로그 표지에서 발췌한 것이다.

전체에 대한 책임

우리가 쓰는 것, 만드는 것, 그것을 만드는 방법, 버리는 것 모두가 사실은 윤리의 문제이다. 우리는 전체에 대한 무한대의 책임을 갖고 있다. 감당하려고 노력하지만 항상 성공하지는 못하는 책임 말이다. 품질과 제품이 내구성을 유지하는 기간도 이런 책임의 일부이다.

고품질의 제품을 만드는 것은 고객과 사용자를 존중하고 그들에 대한 책임을 기꺼이 감수하는 방법이다. 사용법과 관리법을 익힌 사람들의 손에 들어간 고품질의 제품은 내구성이 훨씬 더 높아진다. 소유자, 곧 사용자에게 좋은 일이다. 하지만 이것은 보다 큰 전체, 지구와 우리 모두에게도 좋은 일이다. 내구성의 향상은 우리가 덜 쓰고(원료와 에너지 소비가 감소하고), 적게 생산하고(더 중요하거나 재미있다고 생각하는 다른 일을 할 시간이 늘어나고), 적게 파괴한다(적게 버린다)는 것을 의미한다.

－그랑스포스 브룩 AB
http://www.gransforsbruk.com

체할 수 있게 바느질되어야 한다.

우리의 리노 창고에는 북아메리카 최대의 의류 수선 시설이 있다. 거기에는 우리가 그동안 사용한 거의 모든 직물과 부자재가 보관되어 있다. 대형 매장 몇 곳은 소소한 수선을 직접 처리한다. 그뿐만 아니라 사용자가 직접 수선하는 방법을 보여 주는 동영상도 만들고 있다. 우리는 고객이 제품을 가능한 쉽게, 가능한 오래 사용할 수 있기를 바란다.

고객에게 잘 맞는가?

의류 업계에 종사하지 않는 사람들은 '핏(fit)'이라는 문제를 고민하지 않아도 되는 것을 행운이라고 생각해야 한다.

날씬한 사람들을 대상으로 디자인을 하든 그렇지 않은 사람들을 대상으로 하든, 스몰(S), 미디엄(M), 라지(L)라고 부르는 옷의 사이즈 구분 방식은 고객을 만족시키기도 하지만 괴롭히고 멀어지게 만들기도 한다. 우리는 체형도, 나이도 각양각색인 다양한 고객들의 옷을 만들어 왔다. 이런 이유로 우리는 몸에 붙는 '슬림핏(slim fit)', 큰 특징 없는 '평균핏(regular)', '넉넉한 핏(relaxed fit)' 이렇게 세 가지 사이즈 구분법을 사용한다. 서퍼나 암벽 등반가는 젊고 날씬한 경향이 있기 때문에 대부분 슬림핏이다. 낚시나 사냥을 즐기는 사람들은 나이가 좀 더 있고 살집이 있는 편이어서 넉넉한 핏을 선호한다.

또한 옷의 사이즈는 전체 제품에 일관되게 적용했다. 레귤러 사이즈의 셔츠를 입는 사람은 다른 제품 라인에서도 레귤러 사이즈가 맞아야 한다. 모든 옷은 매대에 있는 것을 세탁 없이 바로 입었을 때 몸에 맞아야 하며 수명이 다할 때까지 줄어들지 않아야 한다.

유타 인디언 크릭에서 오스틴 시아다크가 그가 좋아하는 R1 후디를 수선하고 있다. 사진: 오스틴 시아다크 컬렉션

수선은 환경보호를 위한 급진적 활동이다

매장에서 갓 나온 물건. 이상하지 않은가!

－이본 쉬나드

소비자로서 지구를 위해 할 수 있는 가장 좋은 일은 물건을 오래 사용하는 것이다. 적절한 관리와 수선을 통해 의복의 생명을 연장하는 이 단순한 활동은 구매의 필요를 줄이고 새로운 제품을 만드는 데 필요한 이산화탄소 배출, 폐기물 배출, 물 사용을 막는다.

수선이 어째서 그렇게 급진적 활동인가? 버릴 물건을 수선한다는 것은 그리 대단한 일이 아닌 듯하지만 그 영향은 엄청나다. 책임 있는 생산을 위해 노력하고는 있지만 나 역시 의류 회사의 CEO로서 지구에 돌려주기보다는 지구로부터 많은 것을 얻고 있다.

우리는 교체가 으뜸으로 여겨지는 문화 속에서 살고 있다. 우리는 차나 세탁기와 같은 고가의 제품을 정기적으로 수리한다. 하지만 새것을 사는 게 더 쉽고 비용도 적게 든다. 직접 수리를 시도한다면 품질 보증을 적용받지 못할 것이라고 경고하는 안내문이나, 필요한 정

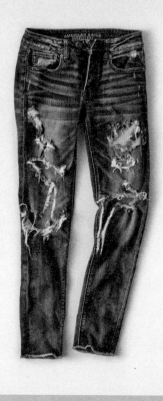

보와 부품의 부족 등 다른 이유도 있다.

이런 조건은 소유자가 아닌 소비자 중심의 사회를 만든다. 둘 사이에는 큰 차이가 있다. 소유자는 적절한 관리부터 수리, 재사용, 공유에 이르기까지 자신의 구매에 책임질 권한을 갖는다. 하지만 소비자는 사용하고, 만들고, 버린 뒤 또 그 일을 반복한다. 생태계를 파멸로 몰아가고 있는 과정을 반복하는 것이다.

분명히 말하지만 구매 행위 자체는 문제가 아니다(물론 블랙프라이데이니 박싱데이니 하는 날의 광기는 지나치다고밖에 말할 수 없지만). 어쨌든 우리의 삶은 다양한 제품에 의지하고 있고 그 제품들은(파타고니아가 만든 제품을 비롯해) 지구에게 피해를 입히는 방식으로 만들어졌다. 이런 상황은 우리가 환경에 대한 영향을 줄이기 위해 아무리 노력해도 가까운 장래에

끝날 것 같지 않다.

해결책은 무엇일까? 우리 모두의 소비 발자국을 줄이기 위해서는 물건을 만드는 기업과 사는 고객 사이의 책임 공유가 필요하다. 다만 기업들은 반드시 독립적으로 행동해야 한다.

파타고니아는 책임 있는 원료 조달을 통해 만들어진, 오래 지속되고 수선이 가능한 고품질의 의류를 만들기 위해 애쓰고 있으며 품질을 평생 동안 보장한다. 리노에 있는 우리의 수선 시설은 2015년 4만 건 이상의 의뢰를 처리했고 소매점 직원들을 교육시켜 간단한 수선 업무(모두 수천 건이 넘는다)를 처리하도록 해 왔다. 우리는 아이픽스잇(iFixit)과의 연계를 통해 웹사이트에 파타고니아 제품의 무료 수선 안내서 40개를 게시하고 있다. 우리는 필요한 경우 직접 장비를 고치고, 새로운 주인을 찾아 주고, 재활용할 수 있는 기회를 고객들에게 제공하기 위해 최선의 노력을 하고 있다.

우리는 고객들이 필요한 것만을 구매하고, 가지고 있는 것을 수선하고, 물건을 재사용할 수 있는 방법을 찾고, 정말 필요한 때가 왔을 때만 환경에 대한 영향을 줄이는 방식으로 우리가 제공하는 제품을 사용하도록 권고하고 있다.

하지만 추세는 이런 방향과 거리가 멀다. 리코, 디월트, 캐터필라, 레노버와 같은 기업들은 수선과 재가공을 주요한 비즈니스 모델로 만든 반면, 대부분의 기업들은 여전히 쉽게 고장 나서 반드시 대체해야 하는 값싼 물건들을 만든다. 가장 싼 가격을 찾는 데 익숙해진 사용자는 이 모델 안에서 사고 버리는 사이클을 반복한다.

더욱이 수리에 대한 설명이 없이 나오는 제품이 너무나 많다. 극단적으로는 새로운 종류의 독점적인 부품을 발명하거나 기타 터무니없는 방법을 동원해 수리를 적극적으로 막는 경우도 있다. 우리가 직면하고 있는 환경 위기를 고려할 때 이런 관행은 절대 용납되어서는 안 된다. 노후화를 대비하는 일을 현명한 마케팅으로 받아들여야 한다.

매년 기후변화가 가져오는 큰 영향을 보고 있는 지금, 개인은 지금과 같은 과소비의 관행을 뒤집어야 한다. 소비자가 아닌 소유자로서 행동하고 정말 필요한 경우가 아니라면 지구에 새로운 짐을 안기기보다는 수선하도록 하자.

이것은 급진적 사고이다. 이런 급진적 변화가 실과 바늘에서도 시작될 수 있다.

-로즈 마카리오(파타고니아 CEO)

기능성 의류에는 핏에 있어 더 세심한 고민이 있어야 한다. 제품을 다른 옷 위에 겹쳐 입느냐 혹은 바로 맨살 위에 입느냐 같은 것들이다. 등반할 때 몸에 딱 맞게 입도록 디자인된 제품을 헐렁한 핏을 원하는 스노보더나 스키어들이 찾는 경우도 있다. 이런 경우에는 제품의 핵심 사용자인 등반가들이 기준이다(스노보더나 평상복으로 입고 싶은 고객들은 큰 사이즈를 입으면 된다). 다리 기장을 쉽게 늘이거나 줄일 수 없는 스키 바지는 다양한 길이의 제품을 제공해야 한다. 인기 있는 제품의 경우, 우리는 XXL나 엑스트라 톨 사이즈를 제공한다.

디자인이 단순한가?

코슌 미야모토는 펜싱 선생님의 아내에게 그녀가 꾸민 자갈 정원이 "여백과 균형의 강렬한 이미지를 전달한다"라며 그 아름다움을 칭찬했다. 거친 모래가 깔린 정사각형의 정원에 근처 시내에서 가져온 3개의 돌이 놓여 있었다. 펜싱 선생님의 아내는 정원이 아직 완전치 않으며 "3개가 아닌 하나의 돌만으로 지금과 같은 느낌을 표현할 수 있을 때까지는 완벽에 이를 수 없을 것"이라고 대답했다.

기능 중심의 디자인은 대개 미니멀하다. 브라운의 디자인 책임자인 디터 람스의 주장처럼 "좋은 디자인은 최소한의 디자인이다."

복잡하다는 것은 기능적 필요가 해결되지 않았다는 확실한 신호이다. 1960년대 페라리와 캐딜락의 차이를 예로 들어 보자. 페라리의 매끈한 라인은 고성능이라는 목적에 적합했다. 캐딜락에게는 기능적 목표 자체가 없었다. 캐딜락에는 엄청난 마력만 있었지, 그에 걸맞은 핸들도, 서스펜션도, 회전력도, 기체역학도, 브레이크도 없었다. 기능에 대한 고민이 없다면 디자인이 할 일도 없다. 그 차에는 거실이 고속도로를 지나 골프 코스로 옮겨지는 듯한 편안함과 힘만 있으면 그만이었다. 이렇게 해서 뒤에는 지느러미가 달리고 앞은 부풀려진 기본적으로도 끔찍한 형태에, 번드르르하기만 하고 쓸모는 없는 온갖 종류의 금속 장식이 더해졌다. 기능성이 디자인의 지침 역할을 하지 않을 때면, 상상력이 미쳐 날뛴다. 괴물을 디자인하는 것이라면 그럴듯한 작품이 나올 것이다.

훌륭한 등산 재킷은 1960년대 캐딜락처럼 보이지 않는다. 직물이 강하고 가볍다면 어깨와 팔꿈치에 옷감을 보강할 필요가 없다. 통기성이 좋은 새로운 직물이 있다면 과거에 통기를 위해 달았던 무겁고 어색한 지퍼들을 없앨 수 있다. 앞 지퍼의 방수 기능이 완벽하다면 비를 막아 주기 위한 스톰 플랩(storm flap)의 부피와 무게를 감당할 필요가 없을 것이다.

제품 라인이 단순한가?

중국 식당에서 12페이지에 이르는 메뉴를 보고 주문을 하거나 스키 매장 안의 모두 똑같아 보이는 50쌍의 스키 중에서 하나를 선택할 시간, 인내심, 지식을 가진 사람은 많지 않다.

오늘날의 사람들에게는 너무나 많은 선택지가 주어진다. 사람들은 끊임없이 결정을 해야만 하는 현실에 염증을 느낀다. 통기성이 좋은 원단과 방수 원단 사이의 차이를 알아야 현명한 결정을 내릴 수 있을 때는 특히 더하다. 대부분의 사람들에게는 남성 스타일과 여성 스타일을 구분하는 것만도 힘겨운 과제이다. 그래서 세계 최고의 레스토랑에는 세트 메뉴가 있고 좋은 스키 매장들은 어떤 스키가 당신의 실력이나 예상 가격대에 적합한지 이미 결정을 내려 두고 있다. 달라이 라마는 지나치게 많은 선택지가 불행을 불러온다고 말했다.

기능을 첫째로 생각하는 파타고니아는 스뫼르고스보로드(smorgasbord, 뷔페식 식사―옮긴이)식 접근법을 지양한다. 우리는 조직적으로 경쟁사들의 인기 있는 스타일을 훔쳐 기능적으로 동일한 스키 바지를 20종류나 만드는 일을 하지 않는다. 하지만 가끔은 파타고니아의 제품 라인도 지나치게 확장되는 경우가 있다. 제품 간의 차이가 적어지는 것이다. 그런 상황이 벌어지면 우리는 파타고니아가 회사의 철학에 따르지 않고 있음을 깨닫는다.

우리의 일을 올바르게 하고 있는 때라면, 제품 라인별 스키 바지는 뚜렷이 구분되는 목적을 가진다. 우리는 각 스타일마다 다양한 사이즈(여성 사이즈를 포함한)와 색상을 제공한다.

어떤 이유에서든 우리의 철학에서 벗어나면 값비싼 대가를 치르게 된다. 1991년 가을, 우리는 남성용과 여성용 플란넬렛 셔츠를 25가지의 패턴과 색상으로 내놓았다. 소량으로 제작해 고객들이 마음에 드는 걸 결정할 수 있게 해서 잘 팔리는 것은 재빨리 재주문을 하고 인기가 없는 실패작들은 할인 판매로 돌릴 생각이었다. 하지만 재고 유지 최소단위(stock keeping unit)가 125벌인 제품을 디자인하고, 생산하고, 보관하고, 카탈로그에 넣는 비용을 고려하지 않았으며 각 패턴 작업에 필요한 엄청난 시간도 계산하지 못했다.

색상과 패턴의 급증만으로 이윤이 눈에 띄게 감소한다면, 제품을 우후죽순식으로 늘리는 결과는 어떨지 생각해 보라. 우리는 흥미로운 공식을 도출해 냈다. 파타고니아는 (기존 제품을 없애지 않고) 하나의 제품라인을 추가할 때마다 2.5명의 새로운 인력을 고용해야 한다.

대부분의 성공한 기업들은 한정된 상품을 아주 잘 만든다. 최고의 회사가 만드는 제품은 그들보다 뒤처지는 경쟁사가 만드는 제품에 비해 들어가는 부품의 수가 50퍼센트 적다. 부품이 적다는 것은 제조 공정이 빠르고 단순하다(그리고 비용이 적게 든다)는 것을 의미한다. 그리고 부품이 적다는 것은 고장을 일으킬 가능성이 적다는 것을 의미한다. 품질이 보장되는 것이다. 좋은 회사는 품질을 관리하는 인력이 적은데도 불구하고 결함이 적고 따라서 낭비도 적다.

혁신인가 발명인가?

내가 죽어서 지옥에 가게 된다면 염라대왕은 나를 콜라 회사의 마케팅 담당 이사로 만들 것이다. 누구에게도 필요하지 않은, 경쟁사와 차별점이 없으며, 가치를 기준으로 판매되는 것이 아닌 제품을 팔아야 하는 일을 맡게 될 것이다. 가격, 유통, 광고, 홍보를 기반으로 피를 튀기며 콜라 전쟁을 치르게 될 테고 그곳에서 나는 그야말로 지옥을 경험할 것이다. 다시 한 번 말하지만 나는 경쟁이 필요한 일을 할 수 있는 사람이 아니다. 그보다는 누구도 따라할 수 없는 특별한 제품을 디자인해서 경쟁 없이 판매하고 싶다.

성공적인 발명에는 엄청난 에너지, 시간, 돈이 필요하다. 뛰어난 발명은 정말 드물어서 빼어난 재능을 가진 사람이라도 평생 만들어 낼 수 있는 시장성 있는 발명은 손에 꼽을 정도이다. 더 힘든 일은 하나의 발명이 탄생하는 데는 30년이 걸릴 수도 있는 반면, 오리지널 아이디어에서 수천 개의 혁신(innovation)이 생겨나는 데는 단 몇 년, 몇 달이면 충분하다는 사실이다. 혁신은 훨씬 빨리 달성할 수 있다. 기존의 제품 아이디어나 디자인에서 출발하기 때문이다.

보유하고 있는 독점적인 디자인과 특허를 기반으로 삼는 기업들도 있지만 성공한 기업들 중에는 혁신을 기반으로 한 기업이 훨씬 많다. 특히 의류 업계는 오랫동안 순수한 연구에 매진할 시간이 없다. 플리스는 파타고니아가 발명한 것이 아니다. 그 아이디어는 더그 톰킨스가 복슬복슬한 휠라 울 스웨터를 입고 있는 모습을 보고서 떠올린 것이다. 그 직물은 반드시 드라이클리닝을 해야 했기 때문에 야외 스포츠 의류에는 적용할 수가 없었다. 그 문제에 대해 고민하다 폴리에스테르 신칠라와 다양한 마이크로플리스의 아이디어가 나왔다.

스탠드업 반바지는 이중 구조의 영국식 코듀로이 반바지에서, 대단한 성공을 거둔 배기스 팬츠의 아이디어는 옥스나드의 한 백화점에서 본 나일론 반바지에서 비롯되었다. 파타고니아의 최종 완성품들은, 특히 야외 스포츠용 측면에서 오리지널 제품들보다 더 기능적이고 내구성이 좋고 훨씬 더 우수하다. 창의적인 요리사들이 그렇듯이 우리는 '원작'을 영감을 주는 레시피로 본다. 그 뒤에는 책을 덮고 우리만의 것을 만들어 낸다. 파타고니아의 제품은 최고의 셰프들이 만든 요리법을 혼합한 퓨전 요리인 셈이다.

글로벌한 디자인인가?

물건이 전 세계에 팔리고 전 세계 사람들이 그 물건을 이용할 때까지는 세상에서 가장 좋은 제품을 만들고 있는 것인지 확인할 방법이 없다. 하지만 여기에도 따로 고민해야 할 문제가 있다.

'우리 토마토'라는 회사와 '최고 토마토'라는 두 회사가 있다고 가정해 보자. 두 회사 모두 전 세계에 토마토를 판매한다. '우리 토마토'의 토마토는 모두 캘리포니아주 샌와킨 밸리에 있는 거대한 기업식 농장에서 자란다. 이 회사의 상품들은 고르고 단단하며 장거리 이동에도 잘 견딘다. 또한 에틸렌 가스를 이용해서 쉽게 후숙시킬 수 있어 소비자에게 전달될 때는 잘 익은 상태가 된다. 최신식 기계, 유전자 변형 종자, 화학물질, 원가계산 담당자를 이용하고 공공 용수나 수출에 대한 보조금을 많이 받고 있기 때문에 세계 어디에서나 가격 경쟁력이 높다.

반대로 '최고 토마토'는 상품이 판매되는 지역에서 토마토를 기르는 것을 선호한다. 이탈리아의 파스타 시장에는 로마 토마토를, 까다로운 프랑스 시장에는 덩굴에서 완전히 숙성된 과즙이 많은 토마토를 판매한다.

나는 '우리 토마토'를 세계적으로 사업하는 미국 회사라고 생각한다. 반면에 '최고 토마토'는 특정 시장에 맞추어 상품을 조정하는 일의 중요성을 알고 있는 진정한 글로벌 기업이라고 본다.

파타고니아는 캘리포니아에 있는 회사이다. 우리의 기업 문화, 라이프스타일, 디자인 감각은 순전히 캘리포니아의 것이다. 이것은 어떤 면에서 우리에게 도움을 준다. 캘리포니아에서는 여러 가지 언어가 사용되고, 다양한 인종과 문화를 찾아볼 수 있다. 쓰촨식 엔칠라다(납작한 옥수수 빵에 고기를 넣고 소스를 뿌려 먹는 멕시코 음식 - 옮긴이)를 맛볼 수 있는 다른 곳이 있을까? 하지만 나는 파타고니아를 글로벌 기업이라고 칭하지 않는다. 우리가 지금의 한계를 뛰어넘어 생각하고 디자인하고 생산하는 법을 배울 때까지는 말이다. 세계적 규모의 사업을 하는 기업이 아니라 진정한 글로벌 기업이 되려면 현지 소비자들의 기호, 기능적 필요, 사이즈, 색상에 맞추어 디자인을 조정할 수 있어야 한다. 중앙 집중식 생산이 아닌 현지 중심 생산이 되어야 하는 것이다. 더 중요하게는 보다 글로벌한 생각과 행동이 새로운 아이디어를 위한 끝없는 가능성을 열어 줄 것이고, 이런 새로운 아이디어를 다시 국내 시장에 적용할 수도 있을 것이다.

관리와 세탁이 쉬운가?

의복의 라이프 사이클(직물 제조, 염색, 제작, 유통, 소비자의 관리 및 처분)이 자연환경에 미치는 영향에 대해서 연구하던 우리는 가장 큰 피해를 유발하는 부분이 세탁이라는 것을 알고 큰 충격을 받았다. 의류 제품의 판매 후 관리가 유발하는 피해는 전체 제조 공정이 입히는 피해의 4배에 이른다.

어느 제품이든 관리는 귀찮은 일이다. 오로지 그 이유 때문에 손이 덜 가고 관리가 쉬워야 한다는 점이 고품질의 기준이 되었다. 파타고니아에는 드라이클리닝을 위해 세탁소에 가거나 다림질하는 것을 좋아하는 사람이 없다. 고객도 마찬가지일 것이라고 생각한다. 실용적인 이유도 있다. 여행 중일 때는 작은 세면대나 물통 안에서 빨래를 하고 건조기 대신 숙소 안에 빨래를 널어 말려야 한다. 그렇게 하고도 집에 가는 비행기에는 멀끔한 모습으로 올라야 한다.

하지만 환경적 고려는 이런 모든 이유를 뛰어넘는다. 다림질은 비효율적인 전기 사용이며, 고온 세탁은 에너지를 낭비하고, 드라이클리닝

빨래하는 날. 타히티에서 리즈 클라크. 사진: 리즈 클라크 컬렉션

은 유독한 화학물질을 사용한다. 건조기는 착용 횟수와 상관없이 옷의 수명을 훨씬 단축시킨다. 건조기 필터 안의 보푸라기를 확인해 보라! 세탁으로 인한 에너지 사용이 의류에 연관된 탄소 발자국의 25퍼센트를 차지한다.[1]

합리적인 소비자이자 건전한 시민으로서 실천할 수 있는 가장 책임감 있는 의류 구매 방법은 중고 의류를 구입하는 것이다. 더 나아가 드라이클리닝이나 다림질이 필요한 옷을 사지 않도록 해야 한다. 세탁은 찬물에 해야 하고 가능한 건조기 없이 건조대에 널어 말려야 한다. 셔츠는 하루 이상 입고 빤다. 여행 가방을 챙길 때는 100퍼센트 면직 의류보다는 더 빨리 마르는 대체품을 선택하는 게 좋다.

부가가치를 지니고 있는가?

몬태나주립대학의 토마스 M. 파워 박사의 연구에 따르면 미국인들이 재화와 서비스에 쓰는 돈 가운데 생존에 필요한 것은 10~15퍼센트에 불과하다고 한다. 건강해지기 위해서 안심 스테이크를 먹을 필요는 없다. 비바람을 막기 위해 100평짜리 집에 살 필요는 없다. 바다에 가는 데 100달러짜리 서핑용 반바지가 필요하지는 않다. 사람들은 자기 돈의 85~90퍼센트를 더 가치 있다고 생각하는 일에 사용한다. 그들은 햄버거 고기보다 부가가치가 높은 안심 600그램에 가외의 돈을 지불한다. 영양을 보충하기 위해서는 어느 것이든 상관이 없는데도 말이다.

콜라 전쟁에서 목소리만 높이는 사람들과 달리 우리는 진짜 가치를 부가한다. 우리는 야외에서 적절한 기능을 해내는 내구성이 강한 고품질의 물건을 만든다. 우리가 만드는 제품이 동종 업계 최고가 되는 것을 목표로 디자인을 하고 그 목표에 부합하지 못하면 백지상태에서 다시 시작한다. 단순히 최고의 상품이라고 주장만 하는 것이 아니라 제품을 최고로 만드는 것이 무엇인지 확실히 드러낸다. 그중 대표적인 것이 내구성이 뛰어나고 환경에 미치는 영향이 작다는 것이다. 순식간에 지나가는 유행이나 사치 목록에는 포함되지 않는다.

우리는 고객을 존중한다. 이 나라의 콜센터 서비스는 할당량과 의도적으로 긴 대기 시간, 경영진의 무관심 덕분에 끔찍한 지경에 이르렀다. 덕분에 큰 노력을 기울일 필요 없이, 인도 델리에 있는 서비스 센터에 콜센터 업무를 맡기지 않는 것만으로도 빼어난 서비스라는 평판을 얻을 수 있다.

우리는 '철두철미 보증(Ironclad Guarantee)' 제도를 갖고 있고 그것

파타고니아의 철두철미 보증

물건을 받아 보았을 때 마음에 들지 않거나, 당신을 만족시키지 못한다면 구입한 매장이나 파타고니아 매장으로 가서 수선, 교환, 환불을 해 주십시오. 착용이나 관리 중에 발생한 손상은 합리적인 가격으로 수선할 수 있습니다.

을 철저히 지킨다. 큰 노력이 필요하더라도 말이다. 예를 들어 한 고객이 수선할 수 있을 것이란 기대를 안고 오래 입어 낡은 바지를 가지고 매장을 찾았다. 바지는 수선이 불가능할 정도로 낡아 있어서 직원은 그 바지를 버리는 실수를 저질렀다. 고객은 낡았든 해어졌든 자신이 즐겨 입던 그 바지를 원했다. 우리는 무료로 새 바지를 제공하려 했지만 고객은 수선을 맡겼던 것과 동일한 스타일, 동일한 색상의 바지를 원했다. 우리는 보관소로 가서 그 바지의 패턴을 찾은 뒤 동일한 색상의 동일한 직물을 구했다. 오래지 않아 그 고객은 구형이지만 완전히 새것인 바지를 얻게 되었다.

모든 고객 서비스 처리가 이렇게 복잡하고 비용이 많이 드는 것은 아니다. 하지만 우리는 이 부가적인 단계들이 고생스러운 만큼 가치가 있는 일이라고 생각한다. 우리 카탈로그의 재주문율은 매 시즌 통신판매 업계 표준을 훨씬 웃돈다.

생명을 잃지 않았던 낡은 바지의 사례처럼 우리 제품은 시간이 지날수록 가치가 높아지는 것처럼 보일 때가 있다. 도쿄에는 파타고니아 중고 의류만을 취급하는 매장들이 있을 정도다.

1998년 나는 도쿄 시부야의 파타고니아 매장 개점 축하 행사에 참석해 200~300명의 고객들과 음료를 마시고 스시를 즐겼다.

장내가 갑자기 조용해졌다. 일본인들이 놀라움이나 즐거움을 표현

디날리산을 등반한 후, 릭 리지웨이와 나는 맛조개를 맛보며 등반을 축하할 생각으로 낚시로 유명한 도시, 알래스카 호머로 갔다. 이 사진이 우리 카탈로그에 실린 뒤 우리가 자신의 와인을 마시고 있었다는 것을 알아차린 로버트 몬다비가 내게 전화를 했다. 그는 무단 게재 중지를 요청하는 대신 감사를 전하며 와이너리 VIP 투어에 우리를 초청했다. 사진: 피터 해킷

할 때 내는 휘파람 소리만이 가득했다. 모두의 시선이 향한 곳을 바라보니 한 젊은이가 낡은 파타고니아 재킷을 입고 화려하게 행사장으로 들어오고 있었다. 그 자리에 있던 모든 사람들은 그것이 1979년 볼리테(Borglite) 털 재킷이며 그 청년이 상당한 돈을 지불했으리라는 것을 알고 있었다.

파타고니아 상표는 좋은 기억을 불러일으키며 시장에서 가치를 인정받는다. 하지만 우리는 적당히 만든 물건에 이 상표를 달아 파는 일은 하지 않는다. 제품은 자체적인 가치를 가져야지 상표에 의존해서는 안 된다. 제품은 그 자체만으로 본질적인 가치를 지녀야 한다. 파타고

니아의 제품은 먼발치에서도 만듦새와 디자인의 차이를 알아볼 수 있어야 한다. 선승의 말을 흉내내 보자면, 진짜 파타고니아 제품은 상표가 필요치 않다고 말할 수 있다.

진짜인가?

가슴에 '진짜(authentic)'라는 단어가 적힌 스웨트 셔츠를 입은 사람을 본 적이 있다. 패션 업계가 이 진짜라는 발상에 너무 사로잡힌 나머지, 이것 역시 의미를 잃은 단어가 되었다. 그렇지만 우리 고객들은 우리가 '진짜 물건'을 만들어 줄 것이라는 기대를 한다. 야상에는 뒷면에 사냥감을 넣을 수 있게 피가 배어나지 않는 안감 처리가 된 주머니가 있어야 하고, 작업 바지는 진짜 목수, 지붕 수리공, 석공을 위해 만들어져야 하며, 암벽 등반용 바지는 장비를 넣고도 활동하기가 편해야 하고 크랙에 걸려 살갗이 찢어지는 일이 없도록 질긴 천으로 만들어야 한다. 럭비 셔츠를 내놓는다면 실제로 셔츠를 입고 럭비를 할 수 있도록 만들어야 한다.

우리는 1975년 홍콩에 있는 패션 의류 제조업체에 우리 럭비 셔츠의 제작을 맡기는 실수를 저질렀다. 2002년에도 럭비 셔츠에 관련된 실수가 있었다. 고무 단추, 질기고 무거운 편성 직물, 꼼꼼한 바느질 등 모든 면에서 정통적인 럭비 셔츠로 복귀한 것까지는 좋았다. 하지만 패셔너블한 색상의 줄무늬가 문제였다. 이 셔츠는 팔리지 않았다. 그것들은 진짜 럭비 셔츠가 아니었다. 우리는 2005년에야 잘못을 바로잡고 제자리를 찾았다.

아름다운가?

어떤 문제를 고민할 때면 나는 아름다움에 대해서 생각하지 않는다. 문제를 해결할 방법만을 생각한다. 하지만 고민이 끝났을 때 그 해법이 아름답지 않다면 잘못된 답이다.

-리처드 버크민스터 풀러

파타고니아의 의류는 아름다워야 한다. 파타고니아의 옷은 예술이 될 수 있다. 패션은 찰나에만 존재하지만 예술은 영원하다. 사실 패션은 언제나 유행이 지나간 것일 수밖에 없다. 유행은 과거의 사건에 대한 반응이기 때문이다. 언젠가 되돌아올 수는 있겠지만 분명한 죽음을 앞두고 있다.

옷을 예술이라고 생각할 때면 나는 80대의 나바호 인디언 여성이 입고 있던 블랭킷 코트(blanket coat, 모포 같은 두꺼운 옷감으로 안감을 대지 않고 만든 품이 넓은 스타일의 코트 – 옮긴이)를 떠올린다. 그녀의 은발은 뒤로 쪽이 지어 있었다. 부유한 여성일 수도 가난한 여성일 수도 있다. 그녀는 1950년에 그 코트를 샀을 수도 있고 어머니로부터 물려받았을 수도 있다. 그것은 예술 작품이다. 그녀는 그 코트를 손녀딸에게 물려준다. 손녀딸은 코트를 50년 더 입을 수 있을 것이다. 그래도 여전히 멋질 것이다. 그 코트는 가격을 매길 수 없다.

패션과 예술의 차이는 중고 할인점에서 1달러에 살 수 있는 1950년대 하와이안 셔츠(Hawaiian shirt, 화려한 무늬에 품이 넓은 반소매 면 셔츠 – 옮긴이)와 빈티지 알로하 셔츠 전문점에서 3000달러를 주어야 살 수

제품 디자인 철학

있는 셔츠와의 차이이다. 전자는 밝은 색상에 하와이의 풍광이 디자인되어 있는 반면, 후자는 어우러진 주머니와 옷깃의 미학적 우수성, 프린트의 예술성, 좋은 옷감이 주는 드레이프와 촉감을 지니고 있다. 하나는 폐물과 다름없고 하나는 예술이다. 이것은 일러스트레이션과 예술의 차이이다. 일러스트레이터는 몇 안 되는 붓질로 예술 작품과 같은 감정을 전달할 수 있을 때 예술가가 된다.

패션을 좇고 있는 것은 아닌가?

품질에 집중하기 때문에 우리는 패션이라는 경쟁에서 거북이와 같이 대단히 느린 속도로 움직인다. 우리의 경우, 디자인과 제품 개발 기간은 보통 18개월이다. 새로운 유행에 도전하기에는 너무 느리다. 기성 섬유 제품이나 기존의 프린트를 구입하는 경우가 거의 없기 때문에 화가나 디자인 스튜디오와의 협업을 통해 독창적인 작품을 만들어야 한다. 처음 유기농 면제품을 만들 때는 디자인과 제조 공정을 목화 뭉치에서부터 시작해야 했다. 그리고는 섬유 연구소에서부터 현장에 이르는 모든 공정에 대한 실험을 거쳐야 했다. 우리는 '숙제'를 할 시간이 필요하다. 핵심 고객, 구매자, 매장 직원들에게 후보 제품을 보여 주고 그것이 팔릴지, 심지어는 그것을 만들어야 할지 확인하는 과정을 거쳐야 하기 때문이다. 유행을 따르는 제품을 내놓자면 6개월에서 1년은 뒤처진 멍청이로 보일 것이다. 중고 의류를 사고 그것을 가능한 오래 입는 것은 당신이 할 수 있는 가장 책임 있는 행동이다. 패션 추세에 굴복하게 되면 중고 의류는 쓰레기 더미에 던져지게 될 것이다.

핵심 고객을 위해 디자인하고 있는가?

우리 눈에는 모든 고객이 다 다르게 보인다. 하지만 유독 더 좋아하는 고객들이 있다. 이들이 우리의 핵심 고객이다. 우리가 옷을 디자인할 때 생각하는 대상이다. 핵심 고객을 좀 더 명확하게 이해하기 위해서는 고객이 일련의 동심원 안에 존재하는 것처럼 생각하는 것이 좋다. 중심에는 핵심 고객이 있다. 이들은 대부분 자신의 옷을 살 시간조차 없는 사람들이다. 몇 가지 구체적인 예가 있다.

오드리 서덜랜드는 놀라운 경력을 가진 하와이 출신 여성이다. 그녀의 삶은 긴 공기주입식 카약을 이용한 횡단 여행으로 점철되어 있다. 그것도 단독 여행으로 말이다. 그녀는 알래스카에서 브리티시컬럼비아에 이르는 해안을 따라 1만 2900킬로미터 이상을 항해했다. 그중 1만 2400킬로미터는 단독 항해였다. 그리스 섬들과 스코틀랜드, 하와이에서 수천 킬로미터에 이르는 항해를 하기도 했다.

이 단독 항해에 대해 그녀는 이렇게 말했다. "자연과 훨씬 더 가까워지고 그 일부가 될 수 있다. 바위나 덤불, 물고기인 것처럼 소통할 수 있다. 자연을 구성하는 요소의 일부가 되는 것이다." 오드리는 이렇게도 조언한다. "장비에 돈을 쓰지 말라. 돈은 비행기 표에 써라." 그녀는 80대에도 북태평양에서 힘들고 위험한 항해를 계속했다. 오드리는 2015년 세상을 떠났다.

스티브 하우스는 세계적으로 인정받는 등반가로 파키스탄 낭가파르바트산의 루팔 벽을 빈스 앤더슨과 처음으로 등정했다. 그는 몇 권의 책을 발간했는데 마지막 책은 그가 추구한 고산 등반의 수준에 도달하기 위해 필요한 훈련에 대해 이야기하고 있다.

제품 디자인 철학

이보다 더 신선할 수 없다. 1995년 알래스카에서 오드리 서덜랜드. 사진: 오드리 서덜랜드 컬렉션

$\longrightarrow$

캐나다 로키산맥 노스트윈피크 북면의 동계 첫 등정을 이끌고 있는 스티브 하우스. 사진: 마르코 프레제이

우리의 등반, 서핑, 낚시, 트레일 러닝(trail running, 산길과 같이 험한 곳을 뛰는 스포츠 - 옮긴이)의 홍보대사인 사람들과 우리 프로 구매 프로그램(Pro Purchase Program, 뛰어난 운동선수와 활동 중인 아웃도어 전문가들에게 제품을 할인 가격에 공급하는 프로그램 - 옮긴이)의 대상이 되는 수백 명의 전문가들은 자신의 일을 세계에서 가장 잘하는 사람들이다. 그들은 혁신가이며 그들의 행동은 각각의 분야에서 최첨단을 정의한다.

해악을 끼치고 있지는 않은가?

의류를 만들 때 피해를 줄이는 방법은 농장이나 공장에서부터 고객에 이르는 모든 공정 단계에서 자신이 하는 일을 의식하는 것이다.

1988년 우리는 보스턴에 있는 낡은 건물을 복원해서 파타고니아 매장을 열었다. 봄이었고 그곳에는 면으로 된 스포츠 의류가 다량 비축되어 있었다. 며칠 후 직원들이 머리가 아프다고 호소했다. 가게 문을 닫고 화공기사를 불렀다. 그는 우리의 새로운 공기순환장치가 동일한 공기를 계속 재순환시키는 바람에 직원들이 포름알데히드를 흡입했다는 것을 발견했다. 전형적인 사업가라면 "포름알데히드는 상관 말고 공기순환장치나 고쳐"라고 말할 것이다. 하지만 우리는 의문을 제기하기 시작했고 순면 의류 대부분의 면 함량이 평균 73퍼센트에 그치며, 나머지는 구김이 덜 가고 옷이 줄어들지 않게 하는 포름알데히드 같은 화학물질로 이루어져 있다는 것을 알게 되었다. 포름알데히드, 즉 포르말린은 생물 시간에 개구리 같은 것을 부패하지 않게 하기 위해서 사용하는 화학물질이다. 유독성이고 FDA의 규제를 받지 않으며 미용실에서 스트레이트 파마를 하는 데 사용된다.

미국에서 사용되는 주요 목화 살충제

살충제 화학명(상표명)	농업에서의 용도	단기적인 독성	장기적인 독성	환경 독성
알디카브(테믹Temik)	곤충, 선충	강	암, 돌연변이	물고기
클로르피리포스 (로스번Lorsban)	곤충	중~강	뇌와 태아 손상, 불임	양서류, 수생 곤충, 벌, 새, 갑각류
시아나진(블라덱스Bladex)	잡초	중~강	선천성 결손, 암	벌, 새, 갑각류, 물고기
디코폴(켈센Kelthane)	진드기, 곤충	중~강	암, 생식 기능 손상, 종양	수생 곤충, 새, 물고기
에테폰(프렙Prep)	식물 생장조절	중	돌연변이	새, 벌, 갑각류, 물고기
플루오메투론 (히갈코톤Higalcoton)	제초제	알 수 없음	혈액, 비장	벌, 물고기
메탐소듐(비아팜Vapam)	곤충, 성충, 균류, 잡초	중~강	선천성 결손, 태아 손상, 돌연변이	새, 물고기
메틸파라티온 (파라티온Parathion, 메타포스Metaphos)	곤충	초강	선천성 결손, 태아 손상, 면역 체계와 생식 기능 손상, 돌연변이	새, 벌, 갑각류, 물고기
MSMA (메사메이트Mesamate)	제초제	중~강	종양	벌, 물고기
날레드(디브롬Dibrom)	곤충, 진드기	초강	암, 생식 기능 손상, 돌연변이, 종양	양서류, 수생 곤충, 새, 벌, 갑각류, 물고기
프로페노포스 (큐라크론Curacron)	곤충, 진드기	강	눈 손상, 피부 자극	새, 벌, 물고기
프로메트린 (프리마톨 QPrimatol Q)	제초제	중~강	골수, 신장, 간, 고환 손상	새, 벌, 갑각류, 물고기, 연체류
프로파자이트 (오마이트Omite)	진드기	중~강	암, 태아와 눈 손상, 돌연변이, 종양	새, 벌, 갑각류, 물고기
염소산나트륨(폴Fall)	잎사귀, 잡초	약	신장 손상, 메트헤모글로빈혈증	새, 물고기
트리부포스 (DEF, 폴렉스Folex)	잎사귀	중~강	암, 종양	새, 물고기
트리플루랄린 (트레플란Treflan)	제초제	약~중	암, 태아 손상, 돌연변이, 기형 발생	양서류, 수생 곤충, 새, 벌, 갑각류, 물고기

이 모든 것이 내게는 큰 충격이었다. 우리 역시 다른 기업들과 다를 바 없이 사업을 하고 있었다는 것을 깨달았다. 기성 섬유를 주문하면서 그것이 어떻게 만들어지고 마감되었는지에 의문을 갖지 않았던 것이다. 이 일을 계기로 우리는 다른 악폐를 저지르고 있지는 않은지 돌아보게 되었다.

유기농 목화인가?

1991년 일시 해고 이후 (옳은 일을 함으로써 회사를 재건하려는 냉철한 과제의 일환으로) 우리가 처음 한 일은 의류에 가장 많이 사용되는 섬유, 즉 삼, 마, 레이온, 면, 폴리에스테르, 모, 나일론의 환경 영향에 대한 독립적인 평가를 의뢰한 것이었다.

목화를 심을 준비를 하기 위해 작업자들은 (인간의 중추신경계에 피해를 줄 수 있는) 유기인산화합물을 땅에 뿌려 다른 모든 생물을 제거한다. 이렇게 화학물질로 처리를 한 토양은 완전히 죽는다(5년간 살충제를 뿌리지 않아야 토양 건강의 지표인 지렁이가 나타난다). 그런 토양에는 인공 비료를 집중적으로 사용해야 한다. 이런 목화밭에서 빠져나온 빗물은 바다에 데드존(dead zone, 생물이 살 수 없는 산소 고갈 지역 – 옮긴이)이 증가하는 데 큰 기여를 한다. 농경지의 2.5퍼센트를 차지하는 목화밭이 화학 살충제의 22.5퍼센트, 농사에 사용되는 농약의 10퍼센트를 사용한다. 이 화학물질의 0.1퍼센트만이 그들이 표적으로 하는 해충을 죽인다.[2] 목화씨와 그 기름인 면실유는 인간이 먹는 음식과 가축의 먹이에

←
산업 농장 작업자의 전형적인 모습. 사진: 마이클 에이블먼

사용되며, FDA의 규제를 받지 않는다.[3]

20년 전 도입된 유전자 변형 바킬루스 투링기엔시스(Bacillus thuringiensis, BT) 목화는 잎을 먹는 목화다래벌레를 좀 더 정확하게 겨냥해서 살충제의 사용을 줄인다. BT 목화를 대규모로 키우는 중국은 계절이 몇 번 지난 후 목화다래벌레의 빈자리를 투명잡초노린재와 기타 해충이 채워서 전면적인 살충제 살포를 재개해야 하는 상황이 되었다는 사실을 발견했다. 유전자 변형(GMO) 목화는 세계적으로 상업 재배되는 모든 목화의 70퍼센트를 차지한다.[4]

2015년 우리는 벤앤제리 아이스크림, 스토니필드 팜 요구르트와 함께 GMO 제품에 표시를 하도록 하는 대통령 청원서에 주요 기업들이 서명하게 하기 위한 작업에 착수했다. 식품 회사나 의류 회사는 이 청원서에 서명하지 않았다. 모두 GMO 상품을 이용하고 있었기 때문이다. 의류 회사들은 GMO 씨앗으로 재배된 공업용 목화를 구입하고 있었다.

목화밭은 매년 수백만 톤의 온실가스를 방출한다. 전형적인 농법을 사용하는 목화밭에서는 악취가 난다. 화학물질 때문에 눈이 따갑고 속이 메스껍다. 캘리포니아와 같이 서리가 내리지 않는 지역에서는 수확 전에 비행기로 목화에 맹독성 제초제인 고엽제를 살포해야 한다. 이 중 표적에 도달하는 것은 절반쯤이고 나머지는 인근 농장이나 시냇물에 흘러들어 간다.

이들 중 필수적인 것은 하나도 없다. 2차 세계대전 이전에는 이런 식으로 키운 목화가 존재하지 않았다. 농사에 사용되는 화학물질의 대부분은 원래 전쟁용 신경가스로 개발된 것이다.

처음에 대체품을 찾기 시작했을 때는 캘리포니아와 텍사스의 몇몇 가족농장에서 유기농 목화를 구할 수 있었다. 우리는 실험을 했다. 처음에는 티셔츠만 유기농 목화로 만들었다. 이후 샌와킨 밸리로 몇 번 여행을 가면서 연못에서 셀레늄 냄새를 맡고 달의 표면 같은 목화밭의 풍경을 본 뒤에는 대단히 중요한 의문을 갖게 되었다. 이런 식으로 지구를 파괴하는 제품을 계속 만들어도 될까? 1994년 가을, 우리는 1996년부터 우리의 면 스포츠 의류를 100퍼센트 유기농 목화로 만들기로 결정했다.

66개 제품을 유기농으로 전환하는 데까지 남은 시간은 18개월이었다. 섬유를 준비할 시간은 1년이 채 못 되었다. 브로커를 통해서 살 수 있는 상업적으로 이용 가능한 유기농 목화 자체가 충분치 않았기 때문에 유기농사법을 선택한 몇몇 농부에게 직접 찾아가야 했다. 그리고 인증 시스템을 통해서 모든 섬유가 목화 뭉치 단계부터 추적될 수 있도록 관리했다. 조면공과 방적공에게는 (그들의 공정에서 얼마 되지 않는) 유기농 직물을 취급하기 전후에 장비를 세척해 달라고 설득했는데, 특히나 방적공들은 유기농 목화를 마땅치 않게 여겼다. 잎과 줄기가 많고 진딧물로 인해 끈적거렸기 때문이다. 태국에 있는 우리의 가장 창의적인 협력사는 방적하기 전에 목화를 얼림으로써 이 문제를 해결했다.

새로운 협력자들의 개방적인 태도와 지혜로 우리의 계획은 성공을 거두었다. 1996년 이후 만들어진 모든 파타고니아 의류는 '유기농'이다.

두 가지 결정이 유기농 제품으로의 전환을 용이하게 해 주었다. 첫째, 우리는 인증을 받은 유기농 목화는 물론이고 일시적으로는 '이행기'에 있는 목화도 이용하기로 결정했다. 이행기 목화는 유기농 공정을 사용해 재배되지만 아직 공식 인증을 받지 않은 것을 말한다. 둘째, 우리는 '유기농 의류' 대신 '유기적으로 재배된 목화로 만들어진 옷'을 만들기로 결정했다. 둘 사이의 차이는 크지 않지만, 우리가 여전히 합성염료와 전형적인 면사를 사용한다는 사실을 밝힘으로써 구매자를 호도하지 않기를 바랐다. 당시 우리는 천연염료가 우리의 품질 기준에 부합하지 못할 뿐 아니라 나름의 상당한 환경적 문제를 가지고 있다는 것을 알게 되었다(다행히 기술이 발전했고 우리는 협력사들과 천연염료의 사용을 늘리기 위해 노력하고 있다). 면사는 대량 생산되는 제품으로 최소 주문량이 엄청나기 때문에 어쩔 수 없이 품질을 확인할 수 없는 면사를 대량으로 주문해야 한다. 또한 새로운 원료에 대해 배우고 실험하는 동안, 1996년 두 가지 스타일 의류에서 포름알데히드가 적은 합성수지를 사용해 주름과 수축을 줄였다.

우리는 또 한 번 우리의 환경 기준과 품질 기준이 충돌하는 상황을 겪어야 했다. 유기농 목화로 제작한 섬유에 온갖 유독한 화학물질을 들이부어 수축과 주름(화학물질이 오랜 세월에 걸쳐 원료에 도입된 두 가지 논리적인 이유)을 막는 것은 말이 안 되는 일이었다.

결국 우리는 인공적인 물질을 추가하는 대신 제작 단계에서 품질을 높임으로써 화학물질의 문제를 해결했다. 고품질의 장섬유 목화를 사용하고 방적사와 섬유를 미리 수축되게 만들었다.

한편, 마케팅팀과 영업팀은 1996년 봄 유기농 면제품 라인에 대해서 세 가지 목표를 세웠다. 제품 라인을 성공적으로 판매하고, 유기농 목화를 사용하도록 의류 업계에 영향을 주고, 유기농 목화 재배의 증가를 독려하는 것이었다. 뒤의 두 가지는 분명 제품을 성공적으로 판매한다는 첫 번째 목표에 의해 좌우되는 것이었다. 우리는 평소의 정책을 버리고 외부 컨설턴트를 고용했다. 이 컨설턴트는 소비자가 우리 물건을 구매하는 가장 큰 이유가 품질이라는 우리의 믿음을 확인시켜 주었다. 브랜드의 이름과 가격은 부수적인 문제였고 환경적 관심은 구매자에게 그리 중요치 않은 문제였다. 컨설턴트는 소매가격을 소폭 올리는 것도 수용 가능한 전략임을 알려 주었고, 우리는 다른 상품의 중간 이윤을 줄여서 소매가격이 기존의 면제품에 비해 2~10달러 이상 비싸지지 않도록 했다. 이 목표에 부합하지 않는 상품은 직영점과 통신판매 쪽으로 제한시켜 가격을 낮게 유지했다.

유기농 면제품은 성공을 거두었다. 하지만 그것은 고객들이 우리와 같은 선택, 즉 환경적 대가를 장래에 더 지불하기보다는 지금 유기농에 더 많은 돈을 지불하겠다는 선택을 하고 있기 때문만은 아니었다. 이 성공은 우리 디자이너와 생산자들이 생목화 뭉치를 가지고 일을 시작해서 최종 상품이 될 때까지 전 과정을 관리했기 때문에 가능했다. 그들은 옷을 만드는 방법에 대해 새로 배워야 했다. 깊은 고민에서 탄생한 제품이 부단한 노력 덕분에 실현되었고 결과적으로 잘 팔려 나갔다. 천연 제품이라는 사실은 고객들이 그 제품을 사는 이유는 아니었지만 중요한 '부가가치'였다.

환경에 해를 끼치지 않는 원료 생산은 가능한가?

천연섬유 중에 가장 무해한 것은 삼베와 아마(linen)일 것이다. 목화는 유독한 화학물질 없이 재배할 때도 대단히 많은 물이 필요하며 매해 재배가 거듭되면 토양은 고갈된다. 화학섬유 중 레이온은 목재펄프로 만들어지지만 공정에 대단히 유독한 화학물질이 사용된다. 대나무 섬유라고 그럴 듯한 이름이 붙어도 사실은 레이온일 뿐이다. 폴리에스테르와 나일론 6이라는 이름의 나일론은 석유를 기반으로 하지만 재활용된다는 장점을 가지고 있다. 재활용 폴리에스테르 생산에는 폴리에스테르를 생산하는 것보다 최대 53퍼센트 적은 에너지가 소모된다.[5]

양모를 예로 들어 보자. 양모는 양들이 취약한 사막 환경이나 고산 초원에서 풀을 뜯는지, 비가 많이 오고 풀이 많으며 포식자가 없는 지역에서 풀을 뜯는지에 따라 환경에 해를 많이 입힐 수도 있고 그렇지 않을 수도 있다. 양모는 매 가공 단계가 화학물질에 의존한다. 해충을 죽이기 위해 양을 살충제에 담그고, 양털은 석유가 원료인 세제로 세탁하며, 실은 염소 탈색 후 중금속 염료로 염색한다.

양을 담그는 화학물질에 노출된 작업자들은 신경 손상을 입을 수 있다. 올론(Orlon)이라는 인조 양모는 석유로 만들어 지속 가능성이 없기 때문에 어떤 종류든 천연 양모를 사용하는 것이 인조 대체재를 사용하는 것보다 지속 가능한 선택이 될 것 같다. 하지만 올론 공장 하나의 생산량을 천연 양모로 대체하려면 메인주에서 미시시피강에 이르는 땅에 오로지 양만 키워야 한다. 사실 지금의 소비 속도로 보면 천연섬유만으로 세계 인구를 입히는 것은 이제 불가능한 일이다. 인구 70억의 지구상에서 지속 가능성을 달성하려는 시도는 실패할 수밖에 없

파타고니아 지역의 양 사육. 사진: 팀 데이비스

다. 하지만 문을 닫고, 차를 묻어 버리고, 은둔자가 되기보다는 지속 가
능성이 계속 멀어지는 목표라는 것을 인식하면서도 그것을 향해 열심
히 노력해야 한다.

　우리는 수년 동안 환경보호 단체 네이처 컨저번시, 아르헨티나 기업
오비스 21과 공동으로 양모 생산자 네트워크를 관리하고 개발하는 일
을 하고 있다. 6만 제곱킬로미터의 파타고니아 초원에서 100년 이상
이루어진 과도한 방목 상황을 역전시키는 것이 우리의 목표이다. 우리
는 토질을 개선하는 데 도움이 되는 양떼의 이동, 씨앗의 수송, 식물 뿌
리를 깊게 하는 일 등 초원의 사막화를 막기 위해 보다 지속 가능한 방
목 규약을 개발하고 있다. 또한 염소, 다이옥신, 기타 독성이 강한 화학

물질의 사용을 없앰으로써 양모 가공 과정을 정화했다.

　동물복지를 위해 동물에 피해를 입힌다고 알려진 관행을 피하기 위해서도 노력하고 있다. 동물에게 항생제를 먹이지 않고, (검정파리가 없는 파타고니아에서는 불필요하지만) 검정파리로 인한 구더기 발생을 막기 위해 엉덩이 살을 도려내는 뮬싱(Mulesing)을 적용하지 않도록 하고 있다. 하지만 우리는 동물복지에 대해서 충분히 깊이 생각해 보지 않았고 일부 목장주의 관행에 대해서 정당한(때로는 정당치 못한) 비판을 받기도 했다. 목장주의 변화를 보장할 수가 없었기 때문에 우리는 그 프로젝트에서 빠져나왔다. 그리고 우리의 과제를 보다 전체론적으로 완수해야 하며 대중의 시선이 닿는 부분만이 아니라 문제의 모든 측면을 미리 해결해야 한다는 교훈을 얻었다. 그 당시, 오비스와 함께한 작업은 세계에서 가장 환경적으로 중요한 양모 생산 프로젝트였다. 우리가 재편성을 위해서 시간을 갖는 동안 이 프로젝트를 포기한 것은 환경에 있어서의 퇴보였다.

독성이 적은 염료를 사용하고 있는가?

온갖 노력을 기울여 유기농 목화와 책임 있는 생산과 가공을 거친 양모를 사용한 뒤에 독성 염료로 염색한다면 무슨 소용이 있겠는가? 섬유의 종류마다 화학 염료도 달라진다. 유독한 것도 있고 그렇지 않은 것도 있다. 하지만 염료를 제조하는 쪽에서 자신이 생산하는 염료가 독성이 있다고 말하는 경우는 없다. 강제가 없는 한은 말이다. 우리는 우리와 계약한 염색 공장이 유독한 염료를 사용하지 않고 지역의 물 자원을 오염시키지 않도록 하기 위해 문제를 더 깊이 파고들어야만 했다.

옷의 씨앗을 뿌리는 방법

우리는 차를 타고 중국 산시성 고산지대의 구불구불한 길을 몇 시간이나 이동했다. 나는 우리의 삼이 재배되는 밭을 방문하기 위해 이곳에 왔다. 삼 재배는 복잡해서 직접 보지 않고서는 이해하기가 어렵다.

나는 이 길고 외진 길이 끝나면 농부 한 명과 삼밭 하나를 만나게 될 것이라고 상상하고 있었다. 하지만 놀랍게도 마을 전체가 한창 작업 중이었다. 대부분의 밭은 3주 전에 수확이 끝났고 작은 밭이 내 방문을 기다리며 남아 있었다. 중국의 이 외진 지역이 가뭄을 겪는 바람에 올해 작물의 키는 작은 편이었다. 여기에서 자라는 삼은 빗물을 수원으로 한다. 관개시설이 없고 화학물질도 사용되지 않는다. 이곳에서 계속 이어진 방식 그대로이다. 밭을 자유롭게 돌아다니는 닭과 가축의 배설물이 비료의 역할을 한다. 이 삼 재배자들에게는 제초제나 살충제가 필요치 않다.

유전자 변형도 없고 특허도 받지 않은 종자들이다. 다음에 심을 씨앗을 얻기 위해 삼나무 가지를 흔들고 있다.
산시성, 중국. 사진: 질 더마인

대부분의 마을 사람들은 삼을 옷감을 짜는 공장으로 배송할 준비를 하느라 바빴다. 밭에 삼 다발을 세워 두고 말리고 있었다. 줄기에서 씨를 분리한 뒤 줄기를 강으로 가져가 물에 담가 침수처리(목질 펄프에서 섬유 조직이 풀려나오도록 하는 과정)를 했다. 나는 분명 여러 해 동안 줄기를 침수시키는 일을 해 왔을 노인을 지켜보았다. 그는 줄기 사이로 물이 쉽게 들어오되 너무 깊지 않아서 적절한 때 건질 수 있는 장소를 주의 깊게 찾았다. 이 시기에는 강물이 얕아서 적당한 지점을 찾는 데 긴 시간이 필요했다. 이 과정이 끝나서 침수가 완료되면 줄기에서 섬유질을 분리해 공장으로 보냈다.

나는 작은 씨앗에서부터 내가 지금 입고 있는 옷을 만들기까지의 일을 마을 전체가 해내는 모습을 경탄의 마음으로 바라봤다.

-질 더마인

파타고니아는 더 많은 질문들을 던졌다. '나일론을 염색하는 데 쓰이는 형광빛 염료가 유독한가?'와 같은 질문들을 말이다. 유독하다는 것을 발견하면 염료를 독성이 덜한 독일제로 바꾸었다. 모든 색상의 염료를 바꾸었지만 주황색만은 아니었다. 주황색은 독일제라고 해서 독성이 덜하지 않기 때문에 우리는 더 이상 주황색 제품을 만들지 않는다. 영업사원의 샘플북에서 미리 염색된 직물을 보고 주문하는 데 익숙한 회사라면, 염료의 독성에 의문을 가짐으로써 생각하는 방식을 변화시키는 복잡한 일을 추가적으로 해야 한다. 대부분의 기업들은 이런 '불필요'한 문제를 야기하는 일에 손을 대고 싶어 하지 않는다.

폴리염화비닐(Polyvinyl chloride, PVC)은 사회 곳곳에서 사용되는 유독성, 발암 플라스틱이다. 내구성을 높이기 위해 비닐 가방을 코팅하는 데 쓰이며 티셔츠 프린팅에 가소제로도 쓰인다. 우리는 수년 전부터 회사 내에서 PVC의 사용을 완전히 없애기 위한 시도를 해 왔으며 지금도 적극적인 노력을 기울이고 있다.

네오프렌(neoprene) 생산은 웻슈트를 만들 때 환경적으로 가장 해로운 부분이다. 우리는 율렉스사와 협력해서 생분해성 웻슈트 소재를 개발했다. 또한 미국 남서부에 자생하는 사막 관목 과율(guayule)을 이용해서 식물 기반 바이오고무를 공동 개발했다. 이 바이오고무는 보온성, 신축성, 내구성의 손실 없이 웻슈트의 환경 발자국을 줄인다.

우리가 계속 나아갈 길

보다 책임 있는 의류를 만드는 일을 시작하기 위해 어떤 종류의 질문을 하고 어떤 노력을 기울여야 하는지의 문제에는 여기 다루지 못한

고무 채취는 숙련된 인력의 정교한 기술이 필요한 일이다. 적절한 각도와 깊이로 절단이 이루어져야 한다. 너무 깊이 절단하면 나무가 상처를 입어 쉽게 썩는다. 사진: 팀 데이비스

많은 이야기가 있다. 우리 회사의 환경 철학에는 더 많은 노력이 열거되어 있다.

탄생에서 재탄생에 이르기까지 제품을 책임지고, 우리에게 제품의 수선을 맡기도록 고객들을 장려하고, 제품의 수명이 다했을 때는 다른 귀중한 제품으로 재활용하기로 한 약속을 지키려면, 우리가 할 수 있는 가장 현명한 일은 제품을 가능한 오래 지속되도록 만드는 것이다. 우리는 제품들이 지나치게 빨리 되돌아오는 것을 원치 않기 때문이다.

파타고니아의 테스트 책임자 워커 퍼거슨이 라몬 나바로에게 자충식 부양 조끼를 입히고 있다. 사진: 제바스티안 뮐러

←

위 | 과테말라 고산에 위치한 개간 농지. 이 히비어(hevea, 고무나무의 일종 – 옮긴이) 농장은 우리의 천연고무 웻슈트가 시작되는 곳이다. 사진: 팀 데이비스
아래 | 라몬 나바로가 푼타 로보스에서 즐거운 시간을 보내고 있다. 사진: 로드리고 파리아스 모레노

190쪽 | 리프 워커(Reef walker)는 하와이의 낚시 전문점에서 판매된다. 내가 그 신발을 처음 본 것도 그곳이었다. 나는 그 회사가 고품질의 각종 수상 스포츠용 신발을 만들 것이라고 상상했다. 하지만 이상하게도 다른 사람들은 그 신발에 그리 열광하지 않았다. 크리스 맥디비트는 사무실 지붕보 위에다 지워지지 않는 잉크로 "사장이 리프 워커 2만 켤레를 주문하라고 했다"라고 적었고 나에게 서명을 종용했다. 몇 년 후 카약으로 하와이 몰로카이섬 북쪽을 여행하던 나는 암벽을 타다가 떨어졌다. 팔꿈치 뼈가 세 조각이 나서 구조를 받아야 했다. 당시에도 리프 워커를 신고 있었다. 사진: 렐 선

위 | 세계적 등반가 브리트니 그리피스가 인수봉 쉬나드 A 루트를 등반하고 있다 2015년 사진: 앤드류 버

아래 | 티베트 시샤팡마산 위의 조르조 다이돌라. 사진: 디디에 기부아

192쪽 | 스테판 한센(왼쪽)과 파타고니아의 등반 홍보대사 숀 빌라누에바 오드리스콜이 베네수엘라 아무리 테푸이 아피차바이의 새 루트 등반 도중 에너지를 보충하고 있다. 사진: 장-루이 베르츠

파타고니아의 첫 번째 공정무역 인증 공장인 프라티바 신텍스(Pratibha Syntex Ltd.). 인도 마디아 프라데시주 피탐푸르.
사진: 프라티바

생산 철학

아일랜드 여성들은 수세기 동안 항해하는 남편들에게 손으로 스웨터를 떠서 입혔다. 꽈배기 무늬의 두툼한 양모 스웨터는 거친 환경으로부터 사람을 보호하기 위해 만들어졌다. 여성들은 각자 식별할 수 있는 가족 특유의 뜨개 패턴을 사용했다. 이 패턴은 사랑과 자부심을 표현할 뿐 아니라 남편이 바다에서 실종되어 시체가 해안으로 밀려 왔을 때 신원을 확인하는 수단으로 이용되었다.

-작자 미상

물론 파타고니아는 한 사람이 바다를 굽어보는 절벽 위 오두막의 등잔불 옆에서 손으로 뜨는 것보다 훨씬 많은 스웨터를 생산할 수 있다. 하지만 손으로 스웨터를 뜨는 이 여인은 우리보다 훨씬 큰 이점을 가지고 있다. 두 눈과 손으로 스웨터의 품질을 직접 가늠할 수 있다는 것이다.

파타고니아를 비롯해 동종 업계 최고의 물건을 만드는 일에 진지하게 임하는 회사의 과제는 직접 스웨터를 만드는 사람이 가진 품질에 대한 헌신과 완성품의 모든 기준에 주의를 기울이는 능력을 산업적인 규모에서 재현하는 것이다. 현재 여러 대륙에 걸친 6개의 회사가 이 과제에 몰두하고 있다.

각 제품을 동종 업계 최고로 만들기로 결정했다면, 최저가를 제시하는 공장에게 패턴이나 청사진, 모델을 넘기고 당신이 생각하는 것에 근접한 물건을 기대해서는 안 된다. 제품에 당신 브랜드의 이름을 붙이려면, 즉 '식별할 수 있는 가족 특유의 뜨개 패턴'이 들어가게 하기 위해서는 공급업자와 도급업자가 긴밀하게 효과적으로 일을 해서 이 패턴을 완벽하게 재현해 내야만 한다.

나는 성실한 디자인 수행에 꼭 필요하다고 생각되는 생산 원칙을 몇 가지 발견했다.

사업은 경주와 다름없다

무엇을 해야 할지 고객들이 말해 줄 때까지 기다리면 늦는다.
내 고객은 모델 T를 원하지 않았다. 그들은 더 빠른 말을 원했다.

-헨리 포드

사업은 제품을 고객에게 가져다주는 첫 번째 사람이 누구인지 정하는 경주이다. 전 세계에 퍼져 있는 관련 없는 여러 개인이 동일한 발명과 아이디어를 동시에 만드는 경우가 많다. 마치 모든 아이디어에는 그것만의 때가 있는 것처럼 말이다.

1971년 쉬나드 이큅먼트는 헥센트릭 스타일의 등반 초크를 내놓았다. 초크는 10개 사이즈로 나왔기 때문에 주형과 도구를 갖추는 데 큰 지출이 필요했다. 초크가 시장에 나온 몇 개월 후 우리 친구 마이크 셰

리크가 보다 융통성이 있는 디자인 방법에 대한 아이디어를 주었다. 2주 후에 노르웨이의 한 등반가가 같은 아이디어를 적은 편지를 보냈다. 우리는 기존 도구들을 바로 폐기하고 새로운 주형에 투자를 했고 1972년 새로운 '다핵' 헥센트릭을 출시했다. 아이러니하게도 같은 해에 경쟁사가 이제는 구형이 된 우리의 헥센트릭 초크를 신제품으로 내놓았다.

이제는 도구를 마련할 시간이 없다. 3D 프린터를 이용해서 바로 견본을 만들 수 있다. 칩을 만들어 컴퓨터 응용 밀링 기계나 선반에 놓으면 몇 년이나 몇 달이 아닌 몇 시간 만에 부품을 만들 수 있다. 선발주자가 되는 것은 엄청난 마케팅 상의 이점을 가져다준다. 가장 중요한 것은 경쟁이 없다는 점이다. 후발주자는 더 나은 가격에 우수한 제품을 공급한다 하더라도 1위 자리를 대신할 수 없을 때가 많다. 그렇다고 유행이나 다른 제품을 따라잡는 일에 매진해야 한다는 것은 아니다. 새로운 직물이나 공정을 '발견'하는 데 더 많은 노력을 기울여야 한다는 말이다. 다시 말하지만, 핵심은 '발명'이 아닌 '발견'이다. '발명'을 할 만한 시간은 없다.

회사 전체에 걸쳐 절박하다는 인식을 공유하는 것은 사업에서 가장 어려운 과제 중 하나이다. 회사 형편에 대해 같은 생각을 갖지 않은 외부 공급업체에 의존해야 할 때는 문제가 더 복잡해진다. 사람들은 어떤 것이 불가능하다거나 일이 제때 완성되지 않은 이유에 대해서 변변찮은 변명들을 끊임없이 늘어놓는다. 몇 가지 예를 들어 보자.

"저도 당신을 돕고 싶었지만…" 도울 생각이 없었고 그저 게으름을 피웠을 뿐이라는 것이 확실한 상황에서도 서비스를 제공하는 사람들이 이런 식으로 말하는 것을 얼마나 많이 들었던가? "밥 대신 구운 감자를 드리고 싶지만 안타깝게도 저희는 그런 식의 교환 정책을 가지고 있지 않습니다." "우리도 그렇게 할 수 있으면 좋겠습니다만, 보험 약관이 허용하지 않습니다." 왜 그렇게 해 주지 않는 것일까? 다른 보험을 들거나 아예 보험을 들지 않을 수는 없을까? 절이 싫으면 중이 떠나야 한다.

"직물(혹은 알루미늄 혹은 무엇이든)을 더 구할 수가 없습니다." 다른 소재로 대체하라. 다른 공장, 50곳의 공장, 아니 100곳의 공장에 문의해 보라. 다른 나라의 공장에 문의해 보라. 경쟁사에 연락을 해서 어디에서 그 직물을 구할 수 있는지 알아내라.

"계속 전화를 했습니다만, 전달이 되지 않았습니다." 정말로 몇 번이나 전화를 했나? 세 번? 네 번? 스무 번은 해야 한다. 이메일을 보내거나 등록된 주소로 서신을 보내거나 새벽 다섯 시에 전화를 걸어 그 사람을 깨워 보라.

"컴퓨터가 망가졌습니다." 50년 전에는 최소한 이런 변명은 할 수 없었다. 컴퓨터는 일을 망치지 않는다. 일을 망치는 것은 사람이다. 쓰레기가 들어가면 쓰레기가 나온다. "컴퓨터 본체가 다운되었습니다." 이건 사실일 수 있다. 하지만 그 일은 옛날식 타자기나 노란색 에버하드 파버 연필로 해낼 수 있다.

답장을 쓸, 전화를 할, 주간 보고서를 작성할, 책상을 정리할 "시간이 없었습니다" 혹은 "너무 바빴습니다". 이것들은 솔직하지 못한 변명이다. 숨은 뜻은 그 일이 우선순위에서 밀렸기 때문에 처리되지 않았다는 것이다. 사실은 정말로 전화를 하고 싶은 마음이 없었을 것이다. 원하는 것이라면 하게 되어 있다.

마지막 변명은 "불가능합니다"이다. 변변찮은 변명 중에서도 가장 변변찮은 변명이다! 어렵거나, 비현실적이거나, 비용이 너무 많이 들수는 있다. 하지만 불가능한 일은 거의 없다.

선두를 유지하기 위해서는 가능한 근원에 가까운 곳에서 아이디어가 나와야 한다. 기술 제품의 경우, 우리의 근원은 '핵심 고객'이다. 핵심 고객은 제품을 이용하면서 무엇이 효과가 있고 무엇이 그렇지 않은지, 무엇이 필요한지 알아내는 사람이다.

반대로 영업 담당자, 가맹점주, 판매원 등 포커스 그룹에 속한 사람들은 선견지명을 갖기 어렵다. 그들은 지금 어떤 일이 일어나고 있는지를 말해 줄 수 있을 뿐이다. 유행하는 것이 무엇인지, 어떤 경쟁이 있는지, 무엇이 팔리는지를 말이다. '콜라 전쟁'에서 싸우려면 그들이 좋은 정보원이 될 수 있다. 하지만 최첨단의 제품을 만들고 싶다면 그런 것들은 시대에 뒤떨어진 정보에 불과하다.

새로운 아이디어나 프로젝트를 다루는 데는 다양한 방법이 있다. 보수적인 과학적 경로를 택한다면 문제를 머릿속에서 혹은 서류상으로만 고려할 것이다. 실패의 가능성이 없다는 확신을 얻을 때까지 말이다. 그렇지만 이런 방법은 시간이 너무나 많이 걸리고 그 사이 당신은 경쟁자에 의해 시장에서 밀려난다. 기업가적 방법은 일단 한 발을 내딛는 것이다. 만족스러우면 다시 한 발을 더 내딛고 그렇지 않다면 물러선다. 행동을 통해서 배우는 것, 그것이 더 빠른 길이다.

디자이너와 제작자의 협력적 연계

대장간을 운영하고 있을 때 나는 버뱅크에 있는 해럴드 레플러의 기계

천재 해럴드 레플러, 1970년경. 사진: 톰 프로스트

작업장에 등반 장비와 생산품 일부의 제작을 맡겼다. 레플러는 50년의 경력을 가진 제도사이자 도구 및 주형 제작자였다. 우리는 해럴드라는 이름보다 천재라는 별명으로 그를 불렀다. 그는 기술이 너무나 뛰어났기 때문에 작은 작업장을 운영할 뿐인데도 항공사들이 입찰을 권유하곤 했다.

해럴드는 엔지니어들로부터 받은 청사진에 대해서 이런 농담을 하곤 했다. 설계가 너무 과도해서 필요한 것보다 10~20배 많은 비용이 들 것이고, 심지어는 제작 자체가 불가능할 것이라고 말이다. 나는 엔지니어링에 대해서 아는 바가 없었지만 카라비너나 아이스스크류(ice screw)가 어떤 일을 했으면 하는지는 확실히 알고 있었기 때문에 간단한 스케치나 나무로 깎은 모델을 보여 주거나 내 머릿속에 있는 아이디어를 얘기하고 함께 실현 가능한 디자인을 만들어 내곤 했다. 재능 있는 엔지니어이자 제도사인 톰 프로스트와 동업을 시작한 뒤에도 우리는 디자인 과정의 매 단계를 해럴드 레플러와 상의했다.

나는 레플러와의 관계를 통해 디자이너가 일선의 제작자와 협력하는 것이 얼마나 중요한지 배우게 되었다. 이것은 모든 제품에 적용된다. 건물을 지을 때도 시멘트 트럭을 불러 기반에 시멘트를 들이붓기 전에, 건축가와 도급업자가 청사진의 실질적인 문제들을 두고 논의하는 시간을 갖는다면 건축 과정은 보다 적은 비용으로 원활하게 진행될 것이다. 마찬가지로 우비를 만들 때도 제작자가 처음부터 그 제품이 달성해야 하는 목표를 이해하고, 또 반대로 디자이너가 어떤 과정이 뒤따르는지 이해하고, 마지막으로 일이 끝날 때까지 모든 사람이 한 팀으로서 그 일과 작업에 집중할 때 더 나은 제품이 된다.

마이클 카미는 이런 팀 접근법을 조립 라인 제조와 다른, 공정 한 부분의 책임이 다음 라인까지 단계적으로 전달되는 동시적(concurrent) 접근법이라고 칭한다. 동시적 접근법을 위해서는 초기 디자인 단계부터 모든 참가자의 협력이 필요하다. 카미 박사가 지적하듯이, 디자인 단계에서 실제로 발생하는 비용은 제품 전체 비용의 10퍼센트 정도에 불과하지만, 나머지 90퍼센트가 이 단계에서 결정되며 결정이 된 뒤에는 돌이킬 수 없다. 디자인 단계 이후에도 지속적인 협력이 필요하다. 건설업자는 건축가의 의도를 알지 못한 채 현장에서 설계에 변화를 줄 수 있고, 봉제 기술자들은 자신의 작업 습관이나 관행에 따라 솔기의 구조를 바꾸어서 우비의 성능을 쉽게 손상시킬 수 있다.

공급업자, 도급업자와의 상호 신뢰적 관계

파타고니아는 직물 공장이나 봉제 작업장을 소유했던 적이 없다. 스키 재킷을 만들려면 우리는 직물 공장에서 원단을 구입하고 다른 공급업자들로부터 지퍼나 안단 같은 부자재를 구입한 뒤 외부 봉제 작업장과 계약을 맺는다. 품질을 손상시키지 않고 많은 다른 회사들과 효과적으로 일을 하려면 전형적인 비즈니스 관계보다 훨씬 깊은 정도의 상호 헌신이 필요하다. 상호 헌신에는 교육과 신뢰가 필요하고 여기에는 시간과 에너지가 요구된다.

결과적으로 우리는 소수의 공급업자, 도급업자와 가능한 많은 일을 함께한다. 이 경우 다른 회사의 능력에 지나치게 의존하게 될 위험이 있기는 하다. 하지만 우리가 바라는 것이 바로 그런 상황이다. 그 회사들 역시 우리에게 의존하게 되기 때문이다. 우리의 미래는 서로 연결되어 있다. 우리는 친구, 가족이 된다. 서로 이기적인 사업 파트너가 된다. 그들에게 좋은 것은 우리에게도 좋은 것이기 때문이다.

물론 그런 관계는 주의 깊게 선택해야 한다. 공급업자나 도급업자에게서 우리가 찾는 첫 번째 덕목은 작업의 품질이다. 기존의 품질 기준이 높지 않다면 비용이 아무리 매력적이더라도 그 기준이 언젠가는 올라갈 것이라는 근거 없는 가정으로 스스로를 속이지 않는다. 도급업자가 하루는 월마트에 납품할 반바지를 바느질하고 다음 날은 파타고니아에 납품할 반바지를 바느질한다는 것은 사업적으로 이치에 맞지 않는다. 또한 낮은 비용을 지향하는 봉제 도급업자는 우리가 필요로 하는 기술이 좋은 봉제 기술자를 고용하지 않을 것이고 작업 환경과 환경적 기준에 대한 우리의 감독을 환영하지 않을 것이다.

반면에 고품질의 섬유 공급업자와 봉제 도급업자는 우리를 매력적인 사업 파트너로 생각한다. 그들은 우리가 고품질의 기량, 숙련된 직원, 우량한 작업 조건을 알아보고 공정한 가격을 치를 것이라는 점을 안다. 그리고 우리의 평판을 통해서 우리가 장기적인 관계를 구축하고, 안정적으로 원단을 구매하고, 봉제 라인을 균일하게 유지하기 위해 최선을 다할 것이란 점을 알고 있다.

궁합이 잘 맞는 공급업자나 도급업자를 찾았다면 서로의 커뮤니케이션을 회사 부서간의 커뮤니케이션만큼 긴밀하게 만들어야 한다. 생산 부서는 파타고니아의 원칙, 각 제품에 대한 구체적인 디자인 목표가 공장의 '봉제 바늘'에까지 제대로 소통되고 이해되고 있는지 확인할 책임이 있다. 우리의 조달 책임자는 제품의 품질에 대한 우리의 기준, 환경과 사회적 관심사, 사업 윤리, 심지어는 아웃도어 기업으로서 우리가 가진 이미지가 잘 전달되도록 하기 위해 모든 의미에서 파타고니아의 대표가 되어야 한다.

나는 파타고니아를 생태계라고 생각한다. 판매사와 고객을 시스템의 필수적인 부분으로 하는 생태계라고 말이다. 시스템 내 어디에서 발생한 문제든 결국에는 전체에 영향을 미친다. 따라서 모든 사람이 전체 유기체의 건강을 무엇보다 우선해야 한다. 이는 조직에서 어떤 지위에 있든, 회사 내부에 있든, 외부에 있든, 모든 사람이 회사의 건전성에, 제품의 완성도와 가치에 눈에 띄게 기여할 수 있다는 의미이기도 하다.

우리는 직원과 건전한 관계를 맺고 있는 공장을 선택하기 위해 많은 노력을 기울인다. 또한 잠재 파트너에 대한 감사를 통해 그들이 노동자를 어떻게 관리하는지 파악하고, 노동자들에 대한 인터뷰를 통해 공장에 대한 그들의 시각이 어떤지 판단하고, 시민사회를 참여시켜 공장이 긍정적인 고용 기록을 갖고 있는지 확인한다. 하지만 이것만으로 충분치 않을 때가 있다. 때로는 좋은 직장의 많은 요소를 가지고 있는 공장이라도 우리에겐 너무나 당연한 것들을 갖추지 않은 경우가 있다. 노동자에 대한 복지나 관리 도구가 그 지역에서 새롭거나 알려지지 않아서 공장의 입장에서는 생소하기 때문이다. 직장에 대한 우리의 기준에 부합하거나 부합하기 위해 노력하는 공장과 함께 일을 시작하는 것도 중요하지만, 협력사들이 우리의 도움을 필요로 한다는 점을 인정해야 하는 때도 있다. 구매자로서 우리는 공장에 대해 큰 영향력을 갖고 있다. 우리가 질 높은 작업이나 생산 기술을 위해 많은 시간과 에너지를 투자해 온 오랜 파트너라면 특히 더 그렇다.

우리는 제품 품질은 물론 작업 환경을 개선하는 데도 그런 영향력과 관계를 이용해야 한다. 그렇게 하는 것은 전체 생태계를 위한 일이며 노동자에게도, 공장에도, 우리에게도 좋은 일이다. 이것은 진화의 과정이다. 우리는 끊임없이 배움을 얻는다. 새로운 공장을 조사하고 선별하는 것과 같이 우리가 늘 해 온 일들이, 공장의 인사 담당자에게 우리 인사팀이 가지고 있는 기술을 전달하는 것과 같은 새로운 아이디어에 자리를 내주고 있다. 우리는 이런 과정에서도 다른 사업에서 해 왔던 것과 같은 일을 한다. 다른 사람의 아이디어를 기꺼이 듣고, 구하고, 차용한다.

우리는 공정노동협회(Fair Labor Association)의 창립 회원으로, 다른 기업들과 함께 그들의 관행에 대해 이야기를 나누고 우리 공장과 노동

마틴 로페즈 아바드가 자신이 다시 만든 원웨어(Worn Wear) 재킷을 보여 주고 있다. 파타고니아 엘찰텐. 사진: 마이키 셰퍼

자에게 가장 필요한 도움이 어떤 것인지 말해 달라고 부탁한다. 가장 중요한 것은 함께 일하는 모든 사람에게 우리가 생각하는 방식으로 생각하도록, 즉 전체 공급망이 제 기능을 발휘하는 상호 연결된 시스템이 되도록 가르치려 노력해 왔다는 점이다.

품질보다 앞서는 것은 없다

모든 기업의 모든 생산 부문은 질 좋은 제품을, 제시간에, 합리적인 비용에 제공할 책임을 지고 있다. 경영진의 일은 이 세 가지 목표가 모순을 일으키지 않게 상호 보완적으로 처리하는 것이지만, 이 중에 반드시 선택을 해야 하는 상황이라면 어떻게 해야 할까?

파타고니아는 품질을 우선으로 한다. 여기에 타협은 없다! 매출 지향적인 기업은 품질을 어느 정도 희생하고 정시에 배송을 하려 할 것이고 대량 판매를 하는 사람이라면 품질과 정시 배송을 희생하고 저렴한 비용을 고수할 것이다. 하지만 세계에서 가장 좋은 제품을 만드는데 헌신하기로 했다면 선반에서 색이 바래는 옷감이나 쉽게 고장 나는 지퍼, 질이 떨어지는 단추를 용납해서는 안 된다.

물론 정시 배송이나 합리적인 가격을 포기하고 품질을 선택했다는 것이 칭찬받을 일은 아니다. 다른 두 목표를 날려 버리지 말고 세 가지 모두를 달성하기 위해 끊임없이 노력해야 한다. 하지만 품질보다 앞서는 것은 없다.

일단 덤벼들되 숙제는 잊지 말라

우리가 기꺼이 위험을 감수하기 때문에 성공했다고 생각하는 사람들이 있다. 하지만 반만 맞는 말이다. 그들이 모르는 것이 있다. 우리는 숙제를 철저히 한다. 속옷 원단을 폴리프로필렌에서 캐필린(Capilene)으로 바꾸기 수년 전에 이미 섬유 개발을 완료하고 섬유 연구소에서 테스트를 마친 상태였다. 우리는 상의와 하의를 절반은 캐필린으로, 절반은 폴리프로필렌으로 만들어서 현장에서 광범위한 실험을 실시했다. 우리는 시장을 알고 있었고 그것이 옳은 일이라는 절대적인 확신을 갖고 있었다.

우리는 파타고니아의 모든 사람에게 무모하게 위험을 무릅쓰는 '미치광이'가 되라고 격려한다. 하지만 순교자가 되기를 바라지는 않는다. 사람들은 순교자를 피해자라고 생각하거나 시대를 지나치게 앞서 나간 사람이라고 생각한다. 위험 감수에 따르는 문제는 당연히 위험하다는 점이! 리프 워커는 금전적으로 성공하지 못했다. 캐필린은 성공했다. 연구와 무엇보다 실험을 통해서 위험을 최소화시킬 수 있었다. 실험은 파타고니아의 디자인 과정에서 빼놓을 수 없는 필수적 부분이다. 실험은 디자인 과정의 모든 부분에 포함되어야 한다. 여기에는 경쟁사 제품의 테스트, 새로운 아이디어를 추구할 가치가 있는지 확인하는 약식 테스트, 섬유 테스트, 매출이 얼마나 될지 판단하기 위해서 신제품을 사용해 보는 테스트, 견본의 기능과 내수성 테스트, 사람들이 제품을 구매할지 확인하기 위한 마케팅 테스트가 포함된다.

1968년 파타고니아로 자동차 여행을 하던 우리는 더위를 식히기 위해 콜롬비아 정글의 한 강 앞에 멈췄다. 나는 다리 위에서 커피색 물로 다이빙을 했고 30센티미터 깊이밖에 되지 않는 모래톱에 머리를 처박았다. 머리에 금이 간 것을 느꼈다. 몸이 완전히 마비되어서 감각이 되돌아올 때까지 한동안 숨도 쉴 수 없었다. 나중에 목에 압박골절을 당했다는 것을 알았다. 대단히 위험하고 어리석은 행동이었다. 하지만 시간을 들여서 내가 다이빙하려는 위치의 물이 충분히 깊은지 알아보고 높은 곳에서 주의 깊게 다이빙하는 법을 배웠다면, 이 강에서도 안전하게 다이빙한다는 목표를 이루는 것이 불가능한 일만은 아니었을 것이다.

가상의 시나리오 하나를 만들어 보자. 스포츠 의류 제품 라인 책임자인 제인 스미스는 품질 저하 없이 배기스 팬츠의 생산 단가를 1달러씩 낮출 수 있는 가능성이 있다고 판단했다. 이에 생산팀은 적정한 품질로 수년간 그 팬츠를 만들어 온 기존의 공장이 아닌 파나마에서 발견한 새 공장에 일감을 맡기기로 했다. 15만 4000벌의 배기스 팬츠 생산을 이전에 거래해 보지 않은 공장에 맡긴다는 것은 대단히 큰 위험으로 보일 것이다. 실제로 그것은 대단히 어리석은 일이다. 대비를 하지 않는다면 말이다. 때문에 우리는 직원들을 보내 그 공장을 확인하고, 기술자들이 얼마나 좋은지, 그들에 대한 대우가 어떤지, 경영진이 정직한지, 적절한 기계가 구비되어 있는지, 공장이 우리의 품질 기준을 이해하고 있는지 확인한 뒤에 일감을 맡겼고, 첫 번째 생산이 이루어지는 동안 공장에 품질 관리 검사관을 파견했다. 이런 조건 하에서라면, 15만 달러의 추가 이윤을 낼 가능성에 위험을 감수할 만한 가치가 있다고 생각하는가? 나는 그렇다고 본다. 궁도에 대한 선불교의 접근과 마찬가지로 목표를 파악한 후에는 목표에 대해서 잊고 과정에 집중해야 한다.

품질 관리는 첫 공정에서부터

우연히 단추가 헐거운 것을 발견하게 된 사람이 누구인지에 따라 그 문제의 결과가 어떻게 달라지는지 자세히 살펴보자. 고객이 세탁기에서 바지를 꺼내다가 단추가 그 사람의 손에 떨어졌다고 가정해 보자. 회사 전체 그리고 협력사들은 실패를, 그것도 가능한 가장 끔찍한 방식으로 경험했다. 애써서 얻은 그 고객은 품질에 대한 당신들의 주장을 다시는 신뢰하지 않을 것이다.

　품질 관리 검사관이 현장에서 이루어지는 무작위 검사에서 문제를 발견했다면 좀 나을 것이다. 이후 추가 확인 과정을 거쳐 단추가 헐거운 바지들을 모두 봉제실로 보내 제대로 바느질을 한 뒤 집결지로 옮겨 포장을 하고 상자에 넣는다. 이는 조금 낫지만 비용이 많이 든다. 정시 배송은 불가능하다.

현장에서 재봉틀이 단추를 헐겁게 박고 있다는 것을 알아차린다면 조금 더 나을 것이다. 이 경우에는 도급업자와 협력 하에 모든 기술자에게 기계가 단단히 박음질하지 못하므로 단추를 한 번 더 꿰매야 한다고 지시해야 할 것이다. 해당 라인의 작업이 조금 늦어지겠지만 피해는 줄어든다.

가장 좋은 것은 첫 번째 생산 견본을 만들 때 미리 재봉틀에 문제가 있다는 점을 파악하는 것이다. 이 경우에는 여러 개의 선택지가 있다. 예를 들어 도급업자를 위해 재봉틀을 구입하는 것이다. 도급업자는 납품 단가에 반영해서 장기에 걸쳐 기계 구입 비용을 상환하게 된다.

이것이 1991년 우리가 한 일이다. 우리의 경우에는 다른 단계에서도 어려움을 겪었지만 말이다. 그때의 고통으로 우리는 처음부터 제조 과정을 정확하게 준비하는 것이 도중에 추가적인 단계를 밟는 것보다 훨씬 적은 비용이 든다는 것을 배울 수 있었다. 최고가 되겠다는 각오를 했다면 생산의 어느 시점에선가는 추가적인 단계를 밟아야만 한다. 그렇다면 초반에 겪는 편이 더 나을 것이다.

이 사례가 보여 주듯이, 처음부터 일을 제대로 하고 싶다면 정확한 명세서만으로는 충분치 않다. 당신은 완벽한 파트너가 되어야 한다. 공급업자와 도급업자가 당신의 디자인 기준에 맞게 일을 하는 데 필요한 지식과 도구를 갖추고 있도록 해야만 한다. 당신과 협력업체들이 동일한 기준을 공유하고 있다면 어렵지 않게 최고의 지점에 도달할 수 있을 것이다.

노동자를 지원하는 공정무역 인증 제품

2014년 우리는 공정무역 인증 의류를 판매하기 시작했다. 프라티바 신텍스 소유의 인도 내 3개 공장에서 재봉한 10가지 여성용 스포츠 의류로 작은 출발을 했다. 2015년 봄부터는 33가지의 공정무역 인증 제품을 내놓았다. 2016년에는 그 수가 200개로 확대되었다.

비영리 단체인 공정무역 USA(Fair Trade USA)는 북아메리카의 대표적인 제3자 공정무역 인증 기관이다. 이 조직의 사업은 15년 전 라틴아메리카 커피 재배자들과 함께 시작되었다. 그들이 수확물에 대해 공정한 가격을 받을 수 있게 도운 것이다. 이후 이 기관은 다양한 식품, 보디케어 용품, 주류, 의류 등으로 프로그램을 확대해 왔다. 파타고니아는 950개 이상의 브랜드와 함께 이 프로그램에 참여해 공정무역 인증 제품을 판매함으로써 2억 달러의 수익 중 일부를 공정무역 지원금의 형태로 노동자에게 돌려주었다.

우리는 파타고니아를 위해 생산되는 모든 공정무역 인증 제품에 대해 지역사회 개발을 위한 공정무역 지원금을 지불한다. 이 돈은 영농조합이나 공장노동자협회가 관리하는 계좌로 들어가고 이들 단체가 그 자금을 가장 효율적으로 사용할 방안을 결정한다. 이 자금은 사회, 경제, 환경 발전 프로젝트에 할당된다. 예를 들어 목화 재배자들은 이 돈을 영농 발전, 빗물 집수 시스템, 학교나 병원 건설에 사용하기로 선택할 수 있다. 공정무역 공장의 노동자들은 이 돈을 자녀의 의료 서비스, 출퇴근을 용이하게 하는 자전거, 현금 보너스 등에 투자할 수 있다.

우리의 공정무역 인증 의류를 만드는 공장과 농장의 모든 노동자는 직접 파타고니아의 제품을 다루든 아니든 이 자금으로부터 혜택을 받

히르다라마니의 노동자들이 공정무역 인증 의류를 봉제하고 있다. 스리랑카 아갈라와타. 사진: 팀 데이비스

는다. 우리는 계속해서 프로그램을 확대하고 있으며 다가오는 시즌의
프로그램에는 더 많은 공장들이 추가되었다.

다른 분야에서 끊임없이 배워라

세상이 변화하고 있기 때문에 과거에 일을 했던 방식이 장래에도 적
합하다고 생각할 수 없다. 우리는 사업 프로세스를 개선하기 위해,
MRP(materials resources planning, 자재소요량계획), JIT(just-in-time, 적
기공급생산), 신속 대응 시스템, 자율 관리팀 등 현재 주목을 받고 있는
접근법에 관심을 두고, 제시간에 합리적인 비용으로 더 나은 제품을
제공할 수 있는 프로세스들을 계속해서 점검하고 평가한다.

어느 조직이든 생산에서는 품질을 증진하기 위한 노력이 제품 자체

를 넘어서야 한다. 이는 일을 완수하기 위해 자신을 준비시키는 방법, 다른 기업이나 문화로부터 좋은 아이디어를 듣고, 구하고, 차용하는 방법, 현재 일이 진행되는 방식과 진행되어야만 하는 방식에 대한 질문에 접근하는 방법에까지 확장된다. 그것은 변화에 저항하기보다는 변화를 수용하는 태도, 새로운 아이디어의 상대적인 우위를 따져 보지도 않고 생각 없이 변화를 주는 것이 아니라 열심히 찾는다면 더 나은 업무 방식이 있을 것이라고 생각하는 태도에서 시작된다.

우리는 예상 밖의 곳에서도 아이디어를 빌려 적용한다. 맥도날드는 이미지나 여러 가치관에 있어 파타고니아와 거리가 멀다. 하지만 내가 맥도날드에 대해서 한 가지 존경스럽게 생각하는 것이 있다. 맥도날드의 그 누구도 고객에게 "죄송합니다. 오늘 양상추가 떨어졌습니다"라고 말하지 않는다. 1년 365일 성공적인 적시 배송 체계를 마련해 두고 있다. 나는 파타고니아가 맥도날드와 공급업자들이 맺고 있는 공생 관계로부터 배울 것이 많다고 생각한다.

유통 철학

파타고니아 정도 되는 규모의 의류 회사는 제품 라인과 운영을 다각
화하지 않으면 한 가지 작물만을 재배하는 농장만큼이나 위험해진다.
'질병'의 유형만이 다를 뿐이다. 파타고니아는 중개인을 통해 도매로,
직영점을 통해 소매로, 통신판매와 전자 상거래를 통해 고객에게 직접
제품을 판매하며 이런 유통 채널들을 전국적으로 운영한다.

이러한 유통의 다양성은 우리에게 엄청난 장점이었다. 불황으로 도매
부문의 실적이 저조했을 때에도 충성 고객의 수요는 줄어들지 않아 직
접판매 채널이 좋은 성과를 냈다. 과거, 불황은 경쟁사들에게 상처를 입
혔지만 우리에게는 오히려 고객을 몰아주었다. 사람들이 경솔한 구매를
지양하게 되었기 때문이다. 유행을 타지 않고 오래 지속되는 품질을 가
진 제품이라면 사람들은 좀 더 많은 돈을 지불하더라도 개의치 않았다.

일본, 유럽, 아시아, 라틴아메리카, 캐나다와 같이 여러 지역에서 사
업을 펼치는 것은 한 지역 경제의 침체 때 완충제 역할을 한다. 거품경
제 이후로 1990년대에 일본이 고전할 때 유럽은 상황이 좋았다. 각 유

←

요시다 히로시의 목판화, 1991년 봄 시즌 파타고니아 카탈로그.

통 수단은 그만의 전문 지식을 필요로 하며 다른 채널과 충돌하는 요구를 받게 되는 경우가 많다.

통신판매 사업에는 즉각적인 주문 이행을 위한 재고가 보장되어야 하고, 카탈로그 판촉에 대한 지식, 우편물 수신자 명단의 성과에 대한 면밀한 분석이 필요하다. 전자 상거래를 통한 판매에는 꾸준한 웹사이트의 변화가 요구된다. 소매에는 잘 정리된 상품 진열과 현장 직원에 대한 세심한 관리와 교육이 필요하다. 전통적인 도매 사업은 대부분 단순한 유통 사업으로 운영된다. 상품을 창고로 보내 배송하는 것이다.

이 네 가지 사업 스타일 모두에 통달하겠다는 대담한 생각을 하는 기업은 많지 않을 것이다. 하지만 완전히 익히기만 하면 이 네 가지 유통 수단은 유기적으로 대단히 큰 힘을 발휘한다. 우리는 각각의 유통 수단이 파타고니아와 고객과의 관계에 필수적이라고 생각한다.

통신판매와 카탈로그

우리는 1950년대 후반부터 계속해서 통신판매를 해 왔다. 그 첫 시작은 겨울 동안 내 차 트렁크에 실려 있는 장비를 직접 살 수 없는 요세미티나, 티턴이나, 캐나다 로키의 친구들에게 나의 작은 대장간에서 피톤을 만들어 우편으로 보낸 것이었다. 간접비도 적었고 중간상도 없었고 지키지 못할 약속도 없었다. 주문이 들어오고 난 뒤에 피톤을 벼리는 경우가 많았다. 주문 처리는 100퍼센트였다.

통신판매 카탈로그는 늘 우리의 '연단'이었다. 이를 통해 전 세계 어디든 사람들의 집과 회사로 파타고니아의 철학과 제품에 대한 정보를 전달할 수 있었다. 통신판매는 직영점, 중개상, 국제 네트워크와의 협력을 통해 충성도 높은 고객을 개발하고 유지하려는 회사 차원의 노력을 뒷받침한다.

통신판매에 대해 내가 첫 번째로 세운 원칙은 물건을 파는 것만큼이나 우리 자신과 우리의 철학을 납득시키는 것도 중요하다는 것이다. 파타고니아의 스토리를 전하고, 겹쳐 입기나 환경문제, 사업 자체에 대해 파타고니아 고객을 교육하는 것은 제품을 판매하는 것만큼이나 중요한 카탈로그의 사명이다.

이 점은 카탈로그의 성공 여부를 측정하는 방법, 정보를 구성하는 방법, 공간을 할애하는 방법을 비롯한 몇 가지 실재적인 면에 영향을 준다. 카탈로그는 판매 도구라기보다는 회사의 가치와 책임을 우선적으로 내보이는 시각적 제품이다.

판매 수단으로서의 통신판매는 소매, 전자 상거래, 도매 판매를 신장시켜 네 가지 판매 경로 모두가 고객에게 시너지 효과를 발휘하게 한다. 카탈로그는 파타고니아 직영점이나 대리점의 판매원이 고객을 직접 대하는 것과 마찬가지로 교육적인 메시지를 담고 집에 있는 고객을 찾아간다.

통신판매 고객에게 카탈로그를 보내는 것은 제품을 바로 구할 수 있다는 의미이다. 통신판매는 반드시 수요를 충족시켜야 한다. 통신판매 고객들은 재고가 없는 상황에서 바로 조바심을 낸다. 카탈로그를 받은 지 얼마 되지 않은 시즌 초반에는 특히 더 그렇다. 그들은 원하는 것을 얻지 못하는 상황을 이해하지 못하며 이런 경우가 발생하면 배송을 해줄 수 있는 다른 회사로 곧장 이동한다. 다른 회사로 돌아서고 나면 신뢰를 되찾기는 어렵다.

일본 하쿠바 직영점의 친구들과 가족들. 사진: 케이트 러더포드 컬렉션

일본 사업

나는 한국에서 귀국하던 길에 처음 일본에 들른 1964년부터 일본 사회에 지대한 관심을 가지고 있었다. 특히 일본인들이 서구에 대해 연구해서 서구 문화와 아이디어를 그들에게 유리하게 적용시켰듯이 나는 그들의 문화와 아이디어를 배워 우리에게 유리하게 적용했다. 현대 세계에 적응하고 대처하는 방법에 있어서 늘 수년을 앞서 있다는 면에서 일본은 대단히 미래 지향적인 사회이다. 나는 일본에 대해 공부하면서 과도한 인구, 제한된 자원, 세계화에 맞서야 하는 현대사회의 미래에 눈을 뜨게 되었다.

모든 경영서와 경영대학이 일본에서 사업을 하는 외국 회사는 일본 회사와 제휴나 합작을 해야 한다고 가르친다. 유통 체계의 경우 외국 회사가 혼자 처리하기 힘든 무역 회사, 은행, 중개인 간의 복잡다단한 관계 때문에 특히 이 점이 강조되곤 한다.

나는 1975년 이전에도 쉬나드 이큅먼트 제품을 일본에서 판매해 왔지만 1981년부터는 파타고니아로 일본 시장 공략에 나섰다. 우리는 전통적인 방법을 따라 여러 무역 회사나 제휴 관계를 이용해 일본 시장에 진입했다. 전혀 성과가 없었다. 야구 배트와 낚시용품 같은 일반적인 스포츠용품을 취급하는 무역 회사들은 굳이 피톤과 카라비너를 팔려 하지 않았다.

우리는 초기 등반용 배낭으로 제휴를 시도했지만 그들이 내 이름과 서명을 저가의 일반 배낭 라인에 넣으면서 그 시도는 실패로 돌아갔다. 이후 우리는 비슷한 라인의 의류를 가진 다른 제조·유통 업체를 이용했지만 우리의 일본 시장 진입을 관리하는 데 주된 관심을 갖고 있어서 경쟁하려 하지 않았다.

마지막으로 1988년 우리는 경영서의 모든 조언을 무시하고 나름의 방식으로 일본 시장에 진출하기로 결정했다. 좋은 품질을 가진 파타고니아 의류의 수요가 분명히 존재하며 우리의 가치관이 젊은 일본 고객들과 맞아떨어진다고 생각했기 때문이다. 이런 믿음을 바탕으로 일본 시장에서 우리가 전액 출자한 사업체를 출범시켰다. 일본에서 캘리포니아 스타일로 사업을 하는 미국 기업이 될 생각이었다. 우리는 일본인 등반가와 카야커를 고용했다. 경영진에 일본 여성들을 끌어들였고 그들이 임신을 해도 해고하지 않았다. 근무시간 자유 선택제도 도입했다. 당시 일본 IBM은 우리를 일본에서 독자적인 방식으로 사업하는 유일한 미국 기업이라고 말했다.

나는 일본이 세상에서 사업하기에 가장 좋은 나라라는 것을 발견했다. 법이 복잡하지 않고, 정부는 기업 친화적이며, 세관 검사관들은 똑똑하고 정직하다. 미국 기업들이 일본 시장 진입에 어려움을 겪는 이유는 경영서가 하는 이야기만을 따라 일본 시장 진입을 시도하기 때문이며 그들 제품의 품질이 일본의 기준에 미치지 못하기 때문이다.

나는 일본의 백화점에서 한 젊은이가 셔츠를 고르고 있는 것을 지켜보았다. 그는 원하는 스타일과 사이즈를 결정하자 미디엄 사이즈의 모든 물건을 살피면서 셔츠 한 장 한 장의 바느질을 모두 확인했다. 최고의 품질을 가진 제품을 찾을 때까지 말이다. 그에게는 그곳에 있는 셔츠 중 가장 좋은 것을 골랐다고 자신하면서 백화점을 걸어 나오는 일이 대단히 중요했던 것이다.

우리는 가장 까다로운 고객인 일본인들에 부응하는 품질 기준을 마련했다. 미국 자동차 회사들이 이 점을 인식했다면(그리고 핸들을 오른쪽에 달았더라면) 그들도 일본에서 미국산 차를 팔 수 있었을 것이다.

– 이본 쉬나드

파타고니아의 통신판매 재고는 판매 시즌 동안 93~95퍼센트의 주문을 처리하도록 계산해 관리한다. L. L. 빈 등 오랜 역사를 가진 통신판매 회사들은 이 정도 비율이 '이상적'이라는 판단을 내렸다. 주문 처리 비율이 이보다 낮으면 너무나 많은 판매와 고객을 잃게 되고, 더 높은 비율을 추구하면 재고 관리가 비효율적이게 된다. 주문 처리 비율을 98퍼센트로 유지하려면 재고를 현재의 2배는 늘려야 할 것이다.

통신판매는 고객 만족도를 100퍼센트로 만들어야 한다(소매도 마찬가지이다). 즉, 고객이 원하는 것을 100퍼센트 제공해야 한다. 통신판매 시스템 내에 재고가 없을 경우, 고객 서비스 담당자는 우리가 다각화된 회사라는 사실을 이용해서 다른 통로로 제품을 구해 고객에게 제공해야 한다. 소매 관리자와 고객 서비스 담당자는 다음과 같은 옵션 중 하나 혹은 모두를 따라야 한다.

1 직영점에서 제품을 찾아 배송한다.
2 창고의 재고에서 제품을 찾는다.
3 대리점이 제품을 찾아 판매하게 해서 두 고객에게 기쁨을 준다.

고객은 전화를 한 번만 하면 족하다. 파타고니아 생산 철학이 공급업자에게 정시 제품 배송을 요하는 것과 마찬가지로, 파타고니아는 제품을 정시에 고객에게 배달해야만 한다. 그리고 '정시'라는 것은 고객이 제품을 원하는 때를 의미한다.

우리가 고객 서비스에서 모델로 삼는 것은 옛날식 철물점 주인이다. 그는 자신이 가지고 있는 도구들에 대해서 알고 있으며 그 도구들이 왜 만들어졌는지 알고 있다. 그에게 서비스란 고객이 자신이 하려는 일에 적합한 장비를 찾을 때까지 기다려 주는 것이다. 아무리 오래 걸리더라도 말이다. 그 반대쪽 극단에는 다음에 인용한 편지가 보여 주듯이 일을 완수하지 않는 직원이 있다. 이 편지는 1989년 일본에 있는 우리 관리자가 직원 한 명의 형편없는 고객 서비스를 만회하기 위해 그가 해야 했던 일을 설명하기 위해 보낸 것이다.

한 여성이 600엔을 내고 카탈로그를 신청했습니다. 하지만 파타고니아 재팬의 직원은 어지러운 사무실과 책상 때문에 그녀의 주소와 전화번호를 잃어버렸습니다. 2주 후 그 여성의 남편이 전화해서 불같이 화를 냈습니다. 그는 직원의 변명을 받아들이지 않았습니다. 그는 파타고니아 재팬의 책임자와 담판을 지을 작정이었습니다.

"당신들은 거짓말을 했소. 돈만 챙기고 카탈로그는 보내 주지 않았지. 공공기관에 고발해서 당신들이 사업을 하지 못하게 만들겠소."

저는 요코하마에서 기차를 타고 도쿄로 가서 그에게 직접 카탈로그를 전하며 사과를 하기로 마음먹었습니다. 화가 난 이 고객은 "나나 아내를 찾아와도 소용없을 거요"라고 덧붙였지만 말입니다. 그는 집에 찾아간 나에게 땅에 머리를 대라고 요구했습니다(이것은 일본인들에게 가장 치욕적인 사과입니다). 그 고객은 제 행동에 깊은 인상을 받고 이렇게 말했습니다.

"카탈로그를 가져다준 당신의 정성과 마음에 감사드리고 싶소."

일본 고객이 다 이렇지는 않지만 이 고객이 유별나다고 생각하지는 않습니다. 그는 문제가 생긴 경우의 보통 고객일 뿐입니다.

-가쓰미 후지쿠라

운송의 환경 비용

우리의 연구는 원료를 얻고 섬유를 만들고 봉제해 완성된 파타고니아 셔츠 한 벌을 만들기까지 약 11만 BTU(British thermal unit, 영국의 열량 단위로서 1파운드의 물을 대기압 하에서 1°F 올리는 데 필요한 열량의 에너지 – 옮긴이)가 필요하다는 것을 보여 준다. 다음으로 그 셔츠를 항공기를 통해 벤투라에서 보스턴으로 수송하는 데 (다른 18벌의 셔츠와 함께 포장되기는 하지만) 5만 BTU가 더 들어간다. 우리는 제조 과정에서 에너지를 덜 사용할 방법을 끊임없이 찾고 있지만, 지금도 운송의 환경 비용을 최소화하기 위해 누구든 바로 실천할 수 있는 몇 가지 방법을 마련했다.

첫째, 가능한 현지에서 생산을 해야 한다.

둘째, 단지 편리하다는 이유로 항공기로 배송되는 물품을 주문하려는 고객들의 의욕을 꺾어야 한다. 그 물품이 메인에서 오는 바닷가재나 캘리포니아에서 오는 신선한 샐러드라면 특히 더 그렇다. 이 물품에 추가되는 금전적 비용은 상대적으로 적을지 모르지만 환경적 비용은 엄청나다.

세계 경제가 지속 가능하지 않다는 것이 명백하게 드러나고 있다. 세계 경제는 오로지 값싼 화석연료를 태우는 데만 의지하고 있다. 기차나 배를 통해 물건을 1킬로미터 운송하는 데는 톤당 250BTU가 소모된다. 트럭 운송에는 톤당 2000BTU 이상이, 항공 화물은 1톤의 화물을 1킬로미터 옮기는 데 1만 3465BTU의 에너지가 든다.

카탈로그나 웹을 통해 쇼핑을 할 때는 메인에서 살아 있는 바닷가재를 주문하는 일에 대해 다시 한 번 생각해 보고 당일 배송으로 하룻밤 사이에 도착하는 바지가 정말로 필요한지 자문해 보아야 한다.

– 이본 쉬나드

좋은 고객 서비스는 그녀가 요청한 대로 카탈로그를 보내 주는 것이다. 통신판매는 파타고니아 유통 채널 중 가장 과학적이고 '정형화된' 것인데도 불구하고, 우리 통신판매의 첫 번째 규칙은 우리에게 맞지 않는 다른 일반적인 규칙들을 깨뜨리는 것이다. 신생 기업이든 기존 기업이든 통신판매는 예측 가능성이 가장 높은 판매 경로이다. 물론 전형적인 통신판매의 규칙들 중에는 다른 통신판매 기업에서와 마찬가지로 파타고니아에도 통하는 것들이 있다. 하지만 그렇지 않은 것들도 있다. 다음은 다른 통신판매 기업들은 따르지만 파타고니아는 따르지 않는 규칙들이다.

1 카탈로그에 대한 면밀한 매출 분석을 실시한다. 이것은 부적절할 뿐 아니라 심지어는 우리의 이미지를 훼손시킨다.

2 포커스 그룹과 상의해 방향을 정한다. 우리는 스스로에게 질문한다.

3 비싼 제품에 보다 많은 공간을 할애한다. 파타고니아의 경우 반바지가 가이드 재킷만큼의 공간을 차지한다.

4 허영심, 탐욕, 죄책감을 자극하는 문구를 쓴다. 우리 카탈로그의 글은 사실과 철학을 다루는 데 집착하다시피 한다.

'클린 클라이밍'에 대한 글을 실은 1972년 쉬나드 이큅먼트의 카탈로그를 만든 이후 우리는 카탈로그의 첫 번째 목표가 등반 철학에 변화를 주기 위해 노력하거나, 2004년 우리가 했듯이 환경을 위해 투표권을 행사하도록 독려하거나, 단순히 스토리를 들려주는 등의 방법으로 고객들과 소통하기 위한 매개체 역할을 하는 것이라고 생각해 왔다. 이 목표를 달성한 후에야 우리는 고객들이 살 수 있는 제품을 보여준다.

오랜 세월을 거치는 동안 우리는 제품과 메시지, 즉 글, 스토리, 이미지 사진 사이의 균형을 찾았다. 제품을 부각시키는 방향으로 움직일 때마다 실제로 매출의 하락을 경험했다.

전자 상거래

일생 확고한 러다이트(Luddite, 기계화, 자동화를 반대하는 사람 - 옮긴이)였고 컴퓨터를 사용하지 않는 나는 온라인 쇼핑이 우리 사업에서 이렇게 중요한 부분이 될 것이라고는 상상도 해 본 적이 없다. 하지만 온라인 쇼핑은 우리 고객들이 회사의 브랜드, 제품, 역사, 서비스, 이미지, 문화에 대해서 점점 더 많은 정보를 찾는 곳이 될 것이다. 우리 전자 상거래 사업은 통신판매와 동일한 가치관과 철학으로 운영된다. 차이가 있다면 온라인 쇼핑이 고객과 회사의 니즈에 더 빨리 반응할 수 있다는 점이다. 예를 들어, 시즌 막바지가 되면 우리는 마감 상품들을 포스팅하고 그날 안에 상품을 모두 판매한다. 환경 위기에 고객들의 관심을 결집시킬 수도 있다. 2015년 1월 우리는 미국 환경위원회 위원장인 마이크 부츠와 내무장관 샐리 주얼을 비롯한 오바마 행정부의 요인들에게 스네이크강 수계에 연어를 돌아오게 하는 데 핵심적인 역할을 할 4개 댐의 철거를 요구하는 청원서를 전달했다. 그 청원서에는 7만 5000명의 서명이 담겨 있었다.

웹사이트는 다수의 사람들에게 이야기를 전달할 수 있는 도구이기도 하지만 필요할 때는 개인화할 수 있다. 예를 들어 웹사이트에서 발송되는 이메일은 여러 다른 지역의 날씨를 기초로 고객들에게 다른 코디네이션에 대한 아이디어를 전달한다.

웹은 또 다른 방식에서도 통신판매와 다르다. 웹사이트의 경우 개인이 마우스를 클릭하면서 웹사이트를 돌아다닌다. 만들어진 대로 넘겨야 하는 카탈로그와는 다르다.

온라인 매출은 현재 통신판매 매출을 앞질렀다. 온라인 판매의 성공은 파타고니아가 다른 세 가지 유통 방법을 사용하고 있다는 시너지에 기인한 것일 수 있다. 고객들은 대리점이나 직영점에서 제품의 질을 볼 수도 있고, 카탈로그에서 물건을 볼 수도 있으며, 컴퓨터 스크린에서 보고 주문하는 상품이 기대한 대로의 품질일 것이라는 확신을 가질 수 있다.

소매 전략

파타고니아가 소매업에 진출하게 된 데는 몇 가지 역사적인 이유가 있다. 1960년대와 1970년대 아웃도어 전문 시장은 장비 위주로 이루어져 있었고 그런 물건들을 광고하는 데 엄청난 시간과 돈이 필요했다. 의류 진입을 감행하기로 한 매장주들은 가능성이 있는 제품 라인만을 쏙쏙 빼내서 소규모로 사업을 진행했다. 한 가지 라인을 시장에 내놓고 위험을 감수하기보다는 유행을 포착하기 원한 것이다. 파타고니아 상품을 라인별로 많이 취급하는 중개상은 없었다. 비주얼 머천다이징(시각 판촉)과 같은 것은 알려지지 않은 개념이었고 수없이 많은 크롬 선반 위에 물건을 쌓아 두는 것이 전시의 전부였다. 개어 있는 옷은 하나도 없었고 우리 옷은 매장 전체에 다른 브랜드와 함께 섞여 있었다.

우리 속옷이 바닥에 놓인 큰 종이 박스에 던져져 있는 경우도 있었다. 구매자들 역시 '안전한' 녹색이나 푸른색에서 벗어난 색상의 옷을 사기를 망설였다.

업계에는 변화가 필요했고 이 혼란 속에서 질서를 잡으려는 사람은 아무도 없었다. 1973년 우리는 벤투라에 작은 직영점을 냈지만 상품 진열이나 비주얼 머천다이징에 대해 아는 것이 없기는 마찬가지였다. 때문에 경험을 쌓을 때까지는 우리가 가지고 있는 생각을 잘 표현할 수가 없었다. 우리는 고객과의 직접적인 연계를 필요로 했다. 판촉 아이디어와 새로운 상품을 시도해 볼 장소 말이다.

당시 버클리는 전문 아웃도어 업계의 중심지였다. 따라서 우리는 베이 지역에 가게 자리를 알아봤다. 그곳에서 통한다면 전국적으로도 통할 것이라고 생각했다. 우리는 샌프란시스코 노스비치에서 마음에 드는 건물을 발견했다. 1924년 지어진 차고로 자연 조명이 훌륭했고 뒤에는 정원이 있었다. 인근의 친구들은 우리를 말리려 했다. 전용 주차장이 없고 쇼핑 지역과도 멀리 떨어진 곳이었기 때문이다. 하지만 우리는 고객들이 찾아와 줄 것이라고 생각했고 왕래하는 사람이 많은 곳에서 높은 임대료를 내기보다는 그 돈으로 이 낡은 차고를 개조해서 아름다운 명소로 만드는 쪽을 선택했다. 받침과 선반은 직접 디자인했다. 대부분의 옷을 걸지 않고 접어서 진열했고 우리만의 색채 조합을 개발해 눈에 띄는 느낌을 만들었다. 카탈로그의 사진을 크게 확대해서 벽에 걸었다.

샌프란시스코 매장은 여전히 우리가 가장 좋아하는 매장 중 하나이다. 재활용된 이 건물은 1920년대 캘리포니아 장인의 건축술과 건축

이전에는 자동차 정비소였던 샌프란시스코 노스비치의 매장. 사진: 피오렐라 이케우

양식이 어떤 것이었는지 보여 준다.

샌프란시스코에서의 성공 이후, 우리는 시애틀이 또 다른 매장을 낼 적소라고 생각했다. 시애틀-타코마 지역의 중개상들이 19개 매장에서 파타고니아 제품을 판매하는 양이 벤투라 매장 한 곳에서 판매하는 양보다 적었다. 하지만 매출을 뒷받침할 만한 200만의 충분한 '사용자'와 인구 기반이 있었다. 1987년 11월 시애틀 매장을 열고 첫 3년 동안 그 지역 중개상들에 대한 도매 판매는 매년 평균 21퍼센트씩 증가했다. 우리는 중개상들의 사업을 빼앗지 않았다. 그 지역의 중개상들에게는 싼값에 판매했기 때문이다. 더구나 직영점의 성공은 중개상들에게 그들 역시 파타고니아 제품을 팔 수 있다는 자신감을 주었다.

건축 철학

의류 디자인의 철학은 건물을 비롯한 다른 제품의 디자인 철학과 다를 바가 없다. 다음은 우리가 새로운 매장이나 사무용 건물을 만들 때 미학, 기능, 의무를 최적화하기 위해 사용하는 지침이다.

1 꼭 필요하지 않다면 새로운 건물을 짓지 않는다. 가장 책임감 있는 행동은 기존 건물, 중고 자재, 중고 가구를 사는 것이다.

2 역사가 있거나 오래된 건물을 허물지 않는다. 모든 구조 변화는 건물의 역사적 진실성을 존중하는 선에서 이루어져야 한다. 이전의 세입자들에 의한 잘못된 '개선'을 바로잡고, 인위적으로 덮어씌운 현대적 외관을 벗겨 내 이웃들에게 '선물'이 되는 건물로 만드는 것을 목표로 한다.

3 과거의 것을 이용하는 복고가 불가능하다면 양질의 건물을 짓는다. 건물의 미학적 수명은 물리적 자재의 수명만큼 길어야 한다.

4 강철 대들보, 못, 재가공 나무, 짚단 벽과 같이 재활용된, 재활용할 수 있는 자재를 사용한다. 붙박이 세간들은 압착 해바라기 외피와 농업 폐기물 등을 이용해 만든다.

5 새로 만들어지는 모든 것은 수리할 수 있고 쉽게 관리할 수 있어야 한다.

6 건물은 가능한 오래 지속되도록 지어야 한다. 초기에 많은 비용이 들더라도 말이다.

7 각 매장은 독특해야 한다. 그 지역의 영웅, 스포츠, 역사, 자연적 특징을 반영하고 존중해야 한다.

-이본 쉬나드

←
위 | 개조 전의 샤모니 매장.
아래 | 개조 후. 사진: 파타고니아

그 후 우리는 세계로 진출하자는 결정을 내렸다. 나는 1960년대에 알프스에서 등반을 하며 많은 시간을 보냈다. 특히 스넬 벌판의 진흙 속에서 캠핑을 하고 바 내셔널에서 맥주를 마시며 샤모니 주변의 프랑스 알프스에서 오래 머물렀다. 샤모니는 프랑스인들만큼이나 많은 독일, 이탈리아, 스칸디나비아, 영국, 미국 등반가들과 스키어들이 있는, 알프스에서 가장 국제적인 도시이다. 나는 그곳에서의 즐거운 추억을 가지고 있었고, 그곳이 파타고니아 제품을 선보이고 다양한 유럽 고객과 직접적으로 유대를 형성할 수 있는 이상적인 장소라는 믿음이 있었다. 나는 세계 각국의 진성 스키어들과 등반가들의 집합소를 만들고 싶었다. 또한 그곳이 빙하에 있는 쓰레기를 치우고, 몽블랑 터널을 지나면서 환경을 오염시키는 트럭의 통행에 반대하는 환경운동의 중심지가 되기를 바랐다.

로저 맥디비트가 1986년 휴가차 샤모니를 찾게 되자, 파타고니아 소매 부문을 맡고 있던 말린다는 그곳에 임대할 만한 건물이 있는지 둘러봐 달라는 부탁을 했다. 일주일 후 흥분한 로저가 전화를 걸어 완벽한 장소를 찾았다고 말했다. 심지어 그는 이미 임대계약에 서명을 한 뒤였다. 특급 우편으로 사진이 도착하자 샌프란시스코 개축 계획을 맡았던 말린다는 주저앉아 소리를 질렀다. 복사기로 사진을 확대한 뒤에 1950년대의 끔찍한 유럽 모던 양식의 외관을 살폈다. 그녀는 오렌지색 루버 장식을 걷어 내고 구조가 드러나게 한 뒤에 인근에 있는 오래된 샤모니 건물들의 사진을 보면서 전통적인 테두리 장식의 형태를 덧붙였다. 결국 우리는 모두가 자랑스럽게 여기는 샤모니 매장을 갖게 되었다. 못 말리는 열성을 가진 말린다는 우리가 어떤 건물을 사용하고 있건 그 건물은 주변의 역사와 문화를 존중해야 하고 다음 백 년을 대비해야 한다고 주장한다. 다만 일본처럼 복구할 오래된 건물이 남아 있지 않은 현대적인 나라나 단기 임대계약밖에 할 수 없는 곳에서는 심미적인 가치의 측면에서 타협을 할 수밖에 없다.

직영점을 소유하면서 우리가 배운 것은 이윤을 많이 남기거나 가격을 올리는 것보다 재고를 빨리 회전시키는 것이 훨씬 더 유리하다는 점이다. 높은 대출 이자를 내야 할 때라면 특히 더 그렇다. 식당을 운영하고 있다면 테이블을 빨리 회전시켜야 돈을 벌 수 있다. 항공사의 경우 좌석을 꽉 채워서 운항을 해야 한다. 전문용품 소매점의 경우에는 시장과 고객에 대해 잘 아는 예리한 바이어가 필요하다. 그들은 공급업자로부터 소량을 자주 주문한다. 여분의 재고를 쌓아 두는 데 값비싼 소매 공간을 낭비하지 말아야 한다. 마치 전시실처럼 제품을 진열하고 여분의 제품은 지하실이나 가까운 창고에 보관해야 한다.

도매 전략

중개상에게 도매로 판매하는 일의 주된 장점은 통신판매나 직영점보다 제품을 고객에 이르게 하기까지의 투자 비용이 훨씬 적다는 것이다. 제품은 도매라는 경로를 통해 잠재 고객이 살고, 여행하고, 쇼핑하는 장소에서 고객들을 만나게 되며, 고객에게 판매하기 위한 노동과 비용은 모두 중개상이 부담하게 된다. 중개상은 고객과의 관계를 통제하며 따라서 중개상이 파타고니아의 목소리가 된다. 그렇다면 그 과정에서 진짜 파타고니아의 '스토리'를 잃는 일이 생기지 않게 해야 한다.

우리의 메시지가 온전히 전달되도록 하는 방법은 중개상들과 동반자 관계를 맺는 것이다. 우리가 중개상과 추구하는 동반자 관계는 파타고니아의 제품 개발이나 생산 담당자가 벤더나 도급업체와 맺는 관계와 유사하다. 유일한 차이점은 이 경우 파타고니아가 공급자라는 것이다. 반년마다 '들소 사냥'을 하듯 100~200개의 중개상을 새로 선정하고 잘 맞지 않는 중개상들과는 관계를 끊는 것이 훨씬 쉬울 수는 있다. 그럼에도 불구하고 더 많은 시간, 에너지, 그리고 용기가 필요한 중개상과의 동반자 관계에 매달려야 하는 이유는 무엇일까?

소수의 좋은 중개상과 동반자 관계를 맺는 것이 가져다주는 주요한 이점들이 있다.

1 새로운 중개상을 찾는 데 드는 노력, 시간, 돈을 아낄 수 있다.
2 신용 리스크를 줄인다.
3 좋지 못한 서비스로 우리의 명예를 실추시키는 중개상과 거래를 끊으면서 벌어지는 법적 문제를 최소화한다.
4 재고를 완벽하게 구비한 소규모 전문 매장의 경우, 한 제품 라인만을 전적으로 다루거나 그 라인이 전반적으로 표현하는 것을 대변하는 충성스러운 바이어를 발굴할 수 있다.
5 제품과 이미지를 더 잘 관리할 수 있다.
6 시장과 우리 제품에 대해 더 나은 정보를 얻는다.

중개상들도 이득을 얻는다.

1 매년 판매할 수 있는 제품 라인을 얻는다.

2 시장 포화로부터 보호받는다.

3 가격 구조가 안정적이다.

4 구매, 판촉, 진열에 대한 전문 지식을 획득한다.

5 파타고니아의 상부상조적인 마케팅과 유통 프로그램의 일부가 된다.

초창기의 파타고니아는 영업 방침을 정하는 데 아무런 문제를 겪지 않았다. 누구에게 물건을 팔아야 할지 알고 있었다. 등반가들에게 쉬나드 이큅먼트를 판매하는 전국의 어떤 매장에든 물건을 팔면 그뿐이었다. (쉬나드 이큅먼트는 1974년 중개상들에 대한 자격 기준을 두 가지 마련했다. 연 매출이 최소 1000달러가 되고 현장 직원 중 최소한 한 명의 등반가가 있을 것.) 우리는 무엇을 판매하는지 알고 있었다. 럭비 셔츠, 세일러 셔츠, 스탠드업 반바지, 샤모니 가이드 스웨터로 이루어진 초기 제품 라인이었다. 우리는 중개상들과 단순한 전략을 공유하고 있었다. 가능한 많이 팔자!

중개상들 역시 파타고니아를 신뢰와 호감 그 이상을 가진 진정한 파트너로 생각해야 했다. 미국의 경우 우리는 한 중개상의 사업 중 20~25퍼센트를 점유해서 그 중개상에게 첫 번째나 두 번째로 큰 의류 판매업체가 되는 것을 규칙으로 하고 있다. 이로써 실질적인 동반자 관계가 이루어진다. 자신의 방식을 고집하는 중개상일지라도 자신이 파는 물건의 20~25퍼센트를 공급하는 사람의 말을 무시할 수는 없다.

예비 중개상이라면 우리와 상호적인 전략을 수립하는 것이 왜 중요하며 사업에 어떤 이득을 가져다주는지 알고 싶을 것이다. 그것이 어떻게 매출을 높이고, 새로운 고객을 끌어들이고, 기존 고객의 충성도를 높이는지 알고 싶을 것이다. 여기서 분명히 말해 둘 것은 중개상이 파트너가 되려면 완벽하게 참여적인 파트너가 되어야 한다는 것이다. 미리 준비된 일괄적인 파타고니아 판촉 프로그램 같은 것은 존재하지 않는다. 그런 프로그램은 역할을 맡았던 사람이 떠나는 순간 생명력과 추진력을 잃는다. 우리는 파타고니아의 프로그램을 자신의 매장과 고객에 맞추어 조정하는 데 시간과 에너지와 생각을 투자하고, 우리의 지속적인 참여를 환영하며, 우리의 전문 지식을 활용하는 중개상과 가장 성공적인 관계를 맺는다.

1985년 나는 전문 아웃도어 시장의 비관적인 상태에 관한 연설을 했다.

최초의 전문 아웃도어 매장은 제리스나 홀루바와 같이 등반 장비를 전문으로 취급하는 철물상이었다. 스키 장비의 경우에는 버클리에 스키헛이 있었고 세일링의 경우에는 광택제와 기초 장비를 판매하는 잡화상이 있었다. 미국에 있는 300개의 백패킹 상점에서 등반이나 백패킹에 필요한 모든 것을 구할 수 있었다. 백패킹과 등반은 1972~1973년 스포츠로서 절정에 이르렀고 그때부터 장비(슬리핑 백, 텐트, 로프 등) 사업은 하락세를 보이기 시작했다. 이 시기쯤 쉬나드 이큅먼트와 파타고니아는 중개상들에게 유연한 태도를 취하도록, 즉 라이프스타일 의류에 돈을 투자하도록 설득할 책임을 진 기업들 중 하나였다. 따라서 우리는 미국 중산층 슈퍼마켓과 비슷한 상황에 처하게 되었다. 전형적인 아웃도어 매장이라는 한 지붕 아래에서 투박한 아웃도어 의류와 카약이나 등반용 장비, 고품질의 슬리핑 백을 구할 수 있었지만 그것은 흰 빵과 피시 스틱의 유행과 비슷했다. 온통 흰 빵과 피시 스틱만 쌓여 있는 슈퍼마켓에서처럼, 인기가 있는 제품이 아니면 구하기 힘들었던 것이다. 80도 이면각 슬라롬 카약 패들이나 원정과 겨울 등반을 위한 보호용 부츠는 찾을 수 없었다. 특별 주문을 할 수는 있었지만 6~8주가 소요되었다. 등반 장비는 어떤가? 슬리핑 백 뒤의 벽면에 고정되어 있었다. 그런 매장에는 500달러짜리 텐트를 구비해 두곤 했는데 낚시나 사냥 전문점에 가면 200달러에 살 수 있는 복제품과 비슷했다. 특정한 파타고니아 의류 제품을 찾는 경우라면 재고가 있을 확률이 10퍼센트 정도였다.

무슨 일이 일어났는지 알겠는가? 이것저것 조금씩 갖추느라 전문 상점들이 비전문적인 매장으로 변모했던 것이다. 아웃도어 매장의 고객들이 대체로 평균적인 기호와 사고방식을 가진 사람이라면 문제될 것이 없다. 하지만 우리는 돈은 있되 시간 여유가 많지 않은 똑똑한 사람들에 대해 이야기하고 있는 것이다. 모든 아웃도어 고객들의 공통적인 특성이 하나 있다면 자유 시간을 목적 없는 쇼핑에 쓰지 않는다는 점이다. 그 사람이 20분 동안 운전해서 매장에 찾아왔다면 필요한 특정 물건을 사기 위해서이지, 블루밍데일즈의 고객처럼 쇼핑을 즐기기 위해서가 아니다. 매장에 자신이 원하는 것이 없다면 이 고객들은 몹시 화를 낼 것이 분명하다.

대부분의 경우 고객들은 그들에게 서비스를 제공하는 평균적인 아웃도어 매장의 역량을 훨씬 앞지르게 되었다. 그들은 통신판매나 온라인으로 제품을 구입할 수밖에 없다. 그렇지 않으면 REI나 카벨라 등 많은 제품을 구비하고 있는 큰 매장에서 쇼핑을 해야 한다. 진보적인 백화점들은 럭비 셔츠나 다운재킷과 같은 라이프스타일 의류를 판촉하고 판매하는 일에 능하다. 작은 전문점들은 의류점이 되기에는 공간이나 재고가 충분치 못하고 좋은 등반 전문점이나 백패킹 전문점이 되기에는 그럴 만한 전문 지식을 갖추고 있지 않다. 대체적으로 우리는 성장이 억제된 업계에 있다. 보다 큰 규모의 진보적인 몇몇 상점이 약진하고 대부분의 상점은 이도저도 못하는 그런 업계에 말이다.

내가 30년도 전에 이 연설을 한 후로 일어난 일들은 대다수 소형 소매점들의 상황을 더 암울하게 만들었다. 1960년대와 1970년대에 이런 전문점을 시작한 등반가, 스키어, 플라이 낚시꾼들은 모두 은퇴했거나 은퇴를 준비하고 있다. 그 자녀들은 사업을 물려받으려 하지 않는다. 업계가 더 이상 성장하지 않기 때문에 구매자가 눈에 띄지 않는다. REI, 스포츠마트, 데카트론(프랑스)이 업계에서 더 큰 입지를 차지했다. 랄프 로렌, 타미힐피거, 나이키가 모두 고어텍스 제품과 다운재킷을 만들고 있기 때문에 메이시 백화점에서도 에베레스트 등반에 필요한 옷을 구입할 수 있고, 코스트코에서 구한 검은색과 노랑색으로 된 스노모빌 슈트면 1953년 에베레스트에 등정할 때의 에드먼드 힐러리보다 훨씬 나은 등반 준비를 갖출 수 있다.

파타고니아는 백화점이나 대형 스포츠용품 체인에 물건을 팔 생각이 없기 때문에 우리의 중개상 목록은 1985년 이후 계속 축소되고 있다. 전문 아웃도어 업계에 있어서 건전한 상황은 아니다. 여기에서의 문제와 해법은, 소매 부문의 월마트화로 어려움을 겪고 있는 전 세계 소형 소매점에게 닥친 문제 그리고 그에 대한 해법과 동일하다.

너무나 많은 아웃도어 의류 기업들이 같은 소재를 사용하고, 같은 공장에서 봉제를 하며, 외양과 기능이 유사한 기능을 가진, 비슷하게 생긴 제품을 팔면서 서로 경쟁하고 있다. 이런 상황에서 문에 25가지

스티커를 붙여 둔 잡화점 스타일의 상점은 한 가지 제품 라인을 깊이 있게 다룰 수가 없다. 슈퍼마켓은 네 가지 브랜드의 소금을 제공하지만 작은 플라이 낚시 전문점은 네다섯 가지 브랜드의 플라이 낚싯대를 구비해 둘 여력이 없다. 신뢰하는 몇 개 브랜드에 집중해서 그 브랜드들의 재고를 갖추고 있는 상점으로 알려지는 편이 낫다.

고객들이 인터넷과 전자 상거래에 쉽게 접근해 매장 점원보다 많은 정보를 가지고 훨씬 많은 제품을 보게 되면서, 재래식 소매는 점점 더 어려워지고 있다. 하지만 적절하게 운영하기만 한다면 이런 상점들도 열정을 되살릴 수 있다. 인근의 낚시 전문점이 없다면 지금 막 슬라우 크릭에서 커다란 붉은 반점 송어를 낚은 낚시꾼은 어디에 가서 자랑하겠는가? 등반 전문점이 없다면 누가 다음 세대 등반가를 자극하고 멘토가 되어 주겠는가? 물론 온라인으로 갈 수도 있다. 하지만 거기에는 직접적인 유대가 없고 그만큼 충족감이 덜하다. TV나 컴퓨터를 통해서 서핑 동영상을 보는 것은 서핑 전문점이나 극장에서 다른 서핑광들과 동영상을 보는 것만큼 신나고 흥미롭지 않다.

전문점들은 제품을 비교하고, 직접 입어 보고, 재질을 느껴 보고, 품질을 알아보는 안목을 키울 기회를 가져다준다. 사용자들과 첫 여정부터 유대를 쌓는다면 평생 함께할 단골 고객을 만들 수 있다.

파타고니아의 첫 번째 소매점, GPIW의 고객 서비스, 캘리포니아 벤투라. 사진: 팀 데이비스

---→

위 | 2015년 원웨어 투어, 오리건 스미스록 주립공원. 사진: 도니 헤든
아래 | 파타고니아 소호 소매점의 원웨어 수선 센터. 사진: 콜린 매카시

유통 철학

마케팅 철학

스스로는 인식하지 못해도 모든 개인은 타인에게 비춰질 자신의 이미지를 만들고 진화시키는 데 일생을 투자한다. 기업 역시 사업을 하는 이유, 사업적 선택, 광고팀의 창의적 정신으로 이미지를 조합하고 진화시킨다. 회사의 대외적 이미지는 실제 모습과 큰 차이가 있을 수 있다.

브랜딩, 즉 기업 이미지를 부여하기 위해 우리가 하는 일은 간단하다. 사람들에게 우리가 누구인지 이야기하는 것이다. 우리는 말보로맨 같은 가상의 캐릭터나 석유 업체 셰브론의 "동의합니다(we agree)" 광고와 같이 책임감을 보여 주는 가짜 캠페인을 만들 필요가 없다. 픽션을 만들어 내는 것은 논픽션을 쓰는 것보다 훨씬 어렵다. 픽션에는 창의력과 상상력이 필요하다. 논픽션은 단순한 사실을 다룬다. 전형적인 광고와 마케팅을 통해 탄생한 브랜드 이미지가 성공적이지 못하다는 이야기가 아니다. 그들이 성공하지 못했다면 왜 멀쩡한 사람들이 광고에 설득되어서 자신을 죽일 것이 분명한 담배를 피우겠는가? 왜 진짜 남자는 버지니아 슬림이 아닌 말보로를 피우겠는가? 강력한 메

←——
1984년 라인하르트 카를과 파타고니아 로고의 근원인 피츠로이산의 스카이라인. 사진: 루이스 프라가

시지가 아닐 수 없다. 그러나 가짜이다.

파타고니아의 이미지는 우리의 가치관, 야외 스포츠에 대한 열의, 창립자와 직원의 열정에서 비롯된다. 분명히 존재하고 확실히 느낄 수 있는 것들이지만 공식으로 만들 수는 없다. 사실 이미지의 너무나 많은 부분이 진정성에 의지하기 때문에 공식이 오히려 이미지를 파괴할 수 있다. 아이러니하게도 파타고니아가 추구하는 진정성의 일부는 처음부터 이미지를 갖는 데 관심을 두지 않는 것에 있다. 공식이 없기 때문에 이미지를 유지하는 유일한 방법은 그에 부응하게 행동하는 것뿐이다. 우리의 이미지는 우리가 누구이며 믿는 것이 무엇인지를 직접적으로 반영한다.

파타고니아 이미지의 핵심은 무엇일까? 대중은 우리를 어떻게 인식할까? 가장 중요한 것은 세계에서 가장 좋은 등반 장비를 만드는 대장간이라는 우리의 근원이다. 그곳에서 일하던 자유사상을 품은 독립적인 등반가들과 서퍼들의 신념, 태도, 가치관이 파타고니아 문화의 기반이 되었고 그 문화로부터 하나의 이미지, 즉 사용하는 사람들이 직접 만드는 진정성 있고 질 좋은 제품이라는 이미지가 생겨났다.

우리의 이미지는 세계에서 가장 좋은 아웃도어 의류를 만들기 위해 노력하는 새로운 세대의 등반가, 트레일 러너, 낚시꾼, 서퍼의 문화까지 아우르도록 진화했다.

그 중심에는 자연과 스포츠의 야생성을 지키겠다는 신념이 있다. 우리 직원들은 1950년대 신출내기 회사에서부터 내재했던 특정한 가치관과 신념을 계속 지키는 한편으로 또 다른 것을 끌어들였다. 환경문제에 대해 강경한 입장을 취하고자 하는 의지를 말이다.

우리가 다양한 아웃도어 활동에서 사용할 수 있는 의류를 만든다는 사실은 지금까지 큰 이점이었다. 그래서 첫 등반 장비 라인처럼 단 하나의 시장을 대상으로 삼는 것보다 훨씬 더 열린 미래를 가지게 되었다.

파타고니아의 이미지는 인간적인 목소리이다. 세상을 사랑하는 사람들, 자신들의 신념에 대해 열정적인 사람들, 미래에 영향을 주고자 하는 사람들의 즐거움을 표현한다. 그 과정에서 가공이 가해지거나 인류애를 위태롭게 하지 않는다. 우리의 이미지가 규범을 깨뜨리고 영감을 불어넣을 것이라는 의미이다.

이미지를 관리하는 것은 중요한 일이다. 우리가 취하는 행동, 판매하는 제품, 우리의 과거에 비추어 부끄럽지 않게 사는 것만이 아니라 제품을 마케팅하고 판매하는 일반적인 사업 경로를 통해서 인식되는 이미지도 마찬가지이다. 나는 이 측면을 네 가지 영역으로 나누었다.

스토리 전체를 들려준다

많은 기업들이 주로 광고를 통해 고객들과 소통한다. 광고는 당신의 주의를 끌지만 계속 잡아 두지는 못한다. 잠깐 시선을 주고는 읽고 있던 기사나 보고 있던 프로그램으로 돌아가거나 다른 회사의 광고를 보거나 음소거 버튼을 누른다. TV 시청자들은 같은 광고를 7~8회 보아야 비로소 인식하기 시작한다고 한다.

파타고니아가 세상과 야생 지역에서 보다 깊은 경험을 하기 위한 제품을 만드는 것처럼, 우리의 이미지는 빠르게 변화하고 정신을 멍하게 하는 그림과 소리로 가득한 가상 세계로부터 안식처와 대안을 제공해야 한다. 전체 스토리를 들려주기 위해서 고객들의 주의가 분산되어서

1980년대 카탈로그에서 번팅 재킷의 모델 역할을 한 친구들과 이웃들. 아이러니하게도 그녀가 입은 카멜 색상의 번팅 재킷은 2005년 일본 이베이에 올라왔다. 가격은 4000달러였다. 사진: 릭 리지웨이

는 안 된다. 우리의 고객들은 독자이고, 카탈로그는 우리의 스토리를 전달하는 주된 수단이다. 카탈로그는 자족성, 유동성과 함께 고객이 페이지를 넘길 때 놀라움을 줄 수 있다는 장점을 가지고 있다.

카탈로그의 첫 번째 목표는 이미지를 뒷받침하는 특정한 삶의 철학을 공유하고 장려하는 것이다. 그 철학의 기본 원리는 환경에 대한 깊은 감사와 환경 위기를 해결하는 데 도움이 되겠다는 강렬한 의욕, 자연에 대한 열정적인 사랑, 권위에 대한 건전한 의심과 회의, 인간의 힘을 바탕으로 하지만 연습과 숙련을 필요로 하는 어려운 스포츠에 대한 애정, 스노모빌이나 제트스키와 같이 엔진을 써야 하는 스포츠의 거부, 괴짜에 대한 편향, 종종 자조적인 유머, (살아 돌아오지 못할 수도 있는, 그리고 결코 같은 사람으로 돌아오지는 않을 여정이라는 표현이 가장 적절한) 진짜 모험에 대한 선호와 존경, (디자인과 소비에 있어서) 적은 것이 많은 것이라는 신념 같은 것들이다.

카탈로그는 매 판매 시즌에 대한 우리의 자세를 알리는 지침서이다. 웹사이트에서부터 품질 표시표, 매장의 디스플레이, 보도자료, 동영상에 이르기까지 우리가 스토리를 이야기하기 위해 이용하는 모든 다른 매체는 카탈로그 안의 그림과 편집 기준을 바탕으로 한다.

사진: 억대 모델보다 '진짜' 순간을 보여 준다

초기 파타고니아의 카탈로그를 생각해 보면 사진이 얼마나 촌스러운지 정말 민망하다. 진짜 모델이나 전문 사진작가를 고용할 형편이 아니었기 때문에 친구들을 이용해서 어설픈 포즈를 짓게 한 후에 사진을 찍었다. 정말 형편없었지만 당시에는 다른 모든 사람들의 카탈로그나 광고도 그런 식이었다.

어느 날 릭 리지웨이와 서핑을 하고 있던 중에 어떤 아이디어가 떠올랐다. 나는 릭에게 모델 없이 옷 사진만을 찍고 대신 고객들로부터 진짜 활동을 하는 진짜 사람들의 사진을 모으겠다고 말했다. 우리는 카탈로그에 고객들을 대상으로 '파타고니아의 순간을 포착한다'는 공고를 냈다. 그 결과 고객들과 사진작가들이 보낸 사진에 거의 파묻힐 지경이 되었고 릭의 아내 제니퍼를 매니저겸 편집자로 두는 사진 부서를 만들어야 했다.

진짜 등반가들이 진짜 암벽을 오르는 사진은 뉴욕의 모델이 반나체로 등반가의 포즈를 취하고 있는 것보다 훨씬 더 섹시하다. 살이라고는 거의 보이지 않는데도 말이다. 더구나 그것은 더 솔직하다. 솔직함은 우리가 마케팅과 사진에서 가장 중요하게 생각하는 가치이다. 그래서 이미지 선정에 엄청나게 주의를 기울인다.

이 말은 우리가 많은 사진을 퇴짜 놓는다는 뜻이기도 하다. 우리는 플리스 재킷을 슬쩍 반투족 추장에게 입히고 사진을 찍는 일은 하지 않는다. 그것이 진짜 그의 재킷이 아닌 한은 말이다. 그런 식의 사진은 우월감의 표현이다. 우리는 피부가 창백한 백패커가 가을 주말에 애팔래치아 트레일을 걷고 있는 사진을 보여 주지 않는다. 그것은 너무 안전하다. 우리는 강풍이 부는 산 정상에 깃발을 꽂는 등반가를 보여 주지 않는다. 그것은 너무나 정복적이다.

대신 산기슭의 녹슨 쉐보레 자동차 위에서 식사를 하고 있는 등반가들, 아프리칸 퀸 보트에서 내리는 여행자들, 벨리즈의 낡은 오두막, 깨끗한 가루눈에 얼굴을 처박았다가 일어나는 행복감에 젖은 스키어, 텐트 옆 빨랫감 속에서 플리스 재킷을 찢고 있는 갈라파고스 거북이, 샤모니 빙하 위에 쓰레기로 만들어진 구조물, 태평양 횡단 선박의 갑판 아래의 지친 선원들, 낡은 트럭 밑에서 볼 조인트(ball joint)에 기름을 칠하고 있는 정비공, 들판에서 새에게 밴드를 감고 있는 해양 생물학자, 삼나무를 지키는 줄리아 버터플라이 힐(Julia Butterfly Hill, 미국의 환경운동가 – 옮긴이), 야영지에서 얼음 조각품이 되어 버린 TV를 '보고' 있는 스키어들을 보여 준다.

우리가 오래전 시작한 일, 진짜 활동을 하는 진짜 사람들의 사진을 이용하고 그 밑에 설명을 붙이는 일은 현재 아웃도어 업계의 모든 카탈로그와 잡지가 따라하고 있다.

→

용감한 사람들이 윙슈트(wingsuit, 팔과 다리 사이에 옷감이 있어 낙하 속도를 떨어뜨려 주는 스카이다이빙용 슈트 – 옮긴이)를 테스트하고 있다. 캘리포니아 조슈아 트리 국립공원. 사진: 그레그 에퍼슨

오스트레일리아 아라파일스산의 로드 오브 더 링스 위에서 쿠퍼스 베스트 엑스트라 스타우트를 즐기고 있는 존 셔먼. 사진: 존 셔먼 컬렉션

←——

위 ┃ 조용한 저녁의 한적한 장소. 멕시코 엘타호 캐니언. 사진: 그레그 에퍼슨

아래 ┃ 인내심의 한계. 네바다 루비산맥으로 가는 길에 망할 머플러 배선을 고치고 있는 메러디스 월치. 사진: 고든 월치

——→

248쪽 ┃ 외설이 될 때까지 파타고니아 옷을 포기하지 않는 고객들이 있다. 사진: 캐시 멧칼프

249쪽 ┃ 카탈로그의 초기부터 우리는 여성을 남성과 동등하게 그리기 위해 노력했다. 등반하는 여성은 후등이 아니라 선등을 하고 있다. 사진: 켄 엣젤

마케팅 철학

글: 글에는 우리의 철학이 담겨야 한다

쉬나드 이큅먼트 때부터 글에 대한 우리의 기준은 상당히 높았다. 우리는 언제나 특이하고 색다른 것을 추구했기 때문에 자신의 이야기를 명확하게 들려주는 것이 대단히 중요했다. 우리는 제품을 팔기 위해서뿐만이 아니라 아이디어를 내세우기 위해서 글을 사용해 왔다. 우리에게는 우리의 가치관을 보여 주고 명분을 홍보하는 개인적인 에세이와 제품을 판매하는 광고 문안, 이 두 가지 종류의 글이 있다.

1972년 쉬나드 이큅먼트의 카탈로그에 실린 「클린 클라이밍(Clean Climbing)」 에세이는 등반가들에게 클린 클라이밍을 장려했을 뿐 아니라 새로운 초크 사용법을 다룬 첫 번째 작품이었다. 결과적으로 쉬나드 이큅먼트의 피톤 사업은 끝을 맞이했고 초크 사업은 폭발적으로 증가했다. 거의 하룻밤 사이에 말이다. 〈아메리칸 알파인 저널〉이 우리 카탈로그를 등반 서적으로 분류해서 리뷰를 실은 것은 우리 카탈로그가 마케팅 도구를 훨씬 넘어서는 영향력을 갖고 있음을 입증해 주었다. 1991년의 에세이 「현실 확인(Reality Check)」은 고객들에게 우리가 만드는 모든 제품이 환경 피해를 유발하고 있다는 것을 상기시켰고 사람들에게 더 좋은 물건을 사고 더 적게 사도록 장려했다.

파타고니아 카탈로그는 폴 서룩스, 톰 브로코, 그레텔 에를리히, 릭 리지웨이, 테리 템페스트 윌리엄스와 같은 작가와 친구들이 야생에서의 경험을 쓴 짧은 에세이, 「현장 보고서(Field Reports)」를 실었다. 또한 우리는 빌 맥키번, 반다나 시바, 수 핼펀, 칼 사피나, 재레드 다이아몬드 등에게 환경 에세이를 의뢰해 카탈로그에 실었다.

주제를 이해하기 쉽게 전달하고, 자명하고, 즉각적인 반응을 이끌어낼 수 있는 이야기들이었다. 예를 들어, 부모들에게 지역의 식수가 자녀에게 안전하지 못하다고 말하는 것은 즉각적인 분노를 불러일으키게 될 것이다. 하지만 같은 사람에게 농약을 많이 사용하는 농촌의 어린이들에 대한 장기적인 연구에서 암 발병률이 높게 나타났다고 말한다면 반응이 확실하게 드러나지 않을 것이다. 그런 이야기는 즉각적으로 감정을 자극하지 못하며 전달하는 데 더 많은 노력이 필요하다.

제품에 대한 글은 직물의 세부적인 사항과 용도에 대한 꼭 필요한 사실을 전달하며 사진에서 미묘하게 부각된 문제들, 우리가 스포츠와 삶에서 원하는 것들을 뒷받침하는 역할을 한다. 우리는 정확성에 대해 대단히 높은 기준을 적용한다. 우리는 입장을 표명하는 것을 두려워하지 않고 귀에 거슬리는 이야기를 하는 데 따르는 위험을 염두에 두지 않기 때문에 더더욱 사실을 정확하게 전달할 필요가 있다.

우리의 이야기는 일반 대중으로 인식되는 사람들을 대상으로 하지 않는다. 우리는 우리가 고객으로서 대우받고 싶은 방식으로 고객을 대한다. 자신이 하는 활동에 열정을 갖고 몰두하는 똑똑하고 믿을 수 있는 개인으로 말이다.

직접판매가 직영점이나 통신판매보다는 전자 상거래 쪽에서 점점 많이 이루어지는 추세이기 때문에 우리는 광범위한 소통 수단을 사용해 메시지를 전달하고 있다. 현재 우리는 환경, 스포츠, 우리의 홍보대사들에 대한 책을 펴내는 출판 브랜드 파타고니아 북스(Patagonia Books)를 두고 있다. 같은 주제에 대한 영화도 만들며, 파타고니아 웹사이트(Patagonia.com)에는 동영상 스토리와 제품 정보가 가득하다. 소셜 미디어는 특히 강력한 도구이다. 우리는 카탈로그에서 사용하는 품질에 대한 기준을 다른 소통 수단에도 동일하게 적용해 왔다.

홍보: 고객의 신뢰는 광고비로 살 수 없다

브랜딩이란 사람들에게 우리가 누구인지 보여 주는 일이다. 홍보는 사람들에게 우리 제품을 납득시키는 일이다. 우리의 홍보 활동은 제품에서 시작한다.

새로운 제품, 특히 기존에 시장에 나와 있는 것과 철저히 달라서 고객들이 존재조차 모르거나 자신에게 필요하다는 것을 깨닫지도 못하는 제품의 경우에는 홍보가 필요하다. 쉬나드 이큅먼트이던 시절 피톤에서 초크로 전환할 때와 빙벽 등반 도구를 재발명했을 때 우리는 용법에 대한 안내서를 쓴 것은 물론 『빙벽 등반』이라는 책까지 만들었다.

판도를 바꾸는 제품이라면 홍보가 쉽다. 경쟁이 없는 데다 이야깃거리가 많기 때문이다. 홍보가 어려운 제품이 있다면, 다른 회사의 제품과 다를 바가 없고 우리가 만들 필요가 없는 제품이기 때문이다.

우리는 파타고니아의 홍보 활동에 대한 세 가지 일반적인 지침을 가지고 있다. 이 지침들은 카탈로그는 물론 다른 홍보 수단에도 적용된다.

1 우리의 목적은 홍보가 아닌 영감과 교육에 있다.

2 우리는 신뢰를 돈으로 사기보다는 자연스럽게 얻기를 원한다. 우리에

게 최고의 자원은 친구의 입소문을 통한 추천이나 언론의 호의적인 언급이다.

3 광고는 최후에 의지하는 수단이며 보통 스포츠 전문 잡지를 이용한다.

우리에게는 상정하고 있는 고객 이미지가 있다. 고객이 똑똑하다고만 상정하는 것이 아니다. 고객이 쇼핑을 재미로 하지 않으며, '삶을 돈으로 사는 것'을 원치 않으며, 삶을 허접한 쓰레기로 만들지 않고 보다 깊고 단순하게 만들기를 원하며, 공격적인 광고의 표적이 되는 데 지쳤거나 무관심하다고 가정한다. 우리는 물론 고객에게도 가장 귀중한 조언은 믿을 수 있는 친구가 주는 조언이라는 것이 우리의 생각이다. 우리는 또한 야외 스포츠 강사, 등반 가이드, 낚시 가이드, 장비 전문점을 운영하는 사람들과 같은 프로(professional)와 전문가의 의견을 존중한다.

프로들은 매일 옷을 입고 생활하고 일한다. 때문에 우리는 여러 기술 시장의 핵심 인사들에게 할인가로 의류를 판매하는 프로 전용 구매 프로그램을 제공해 왔다. 우리는 잭슨홀과 텔루라이드처럼 험한 지역에서 일하는 스키 패트롤, 그랜드캐니언의 래프팅 가이드, 파키스탄 트랑고 타워를 오르려는 등반가, 환경문제를 다루는 그룹 등 다양한 단체와 협력하고 있다.

우리는 최고의 등반가, 서퍼, 마라톤 선수들에게 장비를 제공해서 피드백을 받고 디자인 문제에 대한 도움을 얻는다. 그들은 소매점 직원들에게 전문 스포츠용품을 어떻게 판매할지 조언하고, 영업 회의에 참석하고, 회사의 홍보대사 역할을 한다. 이는 무역 박람회나 고객 행사에서 파타고니아가 좋은 인식을 얻도록 해 주며 입소문을 만드는 데 기여한다. 우리는 이 정책에 확실한 선을 그어 두고 있다. 예를 들어 로고가 박힌 옷을 입고 찍힌 사진의 수에 따라 돈을 지급하는 일은 없다.

회사나 제품을 칭찬하는 외부인들이 회사와 관계가 없을수록 신뢰는 커진다. 부모님과 전화로 하는 이야기라면 어떤 말을 하든 문제가 되지 않는다. 하지만 그 외에 외부에서 비롯된 말은 큰 무게를 갖는다.

보도 역시 중요하다. 홍보 회사들은 우호적이고 독립적인 언론의 논평이 돈을 들인 광고보다 훨씬 큰 가치를 가진다고 이야기한다. 현재로서는 광고의 등가 가치가 확실치 않지만 보수적인 일대일 공식을 사용하면, 1994년 페트병을 재활용한 신칠라 플리스를 내놓았을 때 언론의 언급으로 얻은 홍보 효과의 가치는 500만 달러에 달했다.

홍보에 대한 우리의 접근은 공격적이다. 뉴스거리가 있으면 바로 활동을 시작한다. 우리는 우리 이야기를 기자들에게 전달하기 위해서 최선을 다한다. 새로운 제품이건 환경에 대한 입장이건 보육 프로그램이건 말이다. 하지만 우리는 번드르르한 홍보 세트를 만들거나 무역 박람회에서 언론사 초청 파티를 공들여 준비하지는 않는다. 언론의 호평을 얻는 가장 좋은 방법은 뉴스거리를 가지는 것이라고 믿는다.

앞서 언급했듯이 광고는 믿을 만한 정보원으로서는 꼴찌이다. 우리가 가장 효과가 크다고 생각하는 유료 광고는 새 매장 개점을 알리거나, 강의 댐을 철거해야 하는 이유와 같은 특정한 사안에 대해 환경적 인식을 확대하기 위한 것이다. 가끔 브랜드를 알리는 광고를 할 때는 판매 부수가 높지 않은 스포츠 전문 잡지를 이용한다. 전체적으로 우리는 의류 업체는 말할 것도 없고 대부분의 아웃도어 업체보다 훨씬 적은 광고를 한다(광고비는 보통 매출의 1퍼센트). 광고에서는 빠르고 시

게리 로페즈가 오리건 배첼러산의 아침 눈 사이에서 고속 컷백(cutback, 마루 방향으로 회전하는 기술 – 옮긴이)을 해내고 있다. 사진: 앤디 툴리스

기적절한 느낌이 필요하지만 우리는 사진과 글에 사용하는 것과 동일한 기준을 적용한다. 파타고니아의 광고 사진은 잡지에서 가장 좋은 사진으로 꼽히는 경우가 많다.

재무 철학

기업이 정말로 책임감을 느껴야 할 대상은 누구인가? 고객? 주주? 직원?

우리는 위의 누구도 아니라고 말하고 싶다.

근본적으로 기업은 자신들의 자원 기반에 책임감을 느껴야 한다.

건전한 환경이 없다면 주주도, 직원도, 고객도, 그리고 기업도 존재하지 않는다.

-2004년 파타고니아 시리즈 광고 중에서

우리는 제품 중심 기업이다. 제품이 첫째이고 회사는 제품을 만들고 뒷받침하기 위해 존재한다. 이런 면에서 일차적인 관심이 제품이 아닌 서비스에 있는 유통 업체와는 다르다.

　자세히 들여다보면 놀랍게도 제품이나 서비스를 생산하기 위해 사업을 하는 것이 아닌 기업들을 발견할 수 있다. 이들의 진짜 상품은 회

←

'틴 쉐드 벤처'(375쪽 참조)의 지원 대상자인 부레오 팀이 버려진 어망을 재사용해서 스케이트보드를 만들고 있다. 사진: 케빈 에이헌

사 그 자체이다. 언젠가 팔아 치우기 위해 회사를 키우고 있는 것이다.

공개 기업의 경우, 주식이 제품이 된다. CEO를 비롯한 내부 주주들이나 스톡옵션 보유자들, 이사회(역시 주주)가 내리는 모든 결정이 기업의 장기적인 건전성이 아닌 투자 원금을 회수할 때까지 주가를 높게 유지하는 데 목표를 두기 때문이다. 이는 종종 매 분기 '수익'이나 성장을 보여 줄 유일한 방법인 '장부 조작'으로 이어지고 이로써 기업 내에서는 사업을 하는 이유에 대해 혼란이 생긴다.

사업의 성공은 제품의 품질과 서비스에 달려 있다

우리의 기업 강령은 이윤에 대해서 전혀 이야기하지 않는다. 사실 우리 가족은 회사가 한 해 동안 달성한 좋은 일의 양을 연말 결산의 성과로 여긴다. 그렇지만 기업은 사업을 계속하기 위해서, 또 다른 목표들을 이루기 위해서 이윤을 남겨야 한다. 때문에 우리는 이윤을 고객들이 우리가 하고 있는 일에 대해 보내는 신임투표라고 생각한다.

미션의 세 번째 부분인 "환경 위기에 대한 공감대를 형성하고 해결 방안을 실행하기 위해 사업을 이용한다"로 인해 우리에게는 재계를 이끌어야 할 책임이 생겼다. 미국 재계를 이끄는 위치에 서고 싶다면 이윤을 내야 할 것이다. 얼마나 많은 돈을 기부했든, '100대 기업' 중하나로 얼마나 많은 매스컴의 관심을 얻고 있든, 수익을 내지 못한다면 어떤 기업도 우리를 존중하지 않을 것이다. 평범함을 벗어난 기이한 행동이 받아들여지는 것은 당신이 부자일 때에 한해서이다. 그렇지 않다면 당신은 그저 미친 사람일 뿐이다.

그러나 파타고니아에서는 이윤을 내는 것이 목표가 아니다. 선승은

'다른 모든 것을 올바로 행한다면' 이익이 따라온다고 말한다. 우리 회사의 경우, 재무는 돈 관리보다 훨씬 더 큰 의미를 가진다. 우리에게 재무는 전혀 전형적이지 않은 사업에서 전통적인 재무 접근법으로 균형을 찾는 리더십의 기술이다. 많은 기업이 꼬리(재무)가 개(기업의 결정)를 흔드는, 주객이 전도된 상황을 보여 준다. 우리는 환경보호 활동의 자금 조달과 다음 수백 년 동안 사업을 계속하고자 하는 바람 사이의 균형을 찾기 위해 노력하고 있다.

우리의 철학에서는 재무가 모든 사업의 뿌리라고 생각하지 않는다. 재무는 회사의 다른 모든 부분을 보완한다. 수익이 우리가 하는 일과 제품의 질에 직접적으로 연관된다는 점을 인정한다. 품질을 진지하게 여기지 않는 회사는 비용을 절감하고, 제품에 대한 인위적인 수요를 창출함으로써 매출을 높이고, 열심히 일하라고 구성원들을 몰아붙이면서 이윤을 극대화하려는 시도를 할 것이다.

카탈로그에 더 많은 제품을 집어넣고 소매점에 더 많은 물건을 쌓아둔다고 해서 돈을 더 버는 것이 아니다. 어수선하게 놓아두는 것보다 수준 높게 진열하는 것이 중요하다. 우리는 단골 고객에게 물건을 파는 데서 가장 높은 수익을 올린다는 것을 알고 있다. 단골 고객은 판촉을 위한 노력이 없어도 새로운 제품을 구매하고 친구들에게 입소문을 낸다. 우리의 수익에서 단골 고객에 대한 판매는 다른 고객에 대한 판매보다 6~8배 높은 가치를 지닌다.

우리는 품질이 더 이상 드물게 만나는 호사가 되어서는 안 된다고 생각한다. 이제 품질은 고객들이 당연히 추구하고 기대하는 바가 되었다. 전략기획연구소(Strategic Planning Institute)는 수년간 수천 개 기업의 성과에 대한 자료를 수집해 오고 있다. 이 연구소는 매년 PIMS(Profit Impact of Market Strategy, 시장전략수익효과)라는 제목의 보고서를 발간한다. 이 보고서는 가격이 아닌 품질이 사업의 성공과 가장 깊은 연관성을 가지고 있다는 것을 명확하게 보여 주기 시작했다. 실제로 이 연구소는 전반적으로 제품과 서비스의 질이 높다는 평판을 가진 기업들의 경우 품질이 낮고 가격이 저렴한 경쟁 업체보다 평균 투자수익률이 12배 높다는 것을 발견했다.

심각한 사업상의 결정에 직면할 때마다 정답은 거의 매번 품질 향상에 있었다. 지구를 위한 결정은 결국 회사에도 좋은 결정이 된다.

금융위기라는 힘든 시기의 와중에 나는 서핑 업계의 리더들 앞에서 연설을 하게 되었다. 나는 우리가 유기농 목화만을 사용하고 전체 공급망을 정화한 것에 대해 이야기했다. 대형 서핑 기업의 CEO가 그들도 유기농 면으로 티셔츠와 모자를 몇 가지 만들었지만 불황에 접어들면서 생산을 중단했다고 말했다. 나는 매출이 어땠냐고 물었고 그는 20퍼센트 하락했다고 대답했다. 나는 그해에 우리 매출은 30퍼센트 증가했다고 밝혔다. 그 회사를 비롯한 서핑 업계의 기업들은 젊은 고객들이 변했다는 것을 이해하지 못했기 때문에 고전을 면치 못하고 있다.

반품과 낮은 품질 때문에 매년 수백만 달러를 날린다(1988년 반품 한 건당 처리 비용은 26달러였다. 비용은 계속해서 높아지고 있다). 그렇다면 불만을 느낀 고객 한 명당 잃게 되는 비용은 얼마일까? 전 세계 고객들을 대상으로 한 최근의 설문 조사는 제품에 문제가 있을 때 회사에 연락

$\longrightarrow$
"이 재킷을 사지 마십시오." 광고

DON'T BUY THIS JACKET

It's Black Friday, the day in the year retail turns from red to black and starts to make real money. But Black Friday, and the culture of consumption it reflects, puts the economy of natural systems that support all life firmly in the red. We're now using the resources of one-and-a-half planets on our one and only planet.

Because Patagonia wants to be in business for a good long time – and leave a world inhabitable for our kids – we want to do the opposite of every other business today. We ask you to buy less and to reflect before you spend a dime on this jacket or anything else.

Environmental bankruptcy, as with corporate bankruptcy, can happen very slowly, then all of a sudden. This is what we face unless we slow down, then reverse the damage. We're running short on fresh water, topsoil, fisheries, wetlands – all our planet's natural systems and resources that support business, and life, including our own.

The environmental cost of everything we make is astonishing. Consider the R2® Jacket shown, one of our best sellers. To make it required 135 liters of

COMMON THREADS INITIATIVE

REDUCE
WE make useful gear that lasts a long time
YOU don't buy what you don't need

REPAIR
WE help you repair your Patagonia gear
YOU pledge to fix what's broken

REUSE
WE help find a home for Patagonia gear you no longer need
YOU sell or pass it on*

RECYCLE
WE will take back your Patagonia gear that is worn out
YOU pledge to keep your stuff out of the landfill and incinerator

REIMAGINE
TOGETHER we reimagine a world where we take only what nature can replace

water, enough to meet the daily needs (three glasses a day) of 45 people. Its journey from its origin as 60% recycled polyester to our Reno warehouse generated nearly 20 pounds of carbon dioxide, 24 times the weight of the finished product. This jacket left behind, on its way to Reno, two-thirds its weight in waste.

And this is a 60% recycled polyester jacket, knit and sewn to a high standard; it is exceptionally durable, so you won't have to replace it as often. And when it comes to the end of its useful life we'll take it back to recycle into a product of equal value. But, as is true of all the things we can make and you can buy, this jacket comes with an environmental cost higher than its price.

There is much to be done and plenty for us all to do. Don't buy what you don't need. Think twice before you buy anything. Go to patagonia.com/CommonThreads or scan the QR code below. Take the Common Threads Initiative pledge, and join us in the fifth "R," to reimagine a world where we take only what nature can replace.

patagonia®
patagonia.com

TAKE THE PLEDGE

하는 미국인은 14퍼센트에 불과하다는 것을 발견했다. 유럽의 경우는 8퍼센트, 일본의 경우는 4퍼센트였다. 다른 연구들 역시 문제를 겪은 고객의 1/3~1/2은 해당 회사의 제품을 다시 구매하지 않는다는 것을 보여 주었다.

우리의 목표는 큰 회사가 아니라 최고의 작은 회사다

우리는 개인 소유의 기업이고 외부 투자자에게 주식을 팔거나 회사를 넘길 생각이 없으며 기업을 담보로 하는 차입을 원치 않는다. 더구나 우리는 전문 아웃도어 시장 밖으로 파타고니아를 확장시키길 바라지도 않는다. 그렇다면 이런 명쾌한 선언이 재무적으로는 어떻게 나타나고 있을까?

첫째, '자연스러운 속도'로만 성장한다. 고객들이 계속된 재고 부족 때문에 불만을 토로할 때가 되면 제품을 더 만들어야 한다. 그러면 '자연스러운 성장'에 이르게 된다. 우리는 아이들이 노스페이스나 팀버랜드 대신에 우리의 검은색 다운재킷을 사 입기를 바라는 욕심에서 〈배니티 페어〉지나 〈GQ〉지, 시내버스에 광고를 해서 제품에 대한 인위적인 수요를 만들어 내지 않는다. 우리는 우리 옷을 단순히 원하는 것이 아니라 필요로 하는 고객들을 원한다.

우리는 큰 회사가 되기를 바란 적이 없다. 우리는 최고의 회사가 되기를 원하며, 최고의 대기업보다는 최고의 작은 회사가 되기 위해 노력한다. 이를 위해서는 자제력을 발휘해야만 한다. 다른 부분의 성장을 위해서 회사 한 부분의 성장이 희생될 수 있다. 이런 '실험'의 한계가 무엇인지 명확히 알고, 그 한계 밖으로 빨리 확장해 나갈수록 우리가 원하는 유형의 회사는 더 빨리 사라진다는 것을 염두에 두면서, 그 한계에 맞추어 사는 것도 중요하다.

성장이 느리거나 없다는 것은 매년 우리가 보다 효율적으로 수익을 올려야 한다는 것을 의미한다. 정부와 달리 우리는 경제의 확장에 의지해서 수익을 높이지 않는다. 기업이 연간 10~15퍼센트의 성장을 기록할 때는 이윤을 내기가 쉽다. 우리는 성장률이 몇 퍼센트에 불과한 해에도 제품의 질을 높이고, 업무 효율을 극대화하고, 분수에 맞게 운영하면서 이윤을 냈다.

우리는 제한된 자원과 필요하지도 않은 재화를 끝없이 소비하고 폐기하는 세계 경제의 미래를 비관적으로 본다. 때문에 외부에서의 차입을 원치 않을 뿐 아니라 빚이 없는 것을 목표로 두고 있고, 이 목표는 이미 달성되었다. 빚이 적거나 자금을 모아 둔 회사는 빚을 더 지거나 외부 투자자를 찾을 필요 없이도 신규 사업을 추진하거나 투자할 기회를 잡을 수 있다.

너무나 빨리 변화하는 시대에는 어떤 전략 기획이든 최소한 1년에 한 번은 업데이트를 해 주어야 한다. 대부분의 일본 회사들은 1년에 한 번이 아닌 6개월에 한 번씩 예산 계획을 수립한다. 우리는 가장 융통성 없는 계획은 가장 심각한 형태의 중앙 집중식 기획이라고 생각한다. 경직성과 관료주의 속에서 만들어진 계획은 변화하는 현실을 염두에 두지 않는다. 예산은 가변적인 지침이자 기획 도구가 될 수도 있지만 강요의 수단이 될 수도 있다.

우리는 다른 면에서도 앞을 내다봐야 한다. 재무를 책임진 사람들의 역할은 과거에 어떤 일이 일어났는지 말하는 것만이 아니다. 그들은 미래에 일어날 불의의 사고도 막아야 한다. 기업은 언제나 '만약'의 경우를 대비해야 한다. 최고 경영진 전부가 비행기 사고로 사망한다면, 창고가 불탄다면, 메인 컴퓨터가 고장 나거나 바이러스에 감염된다면? 일본의 경기가 25퍼센트 침체된다면, 일본에서의 매출이 가장 무모한 예측조차 넘어서는 수준으로 증가하고 있다면? 이런 위기에 대처할 운영 계획을 미리 모두 만들어 놓을 필요는 없다. 하지만 어떤 일이 일어날 수 있는지 파악해서 뒤통수 맞을 가능성을 낮춰야 한다.

투명성에 대한 의지는 정부와의 거래에까지 확장된다. 우리는 세무 당국이나 회계 감사관을 속이지 않는다. 우리의 세무 방침은 공정한 몫을 납부하되 그보다 1센트도 더 내지 않는 것이다. 기발한 방법으로 복잡한 계획을 만들어서 세금을 피하는 일을 하지 않는다. 회계 절차에서도 마찬가지이다. 우리도 재고나 비용을 처리하는 방법을 바꿔서 이전 해와 다음 해에 보고되는 소득이 판이하게 다르도록 만드는 합법적인 방법을 알고 있다. 우리도 다른 많은 공개 기업들이 하듯이 합법적인 회계 원칙 내에서 매 분기마다 이익을 내게 만들 수 있다. 하지만 우리의 회계 방침은 CFO의 관점에서 가장 정확하고 일관되게 우리의 진짜 재무적 위치를 반영하는 기법들만을 사용하는 것이다.

이익을 내고 환경을 위해 쓴다

거의 매주 회사를 사고 싶어 하는 사람들이 접근해 온다. 그들의 의도는 항상 똑같다. 저평가된 회사를 찾아 빨리 성장을 시킨 후 주식을 상장하고 싶어 한다. 공개 회사가 되는 것, 심지어는 합자회사가 되는 것만으로도 우리가 운영하는 방식에 족쇄가 생기고, 수익으로 우리가 하는 일에 제한이 생기고, 결국 성장의 덫, 곧 자멸의 덫에 갇히게 될 것이다. 우리의 목표는 소수 주주가 지배하는 비공개 기업으로 남아 계속해서 우리에게 가장 중요한 일, 즉 선행을 하는 데 집중하는 것이다.

2013년 우리는 지주회사의 이름을 로스트 애로 코퍼레이션에서 파타고니아 웍스로 바꾸었다. 그 자회사에는 파타고니아 인코퍼레이티드와 파타고니아 프로비전이 있다. 파타고니아 웍스는 단 하나의 대의에 헌신한다. 사업을 이용해서 환경 위기를 해결하는 데 도움을 주는 것이다. 파타고니아 웍스는 사회적, 환경적 관행의 개선에 전념하는 기업, 이른바 비콥(B Corporation)이라는 공동체를 만드는 비영리 조직 비랩(B Lab)의 회원이다. 비랩은 직원, 환경, 지역사회에 대한 기업 행동에 높은 기준을 충족시키고, 세우고, 요구하는 베네피트 기업(benefit corporation)이라는 새로운 기업 형태를 만들기 위해 전 세계에 걸쳐 입법을 추진하는 활동을 하고 있다.

비랩은 공정무역 USA가 공정무역 커피를 인증하거나, 미국 그린빌딩위원회가 LEED 건물을 인증하는 것과 같이 비콥을 인증한다. 현재 42개국에 1550개의 인증을 받은 비콥이 있다(그리고 그 숫자는 계속 증가하고 있다). 어떤 기업이든 비랩의 평가 도구를 이용해서 회사를 평가받을 수 있지만 비콥으로 인증을 받으려면 최저점을 넘겨야 한다. 인증 이후, 회사는 2년마다 독립적인 평가를 받는다. 이 평가는 투명해야 하며(우리는 평가 결과를 웹사이트에 올린다), 회사가 최저점을 넘기지 못할 경우 인증이 취소될 수 있다.

또한 파타고니아는 합법적인 베네피트 기업이다. 캘리포니아가 2012년 1월 1일 베네피트 기업을 인정한 미국의 일곱 번째 주가 되었을 때 우리는 첫 번째로 등록된 베네피트 기업이었다. 그렇게 함으로써 우리는 가장 중요한 가치관(연 매출의 1퍼센트를 환경운동에 기부하는 것을 비롯한)을 기업 헌장과 회사 정관에 명시할 수 있었다. 파타고니아가 팔린다고 해도 이사회 전원의 동의 없이는 회사의 가치관과 조건을 바꿀 수 없다.

남아메리카 카우보이들과 함께 저항에 나선 파타고니아. 사진: 팀 데이비스

인사 철학

삶의 기술에 통달한 사람은 일과 놀이, 노동과 휴식, 몸과 마음, 훈련과 오락을 뚜렷이 구분하지 않는다. 무엇이 어떤 것인지 거의 알지 못한다. 그는 무슨 일을 하든 그 안에서 탁월성에 대한 비전을 추구할 뿐이고, 자신이 일을 하고 있는지 놀고 있는지에 대한 결정을 다른 사람에게 맡긴다. 스스로에게 그는 항상 양쪽을 하고 있는 사람이다.

- L. P. 잭스

파타고니아의 노동 문화는 쉬나드 이큅먼트라는 근원으로 거슬러 올라간다. 쉬나드 이큅먼트는 직원과 그 친구들을 위해 세계 최고의 등반 장비를 디자인하고 만드는 작은 회사였다. 소유주와 직원은 등반가들이었다. 어떤 사람도 자신을 사업가라고 생각하지 않았다. 노동은 유용한 동시에 즐거운 어떤 일을 하고자 하는 직원들의 창의적 욕구, 아름답고 기능적인 등반 도구를 만들겠다는 바람을 만족시켰다. 물론 돈을 벌어야 하는 필요도 충족시켰다.

우리에게는 제품을 사용하는 사람과 만드는 사람 사이의 구분이 없었다. 고객의 관심사가 곧 직원의 관심사였다. 등반가들은 등반 장비를 만드는 데 늘 관심을 두고 있었다. 파타고니아의 첫 번째 의류인 럭비 셔츠와 스탠드업 반바지는 등반을 위해서 만들어졌고 섬유 제품에 대한 직원들의 태도는 쇠로 만들어진 제품에 대한 태도와 다를 바 없었다.

파타고니아는 쉬나드 이큅먼트보다 훨씬 규모가 크고 복잡한 회사이다. 지금 파타고니아 의류를 바느질하는 사람들의 대부분은 자신이 만든 옷은 입지 않는다. 그렇지만 우리의 첫 번째 고용 원칙은 가능한 많은 파타고니아 직원이 진짜 파타고니아의 고객이도록 하는 것이다. 우리는 우리가 디자인하고, 만들고, 파는 옷을 사용하는 것을 좋아한다. 따라서 우리는 노동의 산물과 직접적인 관계를 맺고 있다. 우리는 '고객처럼 생각'하기 위해 노력하지 않는다. 제품이 우리의 기대에 부합할 때 고객으로서 제품을 자랑스럽게 생각하며 그렇지 못할 때 역시 고객으로서 화를 낸다. 제품에 대해 열정적인 관심이 없는 사람들을 직원으로 두면서 동종 업계 최고의 제품을 만들기 원하는 기업은 상상할 수 없다.

파타고니아가 마케팅 아이디어나 투자 기회에서 시작되었다면, 지금과 매우 다른 일터가 되었을 것이다. 이 회사의 일차적 목적은 소유주와 투자자를 위한 부의 창출이 되었을 것이다. 여기에서 일하는 것은 그 자체로 의미를 갖기가 훨씬 힘들었을 것이고 출세를 위한 발판에 가까웠을 것이다.

다른 가치관들도 쉬나드 이큅먼트에 뿌리를 두고 있다. 1960년대와 1970년대 초반의 등반가들은 대부분 중산층에 백인이기는 했지만 따분한 주류 문화와는 거리를 두고 있었다. 그들은 산을 오르는 시간, 바위와 산과의 관계에 가치를 두었고 출세를 하고 이름을 떨치기 위해 노력하기보다는 신체적 위험을 무릅쓰는 일을 좋아했다. 많은 사람들이 그 목적에 필요한 최저 소득만을 벌었고 가능한 적게 일을 했다. 단체활동은 매력이 없었다. 그런 일은 진정성이 없고, 부조리하고, 유독한 것으로 치부되었다.

파타고니아의 직원들은 다양한 정치적, 사회적, 종교적 신념을 가지고 있다. 그것이 올바른 방향이다. 모든 사람이 세상을 바꾸려고 하는 것은 아니니, 그런 사람들에게도 회사가 집처럼 편안히 느껴지길 바란다. 쉬나드 이큅먼트에, 이후에는 파타고니아에 매력을 느끼고 입사한 직원들은 같은 가치관을 공유하거나 가치관에 동의하지 않더라도 함께 일하는 것을 꺼리지 않는다. 1960년대 이래로 세상은 크게 변화했지만 그 직원들이 남긴 유산은 많은 직원들이 보여 주는 환경보호에 대한 헌신에, 그리고 불필요한 계급 체계, 의식 없는 물질 소비, 수동적인 삶의 자세에 대한 반감에 그대로 유지되고 있다.

문화: 따분한 넥타이맨보다 떠돌이 암벽 등반가를 고용한다

직원들이 일을 놀이로 대하고 스스로를 제품의 최종 사용자로 여기는 회사를 만들고자 한다면, 당신이 고용한 사람을 세심하고 올바르게 대하며, 그들이 다른 사람을 올바르게 대하도록 교육해야 한다. 그렇지 않으면 어느 날 출근해서 더 이상 당신이 원하는 곳이 아닌 회사를 발견하게 될 것이다.

파타고니아는 〈월스트리트 저널〉에 구인 공고를 내지 않으며 채용 박람회에 참석하지 않는다. 우리는 친구, 동료, 동업자로 이루어진 비공식적인 네트워크를 통해 사람들을 구한다. 우리는 그저 일을 할 수 있는 사람을 원하는 것이 아니다. 일에 가장 잘 맞는 사람을 원한다. 그리고 특별한 대우나 특전을 바라는 '스타'를 찾지 않는다. 우리에게 최선의 노력은 협력이며, 파타고니아는 전체적인 조화를 일구어 내는 사람에게는 보상을 하지만 각광을 필요로 하는 사람들은 용인하지 못한다.

또한 앞서 언급했듯이, 파타고니아 제품의 핵심 사용자를 원한다. 산과 야생에서 가능한 많은 시간을 보내는 것을 좋아하는 사람들 말이다. 우리는 아웃도어용품을 파는 회사이다. 의사가 접수 담당자에게 병원에서 담배를 피우는 것을 허용하지 않듯이 우리는 박람회 부스에 흰 셔츠에 넥타이를 맨 사람을 두지 않는다. 주된 문화가 '실내'에 속하게 된다면 최고의 아웃도어 의류를 만들기는 힘들 것이다. 때문에 우리는 사무실에 있는 것보다 베이스캠프나 강가에 있을 때 편안함을 느끼는 사람을 찾는다. 그런 사람들이 직무를 처리하는 데 적합한 자격까지 갖추었다면 더없이 좋겠지만, 우리는 지극히 평범한 경영 대학원 출신이 아닌 떠돌이 암벽 등반가를 채용하는 위험을 무릅쓰곤 한다. 골수 사업가에게 등반과 급류 타기를 가르치는 것은 아웃도어 스포츠를 사랑하는 사람에게 일하는 법을 가르치는 것보다 훨씬 어렵다.

점차 전문적인 지식을 가진 사람들이 필요하게 되면서, 밖에서는 절대 잠을 자지 않는 사람들이나 숲에서 용변을 본 적이 없는 사람들을 직원으로 두게 되었다. 하지만 우리의 조직 개발 컨설턴트가 지적했듯이 그들 모두가 서핑이든 오페라든, 등반이든, 정원 가꾸기든, 스키든 지역사회를 위한 활동이든 나름의 아웃도어 활동을 열정적으로 하고 있었다.

샘플 봉제실 실장인 킴 스트라우드가 야생으로 돌아가지 않는 붉은 꼬리 매와 함께 있다. 킴은 파타고니아에서 맹금류 재활 시설을 만들어 어미 새를 잃거나 상처를 입은 맹금류를 돌보고 있다. 자원봉사자들은 새들의 상처와 병을 치료하고 재활시킨 뒤 풀어 준다. 야생으로 돌아갈 수 없는 새들은 학교로 보내져 교육 프로그램을 받는다. 오하이 맹금류센터(Ojai Raptor Center)에는 매년 약 500마리의 맹금류가 들어온다. 사진: 팀 데이비스

우리는 아웃도어 매장 직원(그 수가 매우 많다), 환경운동가들, 독립 디자이너, 카약 급류 타기 예술을 하는 사람, 기자, 세차 기사, 낚시광, 시나리오 작가, 화가, 고등학교 교사, 지방법원 판사와 변호사, 가스펠 가수, 가구공, 스키 강사, 등반 가이드, 백파이프 연주자, 항공기 조종사, 산림 경비대원, 컴퓨터광, 몇몇 노련한 의상 전문가, 몇 명의 전문 경영인을 직원으로 채용했다.

이 목록이 보여 주듯이 우리는 다양성에 가치를 둔다. 미국의 경우, 여성이 상위 관리직의 약 50퍼센트를 차지하고 있다. 유럽이나 일본에는 뒤처지는 상황이다. 거기에는 여러 가지 이유가 있지만 가장 큰 문제는 문화적 저항이다. 최고의 여성 직원에게 관리자가 되기 위한 교육이나 멘토를 제공하는 일을 우선시하지 못했던 것이다. 우리는 이 부문에서 좀 더 성과를 올리고 싶다.

제도화된 사업 방식을 배운 경영 대학원 출신의 복제 인간 같은 사람들이 아닌 다양한 배경을 가진 사람들을 고용함으로써 새로운 업무 방식과 유연하고 개방적인 사고방식을 얻길 바란다.

　우리는 고용을 서두르지 않는다. 채용을 할 때마다 재능 있는 지원자들이 몰려들기 때문에 가능한 일이다. 지원자는 상사가 될 사람은 물론 채용되면 함께 일하게 될 동료와도 인터뷰를 갖는다. 관리직 후보자의 경우 4~6명으로 이루어진 여러 그룹과의 인터뷰를 몇 주에 걸쳐서 두세 번 치르는 경우도 있다.

　가능하다면 우리는 내부 승진을 통해 기업 문화를 강하게 유지한다. 그 후에 많은 시간을 할애해 훈련을 시킨다. 우리의 미래가 거기에 달려 있다는 심정으로 말이다. 이런 관행은 단기적으로는 더 많은 노력을 요하는 경우가 많다. 적임자를 찾는 동안 자리를 비워 두어야 하고, 야외 활동에 심취해 있던 사람에게 새로운 홍보 일을 가르치느라 시간을 들여야 하며, 때로는 같은 언어를 사용하지 않는 사람과 일해야 한다. 하지만 장기적으로는 이런 추가적인 노력이 성과를 가져온다. 흥미진진하고, 다채롭고, 예측 불가한 곳에서 근무시간을 보내고 싶다면 말이다.

　하지만 대부분의 기업들과 같이 우리도 CEO를 비롯한 고위직에 앉힐 사람들을 외부에서 찾아야 하는 것이 현실이다. 몇 가지 이유 때문에 우리는 아직 성장하는 기업이 갖는 기술적이고 복잡한 니즈를 충족시키도록 내부의 직원을 훈련하고 멘토링하는 일에서 좋은 성과를 내지 못하고 있다. 그것은 아마 우리 스스로도 여전히 경영하는 방법을 배우고 있기 때문일 것이다.

276-277쪽 | 2700킬로미터 길이의 중국 만리장성은 스타워즈식 망상에서 비롯된 방어 시설이다. 베를린 장벽이나 미국-멕시코 국경 장벽을 생각해 보라. 몽골족을 막기 위해 만들어졌으나 그들은 성문을 지키는 보초들에게 뇌물을 건네서 안으로 들어오곤 했다. 나는 1980년 담을 타는 방식으로 성안에 침입했다. 난이도는 5.8 정도에 불과했다. 사진: 릭 리지웨이

복지: 근무시간 자유 선택제와 사내 보육 센터

기억하라. 일은 재미있어야 한다. 우리는 풍성하고 균형 잡힌 삶을 사는 직원들을 가치 있게 생각한다. 우리는 근무시간을 유연하게 운영하고 있으며 과거 대장간을 경영하던 시절부터 2미터짜리 파도가 올 때면 작업장의 문을 닫고 파도를 타러 갔다.

우리의 정책은 다른 사람에게 부정적인 영향을 주지 않는 한 언제나 유연한 근무를 보장하는 것이다. 서핑에 매진하는 사람은 다음 주 화요일 오후 2시에 서핑을 하러 가는 계획을 잡는 게 아니라 파도와 조수와 바람이 완벽할 때 서핑을 간다. 스키는 습기가 없는 가루눈이 올 때 타러 간다. 좋은 시기를 놓치지 않으려면 언제든 바로 나설 수 있는 근무 환경이 조성되어야 한다. 이런 생각이 '파도가 칠 때는 서핑을'이라는 이름의 근무시간 자유 선택 정책으로 자리 잡았다. 직원들은 이 제도를 활용해 좋은 파도를 잡고, 오후에 마음껏 암벽을 타고, 학업을 계속하고, 일찍 집으로 돌아가 스쿨버스에서 내리는 아이들을 맞이한다. 이런 유연성을 통해 자유와 스포츠를 너무나 사랑해서 엄격한 근무 환경에 정착하지 못하는 귀중한 직원들을 얻을 수 있었다. 특권을 남용하는 직원들은 찾아보기 힘들다.

우리의 복지는 너그럽지만 전략적이다. 각 복지에는 그만한 사업적

이유가 있다. 우리는 시간제 단기 근무자에게도 종합 건강보험을 보장한다. 운동에 열정을 가진 사람들을 소매점에 채용하기 위해서이다. 또한 사내에 보육 시설을 두고 있다. 부모들이 자녀의 안전과 행복에 대해 걱정하지 않을 때 더 큰 생산성을 발휘한다는 것을 알고 있기 때문이다.

1984년 처음 문을 열었을 때 우리의 그레이트 퍼시픽 차일드 디벨로프먼트 센터는 전국에 120개밖에 없는 사내 어린이집 중 하나였다. 그 안에는 8주 미만 아기를 위한 영아 보육실과 유아부터 유치원생 나이의 아이들을 위한 방이 있었다. 학령기 아동을 위한 키즈 클럽에서는 방과 후에 어린이들을 부모 대신 센터로 데려와 아이들을 직접 데려와야 할 부모의 수고를 덜어 주고 부모들이 방과 후 아이들을 돌보는 일에 대해 걱정하지 않게 만들어 주었다. 우리는 벤투라와 리노에 사내 차일드 디벨로프먼트 센터를 두고 있으며 일본 지사에도 마련할 계획이다. 벤투라와 리노의 어린이들은 제2외국어로 스페인어를 공부하고 있다.

우리는 부모들이 모유를 수유하거나, 점심을 함께 먹거나, 언제든 센터를 방문해서 아이들과 어울릴 것을 장려한다. 낮잠 시간에 아이와 잠에 빠져 있는 아버지는 파타고니아에서 흔히 볼 수 있는 광경이다.

아이가 태어나고 처음 몇 해는 전 생애에서 가장 중요한 학습 시기로 알려져 있다. 두뇌가 활발히 성장하는 이 시기는 문제 해결이나 감각 처리, 언어, 사회적·정서적 기술을 비롯한 인지 능력을 익히기에 가장 좋은 시간이다. 이 시기에는 지각 기술뿐 아니라 대근육과 소근육 운동 기술을 비롯한 신체적 기술도 배운다.

아이들은 실수할 자유와 성공을 구조화할 기회를 허락받음으로써 환경을 통제할 수 있는 힘을 느끼며 이는 자부심, 독립심, 문제 해결 능력의 연료가 된다. 야외 경험은 실내에서는 경험할 수 없는 배움과 호기심의 세계를 넓혀 준다. 가정이나 질이 낮은 보육 시설에서 하루 몇 시간씩 TV를 시청하는 아이는 이런 기술을 개발할 기회들을 놓치고 있는 것이다.

차일드 디벨로프먼트 센터는 회사와도 긴밀하게 연결되어 있다. 야외의 운동장이나 부모의 사무실에 찾아온 아이들이 떠들고 웃는 소리는 우리 회사의 일상적인 소음이다. 핼러윈에는 아이들이 온종일 회사 건물 안을 누비고 다닌다. 어머니가 아이를 돌보면서 회의를 하는 것은 벤투라 본사에서 흔한 광경이다. 이 모습은 일과 아이가 꼭 양자택일의 문제가 아니라는 것을 일깨워 준다. 파타고니아의 보육 사업은 전국적으로 점점 많은 관심을 받고 있으며 센터의 보육사들은 안전하고 아이의 성장을 돕는 보육 시설을 만드는 데 도움을 달라는 다른 업체의 요청을 자주 받는다.

아이들은 어떻게 생각할까? 나는 어느 날 보육시설이 있는 건물에 가 4~5살 난 아이들 몇몇에게 이렇게 물었다. "얘들아 안녕? 학교가 마음에 들어?" 한 남자아이가 내 말을 바로 고쳐 주었다. "우리는 학교에 있는 게 아니고 회사에 있는 거예요. 우리 엄마는 저기에서 일하고 저는 여기에서 일을 해요."

아버지와 어머니가 매일 8시간 이상씩 사라져 버리고, 일이라는 개념에 대해 모르고 자라는 평범한 아이들과 얼마나 다른가! 대개의 아이들이 오클라나 나이키 같은 대기업의 후원을 받길 꿈꾸면서 그것이

차일드 디벨로프먼트 센터를 찾아 딸들과 시간을 보내고 있는 미셸 그린셀. 사진: 팀 데이비스

직업의 전부인 듯 생각하는 것도 무리는 아니다.

파타고니아의 차일드 디벨로프먼트 센터는 우리가 만드는 것 중에서도 단연 최고를 만들고 있다. 뛰어난 아이들을 말이다. 많은 보육사들이 아이들을 끊임없이 안아 주고 돌봐 준다. 온 마을이 엄청난 자극과 학습 경험을 제공하며 아이들을 길러 낸다. 그 결과 우리 아이들은 낯선 사람이 인사를 해도 엄마 치마 뒤로 숨지 않는다.

나는 서핑과 낚시를 하러 배를 타고 키리바시의 패닝섬에 간 적이 있었다. 300명 정도의 주민이 전통 미크로네시아 문화를 지키며 살고 있는 작은 산호섬이었다. 누군가가 그곳의 소녀들 대부분은 열대여섯 살에 임신을 한다고 말했다. 나는 끔찍한 일이라고 생각했다. 하지만 그곳의 문화에 점점 동화되면서 생각이 바뀌었다. 소녀들이 낳은 아기들은 조부모, 가까운 친척, 손위 자매들의 손에서 자란다. 좀 더 큰 아이들은 자연에서 마음껏 뛰고 달리며 지내는데 말 그대로 온 마을이 그들을 지켜 준다. 문화를 온전히 물려주는 동시에 아이들에게 최대한의 자극을 제공하는 시스템인 것이다.

우리는 아이들이 마음껏 기어오르고 뛰어내리고 돌아다니게 한다. 나이가 들어 유치원에 가면 그곳의 선생님들은 우리 아이들이 반에서 가장 자신감이 있고 공손한 아이라는 이야기를 전해 주곤 한다. 과거 우리들은 아이들이 하루 종일 맨발로 뛰놀게 했었다. 수업 시간에 아이들이 신을 신으려 하지 않는다는 교사들의 불만이 접수되기 시작할 때까지 말이다.

벤투라에는 500명이 넘는 직원이 있고 차일드 디벨로프먼트 센터에는 60여 명의 아이들이 있다. 우리는 부모들로부터 인근 보육 센터에 상응하는 보육료를 받는다. 우리가 100만 달러의 보조금을 투자하기 때문이다. 재정적 부담으로 보이지만 사실은 이익의 중심점이다. 여러 연구가 회사가 채용 비용, 훈련 비용, 생산성 저하 등 직원을 대체하는 데 드는 손실이 직원 봉급의 평균 20퍼센트 정도라는 것을 보여 주고 있다.[1] 벤투라에 있는 직원의 58퍼센트는 여성이며 그중 많은 수가 관리직에 있다. 차일드 디벨로프먼트 센터는 여성들이 쉽게 경력을 발전시키게 함으로써 파타고니아가 노련한 어머니들의 인력을 지킬 수 있게 해 준다. 어머니와 아버지들은 생산성 향상의 동기를 부여받으며, 차일드 디벨로프먼트 센터는 뛰어난 직원들을 끌어들인다.

한 가지 유의할 점이 있다. 보육 센터를 만들 생각이라면 최소한 8주의 유급 출산휴가를 주어야 한다(우리는 어머니에게 16주의 유급 휴가와 4

주의 무급 휴가를, 아버지에게는 12주의 유급 휴가를 제공한다). 그렇지 않으면 아직 부모가 된다는 개념이 확실치 않은 젊은 부부는 아이를 어린이집에 맡기고 돈을 벌러 직장으로 돌아가야 한다. 아기에게 태어나 처음 몇 달은 극히 중요한 시기이다. 이때는 보육 교사가 아닌 부모와의 유대 형성이 절실히 필요하다.

우리는 건강한 직원과 직원들 사이의 사회적 상호작용에 가치를 두기 때문에 몸에 좋은 유기농 식품을 제공하는 카페테리아를 운영한다. 대부분의 화장실에는 점심시간을 이용해서 조깅을 하거나 배구나 서핑을 즐기는 직원들을 위한 샤워 시설이 마련되어 있다.

당연히 직원의 제품 구매에는 후한 할인율을 적용한다. 이들 중 점차 부담이 커지고 있는 의료보험 외에는 특별히 비용이 많이 드는 것이 없다. 세금 보조금이 적용되는 보육 센터의 운영에는 회사의 추가 비용이 들어가지 않고, 카페테리아는 소액의 보조금만 있으면 된다. 파타고니아는 일하고 싶은, 어머니들이 일하기 좋은 100대 회사로 계속해서 이름을 올리고 있다. 일하기 힘든 회사를 누가, 대체 왜 경영하겠는가?

파타고니아 웍스의 CEO가 일하는 부모 지원, 특히 우리의 차일드 디벨로프먼트 센터 지원에 대해 버락 오바마 대통령으로부터 치하를 받고 있다. 2015년. 사진: 만델 응안/게티이미지

경영 철학

가장 강한 종이나 가장 지능이 높은 종이 살아남는 것이 아니다.
살아남는 것은 변화에 가장 잘 적응하는 종이다.

-찰스 다윈

20년 전 우리는 조직 개발을 전문으로 하는 심리학자를 고용했다. 그는 파타고니아에 자주적인 직원들이 평균보다 훨씬 많다고 이야기했다. 사실 우리 직원들은 너무나 독립적이고 자주적이라 일반적인 회사에는 취업을 할 수 없을 것이란 이야기를 듣곤 한다. 그 이후 전문적인 지식을 얻기 위해 많은 사람을 고용했기 때문에 우리의 상황도 조금 변했다.

우리는 하사관이 "가자!"라고 소리치면 아무런 질문 없이 참호에서 뛰어나가 돌격을 감행하는 보병 같은 사람들, 이래라 저래라 마음대로 부릴 수 있는 종류의 사람들을 고용하지 않는다. 우리는 지시만을 따르는 일개미들을 원하지 않는다. 나쁜 결정이라는 판단이 서면 어떤 지혜에도 의문을 제기하는 직원을 원한다. 우리는 일단 결단을 내리고 자신이 하는 일에 믿음을 가지면 셔츠든, 카탈로그든, 매장 디스플레이든, 컴퓨터 프로그램이든 가능한 최고의 품질로 만들어 내기 위해 미친 듯이 일하는 사람을 원한다. 이런 개인주의적인 사람들이 공통의 명분을 추구하도록 만드는 방법이 파타고니아 경영의 기술이다.

직원들을 명령으로 움직일 수 없기 때문에, 자신에게 요구되고 있는 일이 옳다는 확신을 주거나 스스로 그것이 옳다는 것을 확인하도록 만들어야 한다. 자립심이 강한 사람들 중에는 '이해'했다거나 그것이 '자신의 아이디어'가 되는 시점까지 일을 전면적으로 거부하는 이들도 있다. 더 나쁜 경우는 수동 공격적 반응을 보인다. 일을 완수할 것처럼 믿게 하면서 결국 일을 하지 않는 것이다. 조금 더 공손해 보이지만 결국은 더 비용이 많이 드는 거부의 형태이다.

우리처럼 복잡한 회사에서는 한 사람이 문제들에 대한 해답을 가지고 있을 수 없다. 각자가 해답의 일부를 갖고 있다. 최고의 민주주의는 합의에 의해 결정이 내려질 때, 모든 사람이 그 결정이 옳다는 합의에 도달할 때 존재한다. 타협에 근거한 결정은 정치에서와 같이 양측이 속았다거나 존중받지 못했다는 느낌을 받으면서 완전히 해결되지 않은 문제를 남기는 경우가 많다. 행동에 대한 합의를 만들어 내는 열쇠는 좋은 소통이다. 미국 인디언 부족들은 가장 부유하거나 강력한 정치 세력을 가지고 있다는 이유로 추장을 추대하지 않는다. 주로 위험을 무릅쓰는 용기, 웅변술을 가진 사람이 추장으로 뽑힌다. 이것들은 부족 내

위 | 점심시간의 취미 생활은 벤투라 본사에서 불과 두어 블록 떨어진 곳에서 이루어진다. 사진: 카일 스파크스 아래 | 누가 양복을 입고 넥타이를 매는 것이 당신을 더 나은 일꾼으로 만든다고 하던가? 자기 자리에서 일을 하고 있는 카야커, 서퍼, 스턴트맨이자 (이제는 은퇴한) 헐리우드의 장비 기술자 밥 맥두걸, 1995년경. 사진: 릭 리지웨이

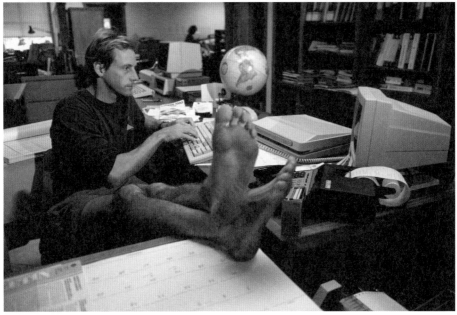

뛰어난 정비공 브래드 매칼리스터가 열심히 작업 중이다. 사진: 치로 페냐

의 합의를 도출하는 데 매우 유용한 덕목이다. 지금과 같은 정보화 시대의 관리자들은 직접 돌아다니며 사람들과 이야기를 나누기보다는 책상에 앉아서 컴퓨터 스크린만 쳐다보면서 지시를 내리고 싶은 유혹을 느낀다. 하지만 최고의 관리자들은 책상에 앉아 있지 않는다. 그들은 보고하는 아랫사람들이 쉽게 찾고 접근할 수 있는 곳에 있다.

파타고니아의 사무실들은 이런 발상을 뒷받침한다. 우리 회사에는 개인 사무실이 없다. 모두가 문이나 칸막이가 없는 개방된 공간에서 일을 한다. 이때 희생된 '조용히 생각할 공간'은 더 나은 소통과 평등한 분위기가 벌충하고도 남는다. 무리 지어 사는 동물과 인간은 서로로부터 끊임없이 배움을 얻는다. 우리 카페테리아는 몸에 좋은 유기농 식품을 제공하는 외에도 하루 종일 모두에게 비공식적인 회의 장소로 개방되며 누구나 편리하게 이용할 수 있다.

자연계는 우리 눈에는 혼란스럽게 보이지만 실상은 대단히 체계적이다. 다만 중앙에 집중된 상명하복 방식이 아닐 뿐이다. 개미 군락을 연구하는 스탠퍼드대학의 데보라 고든 교수는 군락 안에는 책임자 격의 특정한 개미가 존재하지 않으며 중앙의 제어도 없다고 말한다. 하지만 각각의 개미는 자신의 일이 무엇인지 알며 단순한 상호작용의 방식으로 서로 소통을 한다. 이것이 어우러져 효과적인 사회적 네트워크를 만들어 낸다고 말했다.

독재국가처럼 중앙 집중화된 하향식 시스템은 위계질서를 유지하는 데 엄청난 힘과 노력이 필요하다. 모든 하향식 시스템은 결국 무너지고 시스템은 혼란에 빠진다.

미국 해군의 엘리트 특수부대, 네이비씰에는 리더가 있지만 장병들 모두가 임무를 완벽하게 파악하고 있으며 자신의 개별적인 임무는 물론 다른 사람의 임무가 무엇인지도 잘 알고 있다. 때문에 자율적 관리가 가능하다. 리더가 제 기능을 하지 못하는 상황이 오면 누구든 그 역할을 맡을 수 있다.

관리직을 구할 때는 관리자와 진짜 리더의 차이를 아는지 확인하는 일이 중요하다. 예를 들어 은행의 지점장은 위험을 피하고(상부의 승인이 없는 대출을 하지 않고), 전략 계획을 실행하고, 평상시와 같이 일이 굴러가게 만들어야 한다. 조리사와 주방장의 차이와 비슷하다. 두 사람 모두 음식을 만들지만 주방장은 요리법을 개발하고 주방을 관리하는 반면 조리사는 요리법을 따라 할 뿐이다. 리더는 위험을 감수하고, 장기적인 비전을 갖고, 전략 계획을 세우고, 변화를 만든다.

최고의 리더십은 본보기를 보이는 것이다. 말린다와 나, CEO의 사무 공간은 모두에게 열려 있고 우리는 늘 사람들과 만날 여유를 갖기 위해 노력한다. 우리나 고위 경영진 누구에게도 특별한 주차 공간을 주지 않는다. 가장 좋은 자리는 연료 효율이 높은 차들의 몫이다. 차 주인이 누구든 말이다. 말린다와 나는 카페테리아에서 돈을 내고 밥을 먹는다. 그렇지 않으면 직원들에게 회사의 것을 가져가도 괜찮다는 메시지를 전달하는 꼴이 될 것이다.

우리 같은 가족적인 회사는 독재적이고 권위적인 규칙이 아닌 신뢰를 기반으로 운영된다. 고위 경영자나 CEO가 회사를 떠나야 하는 경우에도 혼란이 발생하지 않는다. 일은 그들이 여전히 자리에 있는 것처럼 계속된다. 그들이 아무 일도 하지 않아서가 아니라 시스템의 자기 조절 능력이 뛰어나기 때문이다.

물론 근무시간 자유 선택제가 좋아서 우리 회사를 다니는 사람도 있을 것이다. 하지만 최고의 직원들은 신뢰가 없는 회사에서 일하기를 원하지 않는다. 그들은 나의 MBA(부재를 통한 경영) 스타일이 단순히 사무실에서 나가고 싶은 내 욕망이 아니라 그들에 대한 내 신뢰를 보여 주는 징표라는 것을 이해하고 있다.

기업의 자연스러운 성장이라는 개념은 우리가 감당할 수 있을 만큼의 작은 규모를 유지하는 데 도움이 된다. 나는 최상의 소통을 확보하고 관료주의를 피하려면 한곳에서 일하는 사람이 100명 이하인 것이 이상적이라고 생각한다. 이것은 개인적인 책임감을 느끼는 소규모 사회에서 민주주의가 잘 운영된다는 사실과 일맥상통한다. 규모가 작은 셰르파(Sherpa, 히말라야에 사는 부족. 등반 가이드나 짐 운반과 같은 일을 한다.-옮긴이)나 이누이트(Inuit, 캐나다 북부, 그린란드, 알래스카 등지에 사는 종족-옮긴이) 마을은 미화원이나 소방수를 고용할 필요가 없다. 모두가 지역사회의 문제를 돌본다. 경찰도 필요치 않다. 동료들의 압력 속에서는 악한 마음을 갖기가 어렵다. 가장 효율적인 도시의 규모는 산타바바라, 오클랜드, 피렌체처럼 도시의 모든 문화와 편의 시설을 갖추고도 여전히 통제가 가능한 인구 25만에서 35만 정도이다.

성장에 뒤따르는 관리의 문제들과 자립심이 강한 사람들을 고용하고 그들을 신뢰하는 철학을 유지하는 일 사이의 균형을 찾는 것은 파타고니아 성공의 열쇠이다. 모든 기업에는 이상적인 규모가 있다.

『소그룹의 창의성(Creativity in Small Groups)』 작가인 알렉산더 폴헤어는 4~7명 사이의 그룹이 문제 해결에 가장 성공적이라는 것을 보여 주었다. 헤어가 관찰한 것처럼 작은 집단은 보다 민주적이고 평등하며 상조적이고 협력적이고 포괄적이다. 수백 개의 공장과 직장을 대상으로 한 연구 결과, 소규모 집단으로 나뉜 근로자들에게서 결석률 저하, 질병 감소, 생산성 증가, 사회적 상호작용 증가, 사기 증진이 확인되었다. 각자 좋은 인간이 되는 일에 집중하게 되고, 노동의 의미와 결실을 공유하게 되기 때문일 가능성이 크다.

말린다와 나는 늘 파타고니아가 나아가는 방향과 운영에 긴밀하게 연관되어 있었지만 또 늘 CEO를 두고 있기도 했다. 파타고니아가 40년의 역사 동안 7명의 CEO를 두었다는 사실을 적임자를 찾고 유지하는 데 실패한 것으로(혹은 파타고니아의 두 고지식한 소유주가 권력을 포기하지 못한 것으로) 생각할 수 있다. 그러나 되돌아보면 유통, 재무, 생물학, 네이비씰, 교육, 그 어떤 배경을 가졌든 CEO들 각각이 회사에 가치 있는 일련의 다양한 기술을 끌어들였다.

모든 것을 잘할 수 있는 한 사람을 찾는 것은 힘들다. 예를 들어, 회사의 규모를 줄이기 위해 고용한 사람은 안정화된 회사를 이끄는 데 필요한 CEO가 아닐 수 있다. 새로운 소매점을 만드는 책임을 맡은 사람은 기존 매장의 운영을 맡은 관리자와는 다른 기술을 가지고 있어야 한다. 전자는 창의적이고 편의를 중시하는 사람이어야 하고 후자는 관리하고 보살피는 일에 능한 사람이어야 한다.

미국에서 가장 성공한 CEO들(매번 요란하게 회사를 옮겨 다니며 명성을 높이는 CEO들이 아니라)에 대한 연구를 보면 그들이 공통적으로 가지고 있는 요소가 있다. 그들은 손으로 하는 일을 즐긴다. 나이 든 CEO들은 (직접 자기 차를 만질 수 있었던) 고등학교 때 작업한 자동차를 가지고 있거나 차고에 목공 작업장을 두고 가구를 만들었다. 수도에 나사받이가 필요하거나 문이 잘 닫히지 않을 때면 그들은 직접 팔을 걷어붙인다. 어떤 종류의 문제가 생기든 이런 사람들에게는 수리공이나 컨설턴트를 부르지 않고도 그 문제에 대해서 충분히 생각한 뒤 직접 해결할 수 있다는 자신감이 있다. CEO의 수명은 그 사람의 문제 해결 능력과 일에 적응하고 성장하는 능력에 정비례한다.

문제가 발생하면 능력 있는 CEO는 바로 컨설턴트를 고용하지 않는다. 외부인은 당신만큼 당신 사업을 잘 알지 못한다. 더구나 내가 알게 된 바에 따르면 대부분의 컨설턴트는 실패한 기업 출신이다. 문제와 정면으로 맞서서 직접 해결하기 위해 노력하는 것만이 다른 형태로 같은 문제가 발생하는 것을 막을 수 있다. 정말로 그 문제를 해결하는 열쇠는 모든 증상을 지나 실재적인 원인에 이를 때까지 충분한 질문을 계속 던지는 것이다. 소크라테스의 문답법이나 토요타 경영진이 '다섯 번의 왜(five whys)'라고 부르는 방식으로 말이다.

최근 우리는 일본에서 전형적인 매출 하락을 겪었다. 2003년 11월과 12월 모든 유통 채널에서의 매출이 30퍼센트 급감했다. 우리는 그 이유를 찾았다. 재고의 20퍼센트는 그 전해 겨울에 크게 유행했던, 오리털과 합성섬유가 채워진 불룩한 패딩 재킷이었다. 2003년에도 같은 반응을 기대했지만 그런 일은 일어나지 않았다. 우리는 일본 패션 추세를 따라잡지 못한 스스로를 자책했다. 하지만 거기에서 그칠 수는 없었다. 더 많은 질문이 필요했다. 겨울 제품 라인의 다른 제품들도 판매가 저조했나? 그렇다. 만약 여기에서 질문을 멈췄다면 변덕이 심한 일본 시장에 제대로 대응하지 못했다는 결론을 내린 뒤 검은색 오리털 패딩 재킷 재고를 염가로 처리하기 시작했을 것이다.

하지만 우리는 질문을 더 던졌다. 다른 기업과 중개상들의 상황은 어땠나? 그들 역시 하락세를 겪었나? 그렇다면 이유는 무엇인가? 11월과 12월의 날씨가 계절에 맞지 않게 따뜻했다. 아무도 겨울 의류를 팔지 못했다. 때문에 우리는 재고를 덤핑으로 넘기지 않고 계속 버텼다. 1월이 되자 마침내 날씨가 추워졌고 스키장에 눈이 왔다. 매출이 갑자기 상승했다. 할인을 하지 않고도 겨울 의류의 재고를 빠르게 소진시킬 수 있었다. 한두 개의 질문만 던진 후에 움직였다면 우리는 '날씨가 춥지 않다'라는 진짜 이유를 파악하지 못했을 것이다.

어떤 이유에서든 1990~1991년에 경험했던 것과 같은 부진을 또 한번 경험하게 된다면, 우리는 우선 고용을 동결하고, 불필요한 출장을 줄이고, 전체적인 지출을 줄이는 정책을 취할 것이다. 위기가 더 심각해지면 고위직 관리자와 소유주의 보너스를 없애고 봉급을 줄일 것이다. 다음으로 근무일 수를 줄이고, 급여를 줄이고 마지막에 최후의 방법으로 사람들을 해고할 것이다.

다음 수백 년을 내다봐야 하는 기업의 소유주와 관리자들은 변화를 사랑해야 한다. 역동적인 기업의 관리자에게 가장 중요한 임무는 변화를 자극하는 것이다. 조너선 와이너는 그의 저서 『핀치의 부리』에서 호박 안에 보존된 채 발견된 곤충에 대해 이야기한다. 수백만 년 된 이 표본 속의 곤충은 지금 살고 있는 종과 같은 모습을 하고 있다. 그러나 한가지 큰 차이가 있다. 현대의 곤충은 농약으로 뒤덮인 식물을 건드린 후에는 다리를 떼어 버리고 새 다리를 생성시키는 능력을 개발했다. 놀랍게도 이 능력은 살충제의 사용이 시작된 2차 세계대전 직후부터 진화되었다. 여기에서 우리는 진화(변화)는 스트레스 없이 일어나지 않으며, 대단히 신속하게 진행될 수 있다는 교훈을 얻을 수 있다.

진화와 자연선택의 과정을 믿지 않는 미국 인구의 48퍼센트, 지구와 생물이 겨우 1만 년 전 신에 의해 만들어졌다고 믿는 보수 복음주의자들은 변화를 좀 더 높은 단계로 성장하고 진보할 기회가 아닌 위협으로 본다.

산을 오르는 것은 사업과 인생의 본보기 역할을 하는 일이다. 산에 어떻게 오르느냐가 정상에 이르는 것 자체보다 중요하다는 점을 아는 사람은 많지 않다. 똑같이 에베레스트에 오르더라도 단독으로 산소통을 사용하지 않고 오를 수도 있고, 가이드와 셰르파를 고용해 짐을 지게 하고, 크레바스(crevasse, 빙하의 깊은 틈 - 옮긴이)를 가로지르는 사다리를 놓게 하고, 1800미터에 이르는 고정된 로프에 몸을 맡기고, 셰르파 한 명에게는 앞에서 당신을 당기고, 다른 한 명에게는 뒤에서 밀라고 하면서 산소통 계기판을 '해발 3000미터'에 맞춰 두고 오를 수도 있다.

이런 식으로 에베레스트를 오르려는 부유하고 영향력이 큰 성형외과 의사나 CEO들은 목표, 즉 정상에 지나치게 집착한 나머지 과정을 타협해 버린다. 높고 위험한 산을 등반하는 목표는 영적이고 개인적인 성장이 되어야 한다. 전 과정을 타협해 버린 사람에게는 이런 성장이 있을 리 없다.

위험한 스포츠를 하는 데 따르는 스트레스가 자아 발전을 이끄는 것과 마찬가지로 기업도 성장하려면 스스로에게 끊임없이 스트레스를 주어야 한다. 우리 회사는 위기가 있을 때마다 최고의 성과를 거두었다. 회사 전체가 재래식 목화에서 유기농 목화로의 전환을 위해서 힘을 모았던 1994~1996년만큼 직원들이 자랑스러웠던 적은 없었다. 이 위기를 계기로 우리의 철학을 글로 남기게 되었다. 위기가 없으면 우리의 현명한 리더나 CEO는 위기를 만들어 낼 것이다. 거짓 경고가 아니라 변화로 직원들의 도전 의식을 북돋움으로써 말이다.

유목 사회는 상황이 나빠지고 나서야 짐을 꾸리고 거처를 옮긴다고 생각할지 모르겠다. 하지만 현명한 리더는 모든 일이 잘 돌아갈 때, 누구나 느긋하고, 게으르고, 행복한 때에도 움직여야 한다는 것을 안다. 지금 움직이지 않으면 진짜 위기가 닥쳤을 때 움직이지 못할 수도 있다. 시어도어 루스벨트는 이렇게 말했다. "기분 좋은 평화와 안정 속에서 인간의 영혼은 얼마나 빨리 죽어 가는지."

밥 딜런이 노래하듯이, "사람은 느긋하게 태어나서 바쁘게 죽어 간다."

문화와 가치관이 뚜렷한 회사에 새로 들어온 직원이라면, 평지풍파를 일으키거나 현상에 이의를 제기하지 말아야겠다는 생각을 할 수도 있다. 물론 가치관은 절대 변해서는 안 된다. 하지만 모든 조직, 기업, 정부, 종교는 적응력과 회복력을 가져야 하며 새로운 아이디어와 운영 방법을 끊임없이 받아들여야 한다.

해양보호목자협회(Sea Shepherd Conservation Society)의 스티브 어윈호에 타고 있는 더그 톰킨스 (1943~2015)가 일본의 고래잡이 어선에 악취탄을 던지고 있다. 사진: 에릭 쳉

환경 철학

유한한 지구 위에서 무한한 성장이 가능하다고 생각하는 사람이 있다면
미친 사람이거나 경제학자일 것이다.

– 케네스 볼딩

나는 자연계의 운명에 대해 극히 비관적이다. 평생에 걸쳐 지구상에서
건강한 삶을 유지하는 데 필수적인 모든 과정들이 끊임없이 악화되는
모습을 보아 왔기 때문이다. 개인적으로 알고 있는 환경 분야의 과학
자들과 사상가들의 대부분 역시 비관적인 입장이다. 그들은 우리가 인
류와 다른 종들의 극히 가속화된 멸종을 경험하고 있다고 생각한다.

에드워드 O. 윌슨은 『생명의 미래』에서 우리가 살고 있는 시간을 '자
연 최후의 보루'라고 묘사한다. 세계의 삼림과 민물과 해양 생태계의
상황을 측정하는 그의 '지구생명지수(Living Planet Index)'는 인류가 스
스로 만든 위기와 환경적 난관에 처해 있다고 말한다. 윌슨은 21세기
는 환경의 세기가 될 것이라고 주장한다. 정부, 민간, 과학계가 즉시 힘
을 합해 환경 파괴의 문제를 해결하는 일을 시작하지 않는다면 지구는
재생 능력을 잃게 될 것이고, 우리가 알고 있는 모든 생명체들은 종말

에 이를 것이다.

내가 비관적인 입장을 갖고 있는 것은 임박해 오는 불행한 결말에 대비해 무슨 일이든 할 의지를 사회 어디에서도 전혀 발견하지 못했기 때문이다. 비관주의자가 "다 끝났어. 뭔가를 하려고 애쓸 필요 없어. 투표 같은 건 생각하지 마. 아무것도 달라지지 않아"라고 말하는 것과 낙관주의자가 "안심해. 모든 게 다 잘될 거야"라고 말하는 것에 무슨 차이가 있는가? 어느 쪽이든 결과는 같다. 아무 일도 일어나지 않는다.

나는 가장 근본적인 의미에서 악의 영향력이 선의 영향력보다 강하다고 믿는다. 악이라는 말로 내가 의미하는 것은 도덕적으로 나쁘고 파괴적인 것이다. 나는 쉽게 좋은 일을 할 수 있는 상황에서도 조직, 정부, 종교, 기업, 심지어는 스포츠마저 더 악해지는 경우를 수없이 많이 봐왔다. 이런 믿음을 통해 나는 긴장하고, 뒤통수를 맞는 일을 피하고, 피해자가 되지 않을 수 있었다.

이런 어두운 생각이 나를 침체시키거나 우울하게 만드는 것은 아니다. 사실 나는 행복한 사람이다. 이 모든 문제에 대해서 나는 불교도로서의 입장을 취한다. 나는 모든 것에 시작과 끝이 있다는 사실을 받아들인다. 인간이라는 종은 올 데까지 왔고 이제는 더 지능이 높고 책임감이 있는 다른 생명체에게 자리를 내줄 때가 되었는지 모른다.

전 세계 물 소비는 20년마다 2배씩 증가하고 있다.
인구 증가 속도의 2배가 넘는다.
현재의 추세가 계속된다면 2025년에는 담수에 대한 수요가
이용 가능한 양보다 56퍼센트 늘어날 것으로 예상된다. -모드 발로

경고

1992년 참여 과학자 모임(Union of Concerned Scientists)이라는 일단의 사람들이 세계의 상태에 대한 입장을 밝히는 성명을 내놓았다.[1] 104명의 노벨 수상자를 비롯한 전 세계 1700명 이상의 과학자들이 여기에 서명했다. 다음은 이 선언문의 일부이다.

> 인간과 자연계는 지금 충돌 과정에 있다. 인간의 활동은 환경과 주요 자원을 무차별 공격하여 돌이킬 수 없는 상처를 입히고 있다. 제지하지 않으면 기존의 관행들이 우리 사회, 동식물계의 미래를 위험에 빠뜨릴 것이고, 우리가 알고 있는 방식으로는 삶을 지속할 수 없을 만큼 현 세계를 변화시키게 될 것이다. 현재의 방향이 불러올 충돌을 피하기 위해서는 근본적인 변화가 시급하다.
>
> 이 선언문에 서명한 세계 과학계의 원로 과학자들은 이 자리에서 전 인류에게 우리 앞에 놓인 것들에 대해 경고한다. 인류의 엄청난 비극을 피하고 지구상의 우리 안식처가 돌이킬 수 없을 정도로 훼손되는 것을 피하기 위해서는 지구와 모든 생명체를 관리하는 방식에 큰 변화가 필요하다.
>
> 인류는 종으로서의 생존, 생존할 수 있는 조건, 인간적이라는 의미와 관련해 진정한 세계적 위기를 처음으로 맞고 있다. 우리가 지성과 통찰력, 신속함으로 행동에 나설 의지와 기지를 가지기만 한다면 원칙적으로 과학자들이 언급한 어떤 문제도 해결하지 못할 것이 없다.

이 경고들에 대한 흔한 반응은 그 진실성을 부정하는 것이다. 보다 정교한 형태의 부정은 전문 분야를 넘어서는 문제를 걱정할 시간이나 지식이 없다고 변명하는 것이다. 이런 모든 형태의 부정 뒤에는 누군가 다른 사람이 이 문제를 해결하거나 기술이 때맞춰 인류를 구해 줄 것이란 근거 없는 희망이 있다.

―이본 쉬나드

이 모든 것에서 벗어나서. 사진: 제프 디바인

나는 행동이 우울한 마음을 치유해 준다는 것을 발견했다. 또한 직접적인 행동은 파타고니아 환경 철학의 기반이다. 우리가 사업을 하는 주된 이유는 정부와 기업들이 환경 위기를 무시하지 못하게 하는 것이다. 따라서 행동은 절대적으로 필요하다. 아무것도 하지 않으면 언제나 악이 승리한다.

나는 정부가 옳은 일을 하려면 모든 계획의 전제를 사회가 백 년 동안 더 이어질 것이라는 데 두어야 한다고 믿어 왔다. 이로쿼이 인디언은 거기에서 더 나아가 7세대 앞의 미래를 본다. 우리 정부가 이런 식으로 행동한다면 오래된 숲을 개벌하거나 20년 뒤에 토사로 막힐 댐을 건설하지는 않을 것이다. 이런 정부라면 인구의 증가는 곧 소비자의 증가라는 계산을 근거로 아이를 많이 낳으라고 국민을 부추기지는 않을 것이다.

내가 장기적인 계획이 진심으로 옳다고 믿는다면 파타고니아 역시 따라야 한다. 책임 의식이나 지속 가능성에 대해서 생각할 때면 미군으로 한국에 주둔할 때를 떠올린다. 나는 농부들이 논에 분뇨를 거름으로 뿌리는 것을 보았다. 3천 년 동안 사용해 온 방법이었다. 각 세대의 농부들은 자신들이 물려받았을 때보다 더 나은 상태로 땅을 물려주어야 한다는 책임감을 갖고 있었다. 이런 접근법을 미국 중서부에서 이루어지고 있는 현대적 기업식 농업과 비교해 보라. 30리터의 옥수수를 키우기 위해서 60리터의 표토를 황폐하게 만들고[2] 지하수를 보충되는 것보다 25퍼센트 빠른 속도로 퍼 올리는 관행을 말이다.[3]

책임감 있는 정부라면 농부들이 토지를 잘 관리하고 지속 가능한 농업을 실행하도록 장려할 것이다. 하지만 인류와 다른 야생 동식물의 미래 세대가 살 수 있는 곳으로 유지하는 책임을 왜 농부, 어부, 삼림 감독관에게만 지워야 할까?

작은 규모로 할 수 있는 지속 가능한 경제적 노력의 예시는 몇 개 떠오르지 않는다. 선별적인 임업, 어업, 소규모 농업 등이다. 이들은 본질적으로 태양의 산물이고 햇빛은 무료이기 때문에 최종 산물에서 끝내기보다 더 많은 자원과 에너지를 사용하지 않는 것이(즉 낭비를 없애는 것이) 가능하다. 이런 지속 가능성 역시 토양과 물이라는 주된 영양소가 다른 일에 의해 고갈되지 않는다는 가정에 의존한다.

'지속 가능성'이라는 말은 '고급(gourmet)'이나 '모험(adventure)'이라는 말처럼 너무나 많이 오용되고 남용되어서 그 의미를 잃고 말았다.

'지속 가능한 개발'은 지속 가능한 것과 거리가 멀다. '고급 햄버거'는 이름이 주는 느낌만큼 꼭 그렇게 맛있지만은 않다. 웹스터 사전에 있는 모험에 대한 정의는 위험이라는 요소를 나타내지만 '모험 여행'에서는 위험을 전혀 찾아볼 수 없다.

18세기 유럽인들에 의해 식민지가 되기 전 태평양 연안 북서부의 토착민들이 가지고 있던 연어잡이 문화는 지속적인 라이프스타일의 좋은 예이다. 연어는 매년 강으로 올라왔고 사람들은 자신들에게 필요한 만큼의 연어만을 잡았다. 나머지는 알을 낳아 장래에 더 많은 연어를 생산하도록 놓아주었다. 삼림 역시 가까운 곳을 적절한 규모로 선택해 사용했기 때문에 지속 가능했다.

디젤 엔진을 단 대형 보트로 바다를 돌아다니며 어린 물고기나, 은연어, 무지개송어와 같은 멸종 위기종을 가리지 않고 잡아들이는 현대의 연어잡이 관행과 비교해 보라.

한 마리의 연어

프레이저, 스키나, 컬럼비아, 새크라멘토, 샌와킨 등으로 이루어진 북서아메리카의 거대 수계가 만들어졌을 때 거기에는 여러 종류의 연어들이 들어차 있었다. 우아함, 힘, 미스터리, 연민의 상징으로 남녀 간의 사랑만큼이나 깊은 사랑을 불러일으켰던 물고기가 말이다.

네바다의 북동쪽 구석에는 연어 개울이 있다. 불과 70년 전까지만 해도, 어쩌면 더 최근까지도 연어들은 아스토리아에서 컬럼비아를 거쳐 스네이크강에 이르는 3개월간의 여정 끝에 이 평화롭고 사랑스러운 고원 계곡으로 돌아와 알을 낳고 죽음을 맞았다. 이 개울을 따라 걷다 보면, 자갈 속에 죽은 자식들을 영원히 애도하는 어머니가 가질 법한, 으스스한 상실감과 뚜렷한 외로움과 슬픔이 깃들어 있는 것처럼 느껴진다.

비탄에 잠겨 있는 것은 이 개울만이 아니다. 지구상에서 영원히 사라져 다시는 돌아올 수 없는 불운한 새끼들을 애도하고 비통해하며 통곡하는 어미들의 슬픔은 캘리포니아, 오리건, 아이다호, 워싱턴, 캐나다를 비롯한 대륙 전역에 퍼져 있다. 지난해 아이다호까지 올라온 붉은 연어는 단 한 마리뿐이었다.

그리 멀지 않은 과거만 해도 말 그대로 셀 수 없이 많은 연어가 컬럼비아강 하구를 지났다. 밀쳐져서 제방으로 올라오는 연어가 있을 정도였고 이 강의 너비는 1.6킬로미터에 달했다.

최근 나는 보너빌 댐의 끔찍한 성벽 위에 올라가 보았다. 한때 엄청난 수의 연어 떼가 자유롭게 헤엄을 치던 곳이었다. 그 순간 악마는 상상 속 불타는 동굴이 아니라 차가운 콘크리트와 강철 안에 살고 있다는 것을 깨달았다. 이곳은 지옥의 중심이었다. 사탄이 강과 그 강의 아이들을 반복해서 죽이는, 여러 위성 지옥으로 이루어진 제국을 다스리면서 비슷한 살해를 계속해서 저지르는 그런 곳이었다. 목이 졸린 물의 노호는 공포와 혐오의 거센 울부짖음처럼 들린다. 나는 요청을 받고 위원회에 참가했다. 이것이 달걀로 바위 치기에 지나지 않는다는 것을 잘 알면서도 말이다. 폭발물을 설치하거나 군단을 투입시킬까 잠깐 생각해 보았지만 소용없는 짓이다. 악을 중화시키려면 동등한 힘, 신의 힘이 필요했다. 흔히들 신은 복수하는 게 아니라 용서한다고 한다. 하지만 우리에게는 이 땅을 굽어보고 손을 뻗어 크라카타우 화산과 수소폭탄과 역사상 모든 번개를 합친 것의 수백 배에 달하는 분노와 정의의 급류를 일으키며, 폭발을 이어가고, 지상을 한 세기 동안 덮을 만한 독가스와 구름을 만들면서, 오로빌, 섀스타, 헤츠헤치, 님버스, 드라이크릭, 필스버리, 그랜드쿨리, 댈러스, 존데이, 드워섁, 보너빌 등의 장소들에서 귀청이 터지고 눈이 멀듯한 대재앙으로 악마의 성을 산산조각 내 버릴 그분, "복수는 나의 것"이라고 말할 그분이 필요하다. 악마는 늘 그렇듯 되돌아오겠지만 시간이 조금은 걸릴 것이다.

-러셀 채텀

이런 식의 어업 관행은 브리티시컬럼비아 프레이저강의 붉은 연어처럼 한 어종을 표적으로 하는 경우에도 프레이저강을 이동 중인 20여 개 지류 출신의 붉은 연어들을 딱히 구분하지 않고 잡아들인다. 이들 지류 중에는 개체수가 몇 백 마리에 불과해 멸종 위기에 처한 종도 있다. 한 가지 해법은 아이슬란드와 같은 대양에서의 상업적 연어 어획을 중단하고 연어가 강으로 올라올 수 있게 한 뒤 그곳에서 통발, 피시 휠(fish wheel, 수력으로 물레방아처럼 움직이는 물고기잡이 장치 – 옮긴이), 어살(weir, 물고기를 잡기 위하여 물속에 나무를 세워 고기가 들어가게 하는 나무 울 – 옮긴이)을 이용해 선택적으로 어획하는 것이다. 무지개송어와 같이 표적이 아닌 어종은 낚시꾼들을 위해 풀어 줄 수 있다.

현대적 산업 산림은 지속 불가능한 농업의 가장 좋은 예들을 보여준다. 현대적 산림 관리는 농업으로 여겨진다. 미 산림청이 내무부가 아닌 농무부 산하에 있기 때문이다. 우리의 숲은 수확하고 다시 심고, 자라면 자르고 다시 심는 일을 무한정 반복하는 곡물처럼 재생 가능한 자원으로 취급받는다.

개벌은 가장 비용 효율이 높은 수확 방법이며 솔송나무나 오리나무 같이 생장이 느리고 가치가 낮은 나무는 제거된다. 개벌 뒤에는 불을 지른 후에 미송 같은 단작물을 심는다. 문제는 자연이 단일 작물을 좋아하지 않는다는 데 있다.

개벌과 거기에 수반되는 (산림청의 지원을 받는) 도로 건설은 침식을 유발한다. 이로써 강에 토사가 쌓이면서 연어의 이동을 막는다. 두 번째로 자란 나무들에서 나오는 목재는 질이 떨어지며, 미 북서부의 미송 농장을 위협하는 바이러스와 같은 질병에 더 취약하다. 세 번째 작물이 자라려면 엄청난 양의 비료가 필요하다. 네 번째 작물은 자랄 수 있는지조차 의심스럽다. 이를 재생 가능한 자원이라고 할 수 있을까?

경제 활동에서 어느 정도의 지속 가능성을 달성하는 일에 대해서 내가 알고 있는 것들의 대부분은 정원을 가꾸는 과정에서 배운 것이다. 내가 살고 있는 곳의 땅은 제한적인 방목 이외에 농사를 지을 수 없는 땅이다. 지구상에 있는 땅의 90퍼센트가 이런 토질을 갖고 있다. 우리 정원의 흙은 밀도가 높은 무거운 진흙이다. 진흙을 깨뜨리기 위해서 우선은 흙을 두 번 뒤집어 주어야 했다. 그 과정에서 삽 머리가 두 번이나 부러졌다. 해변에서 모래를, 근처의 버섯 농장에서 버섯 퇴비를, 진흙이 뭉치지 않도록 석고를 가져와야 했다. 땅이 강한 알칼리성이라 황을 추가해야 했다. 또한 질소가 부족해서 닭, 라마, 암소의 거름, 파타고니아 카페테리아에서 나온 해초와 야채 부스러기로 만든 퇴비, 집 주방의 지렁이 퇴비 시스템에서 나온 퇴비를 뿌렸다. 질소가 빠져나가지 않도록 피복작물(비료나 토양 보호용으로 밭에 심어 두는 작물 – 옮긴이)로 클로버와 잠두를 심어야 했다.

몇 년 동안 애쓴 끝에 마침내 매년 양질의 퇴비만 주면 되는 좋은 땅을 갖게 되었다. 하지만 그 땅이 우리의 유일한 식량 공급원이었다면 우리는 계속 굶주렸을 것이다. 외부의 것들을 동원해 이렇게 개량해 놓은 작은 5평짜리 정원은 유기적이라고는 할 수 있어도 지속 가능하다고 말하기는 힘들었다. 자연 그대로의 표토에는 지렁이, 50억 박테리아, 2천만 균류, 백만의 원생생물이 있지만 내 땅에는 이런 생물들이 부족했다. 이 모든 유기체들은 건강한 새 토양을 만들고, 질소를 생성하고, 기반암에서 인간의 건강에 꼭 필요한 미네랄을 방출하는 데 꼭 필요했다. 그런데 내가 집에서 쓰는 물을 정원에 댄 것이 토양의 미생물을 죽이고 있었다. 나는 호스에 맞는 필터를 구입했다.

석유에 의존하는 현대적 기업식 농업의 소위 녹색혁명은 전혀 지속 가능성이 없다. 코넬대학의 데이비드 피멘텔은 전 세계가 지금의 미국과 같은 방식으로 먹고 농사를 짓는다면 우리에게 알려진 세계의 모든 화석연료 매장량이 단 7년 만에 고갈될 것이라고 추정했다. 〈내셔널 지오그래픽〉지에 따르면, 한 마리의 암소를 키우는 데 1배럴(약 159리터)의 원유가 필요하다. 현대의 농업은 표토를 1년에 2.5센티미터의 속도로 훼손시킨다. 자연이 생산성 있는 토양 2.5센티를 만드는 데는 1000년의 시간이 걸린다. 미국 중서부에서는 30리터의 옥수수를 키우기 위해 60리터의 표토를 황폐하게 만들고 있다. 기업식 농업은 엄청난 양의 화석연료 비료와 유독한 화학물질에 의존한다. 지하수를 보충되는 것보다 25퍼센트 빠른 속도로 퍼 올린다. 결국 소규모 유기농 농법으로 재배할 수 있는 것보다 적은 식량이 생산된다. 1991년 영국 의학연구회의 연구는 채소의 경우 1940년에 비해 최대 75퍼센트의 영양소를 잃었고 고기는 무기물의 절반을, 과일은 약 2/3를 잃었다는 것을 보여 주었다.

일본의 농부 후쿠오카 마사노부는 그의 책 『짚 한 오라기의 혁명』에서 땅을 갈거나, 관개를 하거나, 화학물질을 사용하지 않고도 산업형 농업과 같은 양의 쌀을 생산한다고 말했다. 캘리포니아 에콜로지 액션(Ecology Action)의 존 제본스는 바이오 인텐시브 농법(biointensive method)을 사용해서 기계적, 화학적 농사 기법을 사용하는 농장보다 1에이커당 2~6배 많은 채소를 생산할 수 있었다고 보고했다. 바이오 인텐시브 농법은 무엇보다 생산되는 곡물 1파운드당 33퍼센트, 채소와 큰 씨나 단단한 껍질이 없는 딸기 같은 과일의 경우 12퍼센트 적은 물을 사용할 수 있는 잠재력을 갖고 있다.[4]

내 정원에는 어떤 유형의 유독 화학물질이나 인공 비료도 사용할 필요가 없었다. 식물이 건강했고 질병과 곤충에 대한 자연 내성을 가지고 있었기 때문이다. 나는 작물을 번갈아 심었고 다양성을 위해 여러 가지 작물을 함께 심었다. 따라서 한 가지 작물만 심었을 때 생기는 곤충과 질병의 피해도 없었다. 집 지붕 처마에는 100마리 정도의 제비가 둥지를 틀고 있었기 때문에 이런 천연의 '공군' 앞에서 어떤 날벌레도 살아남을 수가 없었다.

다양성과 지속 가능성은 자연계 생물들에게 필수적이다. 하지만 안타깝게도 자연의 특성들을 좋은 비즈니스 관행으로 옮길 방법이 항상 명확한 것은 아니다. 우리는 사업을 유지하기 위해서 자연 자원에 의존하고 있으므로 우리 역시 그 시스템의 일부이고 그것을 관리하고 유지시킬 의무가 있다는 전제에서 출발한다. 우리는 사업의 모든 측면에서 다양성과 지속 가능성을 포용한다.

파타고니아에서는 자연환경의 보호와 보존이 시간이 남을 때 하거나 일과를 마치고 하는 일이 아니다. 그것은 우리가 사업을 하는 이유이다. 가구 공방이거나, 포도주 양조장이거나, 건설업자였더라도 우리는 같은 환경 철학을 가졌을 것이다. 나는, 그리고 직원들 대부분은 지구의 건강이 무엇보다 중요한 문제이며 우리 모두가 공유하는 책임이라는 생각을 갖고 있다.

파타고니아의 다른 철학들은 '최고'의 회사가 되기 위한 노력의 성공과 실패로부터 발전해서 그 대부분이 회사 경영에 직접적으로 적용된다. 어떤 면에서는 회사 내부에서의 경험이 밖으로 자라 나온 것이다. 하지만 환경 철학은 그와는 다르게 발전했다. 회사 밖의 자연 속에서 비롯된 것이다. 세계적 환경 위기의 규모가 우리로 하여금 파타고니아에서 변화를 일으키게 만들었다. 우리는 종이와 전기를 덜 사용하고 재활용 소재로 옷을 만들 뿐 아니라 세상으로 나가 자연계의 미래를 위험에 빠뜨리는 환경문제들을 해결하기 위해 노력하고 있다.

파타고니아처럼 성공적이고 오래 지속되고 있는 생산적인 회사는 건강한 자연과 비교할 수 있다. 둘 모두 전체 시스템이 움직이기 위해서 함께 기능해야 하는 다양한 요소들로 이루어져 있기 때문이다. 우리가 지구의 공기를 과도한 이산화탄소로 채우고 그것이 세계적 온난화를 유발한다면 대양, 숲, 초원과 그 안에 사는 모두가 영향을 받을 것이다. 마찬가지로 내가 회사의 나머지 부분에 미치는 영향을 고려하지 않고 파타고니아의 한 부서를 극적으로 변화시킨다면 그 결과는 혼란이 될 것이다. 제정신을 가진 사업가라면 회사의 나머지 부서에 대한 결과를 생각하지 않고 의도적으로 회계 부서를 마비시키지는 않을 것이다. 하지만 환경에 대해서는 그런 일이 일어나고 있다. 지구의 전반적인 건강 상태를 고려하지 않은 채 전체 생태계를 파괴하거나 '개조'하고 있다.

불행히도 대부분의 환경 훼손은 스스로나 환경의 지속 가능성을 생각하지 않고 운영되는 대기업에 의해 이루어지고 있다. 그들은 장기적으로 작동되는 자연계에 단기적인 사업 원리를 적용하고 있다.

이런 사업 전략에는 자연의 회복력도 버텨 내지 못한다. 〈뉴잉글랜드 의학 저널〉에 따르면 2000년부터 2009년 사이에는 1980년부터

1989년 사이보다 3배 많은 자연재해가 있었다. 재해 상황 파악이 빠르고 정확해진 것이 이런 추세에 한몫을 하기도 했지만, "주로 기후 관련 재해가 거의 80퍼센트 증가한 반면 지구 물리학적 재해는 큰 변화가 없었다"라는 것이 전문가들의 주장이다. 이렇게 안정적인 지구가 종말을 고하는 상황에서도 우리는 위험을 인지하지 못하고 있다. 오히려 기업들이 자연재해로 이익을 얻는 정반대 상황이 펼쳐진다. 정부 계약을 따내고 공공서비스를 민영화하면서 자신들의 수익을 늘리는 것이다.

문제의 근원은 정부도 기업도 자원 사용에 완전 원가 회계(full cost accounting)를 쓰지 않는다는 데 있다. 정부는 경제의 건전성을 평가하는 척도로 GDP(gross domestic product, 국내총생산)를 사용한다. GDP는 공기와 물의 청결성, 토양의 건전성, 생태계의 생물 다양성, 해수 온도와 같이 재화를 만드는 데 꼭 필요한 자연 자원을 뒷받침하고 유지하는 요소들이 아니라, 생산된 재화의 가치로 국가 경제의 건전성을 측정한다. 이 때문에 자연 자원을 보호하기는커녕, 자주 유출되는 위험 물질 인근 대수층의 오염, 유독 대기오염 등의 위험에도 불구하고 지구에 남은 기름 한 방울까지 짜내겠다는 경쟁이 펼쳐지고 있다.

최근 〈뉴욕타임스〉는 환경적 외부 효과를 포함한 햄버거의 실제 생산 비용을 측정하는 마크 비트먼의 시도를 다뤘다. 가축이 풀을 뜯을 목초지를 만들기 위해 개벌된 유실림이나 동물들에게 필요한 물의 양을 비롯한 햄버거의 진짜 사회적, 환경적 비용을 알고 싶다면 소가 어디에서 자랐는지가 중요하다. 비트먼은 햄버거를 만드는 데 관련된 외부 비용이 매년 약 700억 달러라는 결론을 내렸다. 이것은 패스트푸드 체인이 햄버거로 얻는 매출과 같다.

사진: 닉 홀   사진: 베스 발트

두 형제 이야기

되살림 유기농 농업을 다루는 과학은 놀라운 사실과 개선된 미래에 대한 전망으로 가득하지만, 토양을 복구했을 때 땅이 어떤 반응을 보여 주는지를 실제 사례만큼 명확하게 드러내는 것은 없다. 내가 특히 좋아하는 사례가 있다.

대대로 농사를 짓던 오스트레일리아의 한 농부가 숨을 거두자 그 땅을 두 아들이 나눠 갖게 되었다. 한 아들은 농장과 목장을 종래의 방식대로 운영하기로 마음먹었다. 다른 아들은 전체론적인 되살림 접근법을 택했다. 울타리가 세워졌고 땅뿐 아니라 철학까지도 나누어졌다. 몇 년이 흐르자 바로 옆의 두 땅을 실제로 비교할 수 있게 되었다.

두 형제가 똑같은 토양과 기후에서 농사를 했다는 것을 기억해 두자. 위의 사진과 과학적 자료들이 모든 것을 이야기해 준다. 오른쪽은 산업 농법을 사용한 땅이고 왼쪽은 되살림 유기농 농법을 사용한 땅이다. 왼쪽의 토양이 더 어두운 색이고, 비옥하고, 유기물이 더 많은 것을 알 수 있다. 탄소 함유량이 높다는 증거이다. 뿌리가 토양에 훨씬 깊게 들어가 있는 것도 보일 것이다. 이것이 탄소를 더 깊숙이 끌어들이고 더 나은 재배 환경을 만든다. 실제로 자료는 재생 토지에서 자란 식물의 광합성 활동이 전통적인 방식으로 관리한 토지보다

9배 높다는 것을 보여 준다. 따라서 식량 생산의 측면에서 되살림 유기농법 토지가 훨씬 더 나은 조건이다.

그렇다면 토양 건강의 회복이 기후변화를 되돌리는 데에도 도움이 된다는 주장은 어떨까? 이 형제들은 의도치 않게 이 주장도 증명해 주었다. 전형적인 방식으로 관리된 토지가 공기 중으로 더 많은 탄소를 내보내서 기후변화를 악화시키고, 토양 내의 탄소를 다시 회복시키는 자연의 능력을 떨어뜨린다는 것을 잊지 말라. 되살림 유기농 농법을 사용한 토지의 토양을 분석한 과학자들은 탄소 함량이 매년 토지 1헥타르당 9톤씩 늘어났다는 것을 발견했다. 공기 중의 탄소가 해마다 1헥타르당 9톤씩 토지로 되돌아간 것이다. 기후변화의 문제를 해결하는 데 도움이 되는 것은 물론이고 농부와 목장주들은 산출량을 늘리고 더 많은 수익을 올릴 수 있다. 사실 되살림 유기농 농법을 사용하는 농지는 풀을 먹는 가축에 대한 '수용력'이, 전형적인 농법을 사용하는 농지보다 2배 이상 높다.

우리로서는 영양적 가치가 더 높은 식품을 먹을 수 있다는 의미이다.

지구에 45억 헥타르의 초원이 있다는 것을 생각해 보라. 우리 모두가 현명한 아들의 되살림 유기농 농법을 따른다면 얼마나 많은 이산화탄소를 토지로 끌어들여서 식량과 비옥함으로 전환시킬 수 있을지 상상해 보라. 우리는 수십억 톤의 탄소를 토지로 끌어들여 기후변화를 역전시킬 수 있다. 오늘날 세계가 이용할 수 있는 대단히 귀중한 기회이며, 파타고니아가 수용하려고 애쓰는 기회이다.

-래리 코팔드
www.thecarbonunderground.org

햄버거의 진짜 비용은 우리가 햄버거에 내는 돈의 2배에 달한다. 이 것은 우리가 소비하는 모든 것의 비용이 과소평가되었다는 것을 보여 주는 한 가지 사례이다. 하지만 생각하지 못한 더 큰 비용이 있다. 우리 가 치르는 가장 큰 대가는 아이들의 지구 거주 가능성이다.[5·6·7]

지구상에서 생물학적으로 가장 풍요로운 지역인 열대우림에서는 새로운 종을 발견하고 이름을 짓는 속도보다 훨씬 빠르게 여러 종이 절멸하고 있다. 약이나 식품으로 우리에게 이익이 될지 판단할 겨를조 차 없다. 더 중요한 것은 그들이 생태계에서 맡은 역할이 무엇인지, 그 들의 부재가 어떤 파멸적인 방식으로 생태계를 혼란시킬지 알지 못한 다는 점이다.

하지만 우리는 알고 있다. 이미 전 세계적으로, 엄청난 규모로, 지구 온난화와 기후변화 같은 형태로 자연이 이미 파괴되었다는 것을 말이 다. 제 아무리 적응력이 강하고 자기 치유력이 있는 자연이라도 산업 이 지난 한 세기 동안 만들어 낸 변화를 따라가기는 어려웠을 것이다. 우리는 균형을 깨뜨리고 사막을 만들고 있다. 어느 시점엔가는 지구 전체의 균형이 깨지게 될 것이다. 그때가 오면 이런 영향을 줄이려는 인간의 모든 노력은 밑 빠진 독에 물 붓기가 된다.

우리는 진짜 황무지를 경험할 수 있는 마지막 세대이다. 이미 세계 는 극적으로 줄어들었다. 프랑스 사람들에게는 피레네산맥이 '야생'이 다. 뉴욕 빈민가에 사는 아이에게는 어린 시절 내게 버뱅크의 그리피

자신이 전 세계 기후학자들의 99퍼센트보다 똑똑하다고 생각하는 기후변화 부정론자들은 사기꾼이거나 멍 청이이다. 왜 그들에게 표를 던지려 하는가? 파타고니아의 "환경에 투표하세요" 광고.

Your vote could finish the job.

The environment is in crisis.

This November 2nd, how we vote could determine whether American children will, by the time they reach middle age, face life on a dying planet. We can do better. But we don't have much time. Register. Get informed. Vote the environment November 2nd.

Vote the environment

Check out: **www.patagonia.com/vote**

patagonia®

글레이셔 국립공원의 그리즐리 곰, 몬타나. 사진: 스티븐 니암

——— 정말 급진적인 환경단체라면 야생 지역 보존에 대한 문제를 핵심으로 삼아야 한다. 야생이라는 개념은 인간의 사상 중에서도 가장 급진적이다. 토머스 페인보다, 카를 마르크스보다, 마오쩌둥보다도 급진적이다. 야생은 이렇게 말한다. 인간은 최고의 존재가 아니다. 지구는 호모 사피엔스만의 것이 아니다. 인간은 지구상에 있는 생명의 한 형태일 뿐이며 지구를 독차지할 권리가 없다. 그렇다, 야생은 그 자체를 위해 존재한다. 인간의 이익을 기준으로 존재 의미를 정당화할 필요가 없다. 야생은 야생을 위해 존재한다. 곰과 고래와 벌새와 방울뱀과 방귀벌레를 위해 존재한다. 그리고 야생은 인간을 위해서도 존재한다. 왜냐하면 야생은 모든 생명체의 안식처이기 때문이다.

– 데이브 포어맨, 『환경 전사의 고백(Confessions of an Eco-Warrior)』

스 공원이 그랬던 것처럼 센트럴파크가 '전원'이다. 파타고니아를 여행하는 사람들은 야생처럼 보이는 그 광대한 토지가 사실은 과도한 방목이 이루어진 목장이라는 것을 잊는다. 숲으로 뒤덮여 있던 뉴질랜드와 스코틀랜드에는 오래전 기억에서 사라져 버린 종들이 한때 가득했다. (뉴질랜드에 동물이 있었어?) 미국 본토에서 길거리나 주거지와 가장 멀리 떨어진 장소는 와이오밍의 스네이크강 상류이다. 그래 봐야 40킬로미터 떨어져 있을 뿐이다. 야생을 문명으로부터 적어도 하루는 꼬박 걸어야 닿는 곳이라고 정의한다면, 북아메리카에는 알래스카와 캐나다를 제외하고 진짜 야생은 없다.

우리는 사람의 손이 닿지 않은 야생 지역과 다양성이 존재하는 지역을 보호해서 기준으로 삼고 진짜 세상이 어떤 모습인지, 자연이 지구가 어떤 모습이길 의도하는지 잊지 않도록 해야 한다. 이것은 지속 가능성을 향한 여정에서 유념해야 하는 본보기이다.

생태 경제학자 로버트 콘스탄자는 〈사이언스〉지에 실린 기사를 통해 "우리는 자연의 가치를 누락시키면서 오랫동안 장부를 조작해 왔다"라고 주장했다. 연구자들은 손상되지 않은 생태계를 유지할 때와 개발할 때의 경제적 가치를 비교했다. 태국의 야생 맹그로브와 카메룬의 토착 열대우림을 현재의 상태로 유지하는 것의 경제 수익을, 이 지역을 각각 새우 양식장과 고무 재배원으로 바꾸는 것의 순편익과 비교했다.[8]

그들은 기후 조절, 토양 형성, 영양소 순환, 야생에서 얻는 연료·식량·섬유·의약품을 고려할 때 온전한 자연이 주는 경제 수익이 보수적으로 추정해도 100대 1로 개발의 이익을 훨씬 능가한다는 것을 발견했다.

그들은 "서식지 보호에 책정된 연간 65억 달러의 경비를 인근 황무지에 야생 보호구역을 만들기에 충분한 450억 달러로 늘릴 때 경제적 가치는 얼마인가?"라는 질문도 제기했다. 그리고 그 결과로 자연이 경제에 돌려주는 선물이 440조에서 520조 달러에 달할 것으로 추정했다.

파타고니아의 환경보호 노력은 1970년대에 서핑 포인트의 파괴를 막으려는 시도와 요세미티 암벽의 훼손을 막으려는 시도에서 시작되었다. 클린 클라이밍과 쉽게 버려지지 않을 고품질의 제품을 만드는 일이었다. 이후 우리는 제품을 제조하는 데 따르는 환경적 피해를 최소화할 방법을 찾기 시작했다. 현재의 위기에 대해 점점 잘 알게 되면서, 우리의 노력은 사회의 일원으로서 지구와 스스로에게 입힌 치명적 환경 피해를 바로잡고 대비하는 일에까지 확대되었다.

우리 조직의 미션은 "우리는 불필요한 환경 피해를 유발하지 않는다"라는 말을 통해 이러한 진화를 반영하며, "환경 위기에 대한 공감대를 형성하고 해결 방안을 실행하기 위해 사업을 이용한다"라는 결의로 끝맺는다. 강령의 마지막 부분은 그 어느 때보다 큰 의미를 갖는다. 환경 위기가 심화되면서 지구, 우리의 안식처를 구하는 일에 다른 기업들도 끌어들여야 하게 되었기 때문이다.

이것은 대단히 야심 찬 선언이다. 단지 말에서 끝나지 않게 하기 위해서 체계를 세우고 지침을 정해 우리가 궤도를 이탈하지 않도록 해야 했다. 이것이 보다 복잡하고 광범위한 파타고니아의 철학, 다시 말해 우리 환경 철학의 공식화로 이어졌다.

이 철학의 요소는 다음과 같이 요약할 수 있다.

1 자신을 돌아보고 점검하는 삶을 산다.

2 스스로의 행동을 정화한다.

3 속죄한다.

4 시민 민주주의를 지지한다.

5 선을 행한다.

6 다른 기업에 영향을 준다.

자신을 돌아보고 점검하는 삶을 산다

우리 대부분은 부모와 선생님들로부터 책임감을 가져야 한다고 배운다. 어지른 것은 스스로 치워야 한다. 그렇다면 공동의 책임일 때는 어떻게 해야 할까? 그 문제에서 내가 차지하는 부분은 정말 적을 때 말이다. "담배 회사의 주식을 가지고는 있지만 난 소유주가 아니잖아요." 미안하지만, 당신은 소유주가 맞다.

나는 인간이 악하다고 생각하지 않는다. 하지만 그렇게 영리한 동물도 아니라고 생각한다. 인간 이외의 어떤 동물도 자신의 보금자리를 더럽히는 멍청한 짓은 하지 않는다. 우리는 일상적인 행동의 장기적인 결과를 예상할 만큼은 똑똑하지 않은 것이 틀림없다. 원자력, 텔레비전, 에탄올, 패스트푸드 같은 새로운 것을 발명하고 개발하는 뛰어난 과학자나 기업가도 종종 자신의 발상이 가진 어두운 면을 보지 못한다.

문제는 상상의 실패이다. 호기심이 없는 사람들은 자신을 돌아보고 점검하는 삶을 살지 못한다. 그들은 종종 맹목적인 믿음을 갖는다. 맹목적 신념의 가장 무서운 점은 사실을 받아들이지 못하는, 심지어는 받아들이려고 하지 않는 상태에 이르게 한다는 것이다.

우리가 지구에 유발하는 대부분의 피해가 무지의 결과이며, 호기심이 부족하다는 이유만으로 무턱대고 불필요한 피해를 계속 일으킬 만한 상황이 아니라는 점을 인식해야 한다. 문제를 드러내고 결국 해법을 찾기 위해서는 사실이 신념에 영향을 주게 만들어야 할 뿐 아니라 곤란한 질문을 많이 던져야 한다. 한두 개의 질문만으로는 충분치 않다. 질문이 충분치 않으면 오히려 거짓된 안도감에 빠질 수 있다.

가족들에게 진짜 몸에 좋은 음식을 먹이고 싶다면 많은 질문을 던지기 시작해야 한다. "이 연어가 신선한가?"라는 질문과 답에 만족한다면 거기에서 끝낼 수도 있을 것이다. 하지만 그 질문에 이어 "야생인가 양식인가?", "이 닭고기에는 호르몬이 주입되었나?", "초콜릿 케이크의 성분표에 나열된 화학 성분들은 무슨 의미일까?"라는 질문을 던진다면 진실에 이르는 길에 서게 될 것이다. 불행히도 마트 점원은 당신에게 도움을 주지 못할 것이다. 혼자 배워 나가야 한다.

파타고니아도 같은 일을 해야 했다. 우리는 옳은 일을 하고 싶었고, 불필요한 피해를 유발하고 싶지 않았다. 하지만 처음에는 어떤 질문을 던져야 할지조차 몰랐다.

기업이 하기 힘든 일 중 하나는 가장 성공적인 제품의 환경적 영향을 조사하고, 환경에 악영향을 주는 경우 제품을 바꾸거나 그것을 진열대에서 치우는 것이다. 당신이 지뢰를 만드는 회사의 주인이라고 생각해 보자. 당신은 사람들에게 일자리를 주고 각종 혜택을 주는 최고의 고용주이다. 하지만 지뢰가 실제로 어떤 일을 하는지는 생각해 본 적이 없다. 어느 날 당신은 보스니아나 캄보디아, 모잠비크에 가서 불구가 된 무고한 사람들을 보고 "지뢰가 이런 일을 하는구나!"하고 깨

태생부터 나쁜

───── 유한책임회사는 18~19세기에 처음 등장했다. 이들은 우리의 사회, 경제 시스템이 넘어선 수많은 한계들을 다루기 위해 고안되었다.

철도 회사를 비롯한 초기의 기업들은 너무 규모가 크고 기술적이어서 설립자의 투자만으로 만들거나 보험에 가입할 수가 없었다. 기업의 도산은 꽤나 자주 일어나는 일이었지만 피해를 배상할 만한 돈이 없었다. 아무도 말이다. 때문에 투자자가 감당해야 할 부채와 손해의 금액에 제한이 생겼다.

유한책임을 통해 여러 세대의 기업주들은 독성 물질, 어족 고갈, 부채 등에 대한 책임을 경제적, 심리적, 법적으로 무시할 수 있었다.

기업들이 다르게 행동하기를 기대하는 것은 환상이다. 시계가 요리를 하거나, 자동차가 새끼를 치거나, 총이 꽃을 심는 것을 기대하는 편이 낫다. 영리를 목적으로 하는 기업의 구체적이고 명시적인 기능은 부의 축적이다. 이 기능은 어린이들이 독성 화학물질이 없는 환경에서 자라도록 보장하거나, 토착민의 자주권이나 생계를 존중하거나, 노동자의 직업적, 개인적 청렴을 보호하거나, 안전한 수송 수단을 디자인하거나, 지구에 사는 생명을 보호하고 지원하는 것이 아니다. 지역사회를 위해 봉사하는 것도 아니다. 그런 일은 일어난 적도 없고 앞으로도 일어나지 않을 것이다.

기업이 부의 축적 이외의 다른 일을 할 것이라고 기대하는 것은 우리 문화의 역사, 기존의 관행, 권력 구조, 보상 체계 전체를 무시하는 것이다. 행동 수정에 대한 모든 상식을 무시하는 것이다. 우리는 기업이 하는 일에 대해 기업에 투자하는 방식으로 보상을 준다. 이렇게 한다면 당연히 그들은 그 일을 계속 할 것이다. 기업의 장막 뒤에 숨어 있는 사람들이 다르게 행동하기를 기대하는 것은 망상이다.

유한책임회사는 행동이 낳는 영향으로부터 인간을 분리하기 위해, 그러니까 인간을 비인간적이고 비인도적으로 만들기 위해 생겨났다. 인간적이고 인도적인 세상에서 살기를 바란다면, 생존을 바란다면, 유한책임회사는 없어져야 한다.

■네딕 센닌(미술포시스트 2003년 3월호)

닫는다. 이제 당신은 제품이 진짜 하는 일을 안다. 이 상태에서 지뢰(담배, 패스트푸드) 사업을 그만둘 것인가, 계속할 것인가. 파타고니아도 우리의 이런 '지뢰'를 찾기 시작했다.

1991년 우리 제품을 진단하는 환경 평가 프로그램을 시작했다. 과연 의심했던 대로 우리가 만드는 모든 것이 환경을 오염시켰다. 하지만 우리를 더 놀라게 한 나쁜 뉴스는 지속 가능한 제조가 모순이라는 사실이었다.

대부분의 사람, 정부, 기업은 토요타의 "다섯 번의 왜"라는 질문을 하고 싶어 하지 않는다. 계속해서 질문해 나가다 보면 문제의 진짜 원인(대개 환경적인)에 이르게 되기 때문이다. 이로 인해 그들은 변화를 만들지 않으면 죄책감을 안게 된다. 안타깝게도 아직은 에너지 효율을 높이기 위한 노력 대신 가스를 펑펑 쓰는 생활 방식을 지키기 위해 자원 전쟁을 시작하거나, 진짜 원인을 고치는 대신 알약으로 암을 '치료'하려고 노력하는 것처럼 끝없이 증상만을 고쳐 가는 방식으로도 돈을 벌 수 있다.

나에게는 렐 선이라는 친구가 있다. 세계 서핑 챔피언이었고 현존 최고의 롱보더였다. 그녀는 서른두 살에 유방암에 걸렸다. 그녀는 유난히 암 발병률이 높은 하와이 와이아나에에서 보낸 어린 시절에 병의 원인이 있음을 깨달았다.

$\longrightarrow$

렐 선에게 마카하에 있는 집은 자기만의 낙원이었다. 그녀는 흔치 않은 가구, 알로하 셔츠, 장신구, 일제 부낭, 하와이의 문화, 그림을 찾아다니는 중고품점 전문가였다. 차고에는 낚시 장비부터 서프보드까지 다양한 물놀이용품이 있었다. 사진: 아트 브루어

324-325쪽 | 아마도 역사상 가장 우아한 서퍼였을 렐 선. 1993년. 사진: 톰 켄

그녀는 어릴 때 사탕수수밭에 DDT를 비롯한 화학물질을 살포하고 돌아가는 '스키터' 트럭을 쫓아다니곤 했다고 한다. 트럭은 빈 공간에 물을 채우고 먼지를 가라앉히기 위해 그 물을 길에 뿌리며 달렸다. 아이들은 트럭 꽁무니를 따라다니며 유독 성분이 들어 있는 그 물속에서 더위를 식혔다. 누구도 이 화학물질이 결국 어떤 일을 할지 알지 못했다. 렐 선은 마흔일곱 살에 암으로 세상을 떠났다.

암은 35세에서 64세 미국 여성의 가장 큰 사망 원인이다.[9] 매년 23만 명이 침윤성 유방암, 6만 명이 비침윤성 유방암 진단을 받는다.[10] 40대의 유방암 발병률은 22명 중 1명이다. 현재는 8명 중 1명이며 비율은 계속 상승하고 있다.[11] 여기에는 분명 환경적 원인이 있을 것이다. 하지만 대형 암 연구 기관에는 연구의 초점을 약물요법에 두고 오염 문제로부터는 관심을 돌리게 하려는 화학 회사나 제약 회사의 CEO들이 이사로 포진해 있다. 이런 기관들은 유방암의 환경적 원인에 대한 연구를 우선시하지 않는다. 유방암만의 문제가 아니다. 2015년 304억 달러였던 미국 국립보건원 예산 중 환경 위생 연구를 담당하는 1차 기관인 미국 환경보건과학원에 배정된 예산은 2.4퍼센트에 불과했다. 오늘날 사용되는 8만 4000종의 화학물질 중에 암 유발 여부를 판단하는 시험이 이루어진 것은 1퍼센트뿐이다.[12] 그들은 사람들이 '화학을 통한 더 나은 삶'을 포기할 생각이 없으며 집에서 5000가지 유독 화학물질을 제거할 가능성도 크지 않다는 것을 잘 알고 있다. 그러니 치료법을 찾기 위해 노력하는 그들이 현명한 것일 수도 있다.

우리는 사전예방 원칙을 채택하지 않고 다른 많은 나라들이 하듯이 걱정을 접어 둔 채 유전자 변형 식품, 살충제, 독성 플라스틱 기타 화학물질과 같은 새로운 기술을 받아들인다. 그리고 "죄가 입증되기 전까지는 무죄"라는 태도로 유죄를 입증하는 일을 사용자에게 넘겨 버린다.

내가 문제를 만들었으므로 내가 해결해야 한다고 인정하는 것이 책임감 있는 삶을 시작하는 가장 좋은 방법이다.

충분히 깊이 파고들고, 충분히 많은 질문을 던져서 행동의 결과를 찾아낸다면 환경 철학의 다음 원리, 사업에 있어서 피해를 줄이기 위해 노력하는 단계에 이르게 된다.

스스로의 행동을 정화한다

우리는 우리가 줄곧 기다려 온 사람들이다.　　　　　　　-나바호 주술사

다른 회사에게 책임 있는 행동을 권하려면 우리부터 그렇게 해야 한다. 앞장을 서는 데는 한 가지 방법밖에 없다. 전면에 나서서 본보기를 보이는 것이다.

환경 평가 프로그램을 통해 우리는 많은 것을 배웠고 이런 배움 덕분에 선택지가 생기게 되었다. 문제를 무시하거나 피할 방법을 찾는 대신 해결하기 위한 행동에 나설 때 지속 가능성을 향한 방향으로 한 발 더 나아가게 된다는 것이다. 우리는 옳은 일을 하기로 선택할 때마다 그 일이 더 많은 이익을 냈다는 것을 알게 되었다. 이것은 우리에게 자신감을 주었다.

기업 영농 방식으로 키우고 가공한 면이 아닌 유기농 면으로의 전환은 긍정적인 발전이지만 문제를 완전히 해결하지는 못했다. 목화는 화

학물질 없이 키우더라도 엄청난 양의 물을 사용하며 영구적으로 토양의 질을 크게 떨어뜨렸다. 티셔츠를 만들기 위해서는 2.7톤의 물이 필요했다.[13·14·15] 그런데 어떤 물을 쓰는지가 큰 차이를 만들 수 있다. 댐으로 강을 막아 물고기의 이동을 막고 수많은 사람들이 살 곳을 잃게 하면서 만들어진 저수지의 물을 이용할 수도 있고 비가 충분히 오는 지역에서 목화를 키울 수도 있다.

따라서 공급업자에게 '유기농'을 조건으로 제시하는 것만으로는 충분치 않다. 목화나 기타 농산물이 어디에서 나오는지 알아야 한다. 1995년 기업 영농 방식으로 키운 면이 아닌 유기농 면으로 전환했을 때만 해도 우리는 목화를 키운 농부, 조면공, 방적공, 후가공 업자를 모두 알고 있었다. 이제 회사가 커졌기 때문에 제3자 인증에 의지해 우리가 요구한 그대로의 제품을 구매하고 있는지 확인한다.

전 세계적으로 우리는 여러 개의 지구에 해당되는 자원을 사용하고 있다. 우리는 더 이상 자연 자원을 한 번만 사용할 수 없다. 폐수도 하수구와 바다로 흘러들게 내버려 둘 수 없다. 여러 번 재사용해야 한다. 수요가 더 이상 없으면 의류는 버려지거나 자선단체로 보내진다. 하지만 현실적으로는 기부된 의류의 10~50퍼센트만이 다시 판매되며, 나머지는 버려진다.[16·17]

우리는 2005년 재활용을 위해 고객들로부터 폴리에스테르 의류를 수거하기 시작했다. 2011년부터는 우리가 만든 모든 제품을 회수하기

———→

길가에 버려지거나 매립장에 묻히지 않는다면 이 페트병 25개로 PCR(post-consumer recycled, 소비자 사용 후 재생) 플리스 재킷을 만들 수 있다. 사진: 릭 리지웨이

물이 만드는 환상

캘리포니아 센트럴 밸리에는 갈대와 부들로 둘러싸인 연못이 하나 있다. 직사각형의 인조물이지만 평화롭고, 조용하며, 주변 몇 킬로미터에 걸쳐 있는 산업형 목화밭에서 한숨을 돌릴 수 있는 휴식처이다. 댐과 운하가 7개 주요 하천에서 물을 빨아들여 계곡에 있는 농지의 갈증을 풀기 전, 이곳에는 구불구불한 습지가 넓게 펼쳐진 650킬로미터 길이의 계곡이 있었다.

이 연못 옆에 한 남자가 서 있다. 그는 총을 들고 있다. 사냥꾼도 강도도 아니다. 물새가 연못에 접근할 때마다 공중에 총을 쏘기 위해 주에서 고용한 직원이다. 왜일까? 이 깨끗하게만 보이는 반짝이는 푸른 물은 농경지에서 유출된 살충제, 미량원소, 소금으로 완전히 오염되어서 연못이라기보다는 독약에 가깝기 때문이다. 여기에서 머무른 물새들은 죽거나, 부리가 여러 개에 눈이 없는 새끼를 낳는다.

관개, 화학비료를 통한 지질 개선, 병충해 방제 관행은 호수만을 오염시킨 것이 아니다. 센트럴 밸리의 수천 에이커에 이르는 강, 시내, 강어귀가 살충제 수준의 높은 오염도를 보이고 있다. 지하수도 예외는 아니다. 이 지역에 사는 사람들 대부분이 유일한 식수원으로 지하수에 의지하고 있다. 오염된 식수는 인간에게 건강의 위협을 의미한다. 생태계에서 사라지는 데 수십 년이 걸리기도 하는 살충제들이 암의 위험을 높이고 생식력을 떨어뜨린다.

지구가 뼈라면 물은 골수이다. 옥스퍼드 영어사전에 따르면 골수는 대상의 건강을 보여 주는 '필수적이거나 본질적인 부분'이다. 식물의 고갱이이고 과일의 과육이다. 하지만 물은 알아보고 구분하기가 대단히 까다롭다. 물은 얼음, 안개, 눈, 진흙 웅덩이의 형태를 띤다. 존재하지 않는데도 존재하는 것처럼 보일 수 있다. 하지만 이번에 속임수를 쓴 것은 우리이다. 인간은 연못이 아닌 것을 연못처럼 보이게 만들었다. 결국 살충제는 우리의 골수, 우리의 건강에 독을 주입하고 있다.

—조앤 도넌

플라스틱은 절대 사라지지 않는다. 그들은 점점 작아져서 결국 먹이사슬 안으로 들어간다. 사진: 잭 스프랫

로 했다. 문제는 고객들이 낡은 파타고니아 의류와 헤어지는 것을 원치 않았다는 것이다. 회수하지 못하는 물건이 많았다. 우리는 재사용이 마지막 방법이라는 것을 깨달았다. 고객들에게 정말 필요한 것은 수선이 필요한 제품을 고치고 더 이상 사용하지 않는 제품은 다른 사람에게 넘기는 방법이었다. 현재 네바다 리노에 있는 우리 수선 센터는 북아메리카 최대의 의류 수선 시설이다. 50명의 직원들이 매년 4만 건 이상의 수선 의뢰를 처리한다. 의류 무상 수선 서비스 원웨어(Worn Wear) 프로그램의 일환으로 우리는 소매점 직원들에게도 기본적인 수선법을 가르쳐서, 대륙을 가로질러 수선 센터로 보내야 하는 물건을 줄이고 고객들이 그 물건 없이 오래 지내야 하는 상황을 만들지 않기 위해 노력하고 있다. 우리는 고객들에게 직접 물건을 수선하도록 권장

한다. 그래서 고객들이 직접 수선을 시도한 경우에도 품질보증을 유지한다. 우리는 고품질 옷의 단점이 수명이 많이 남았는데도 사용하지 않게 되는 경우라는 것을 알고 있다. 때로 사람들은 스키복이 낡기 전에 스키를 그만둔다. 이럴 때 물건을 필요한 사람들에게 넘기도록 돕는 것도 우리의 책무이다. 우리는 보상 판매 프로그램을 통해 물건을 되사고, 세탁을 거쳐, 다시 판매한다. 이런 물건은 정상가보다 싸기 때문에 더 많은 사람이 물건을 구입할 수 있고, 우리 입장에서는 금방 매립지에 묻힐 가능성이 높은 저품질 의류 구매를 우리 중고 의류 구매로 대체시킬 수 있다. 이런 목적을 위해 우리는 원웨어 전국 투어에서 수선이 필요한 물건을 나눠 준다. 수선 연장과 부자재를 함께 제공해서 물건을 고치는 사람에게는 그 물건을 무료로 준다. 가장 간단한 해법이 가장 강한 인상을 줄 때가 있다. 뛰어난 기술 같은 것은 필요치 않다. 영국을 기반으로 하는 환경단체 랩(WRAP)에 따르면, 옷을 9개월만 더 사용해도 관련된 탄소, 폐기물, 물 발자국이 각각 20~30퍼센트씩 줄어든다.[18]

아직 할 일이 남아 있다. 우리는 더 깊이 생각하고 나쁜 고리를 끊을 제품, 비슷하거나 동등한 물건으로 무한히 재활용할 수 있는 제품을 만들기 위해 노력해야 한다. 우리는 수명을 다한 제품에게 일어나는 일을 책임져야 한다. 컴퓨터 제조사가 고쳐 쓸 수 없게 설계해서 더 이상 사용할 수 없고 독성이 강해서 매립지로 보낼 수도 없는 구형 컴퓨터를 책임져야 하는 것처럼 말이다.

제품에 대한 책임을 받아들이는 일은 장비나 의류 하나하나에 들어가는 모든 것을 책임지는 것이다. 여기에는 면에 유독한 화학물질을 쓰지 않거나 (원유 기반) 폴리에스테르에서 성능을 희생하지 않으면서 가능한 재활용 비율을 높이는 것 이상의 일이 포함된다. 여기에는 장식과 부속품, 염료와 마감재, 제작 방법 등 모든 요소가 포함된다. 또한 이 요소들을 생산하는 공장의 환경적, 사회적 영향이 포함된다. 제품의 개별 요소들이 미치는 영향은 수없이 많아서 그 정화법을 찾는 것은 대단히 큰 과제이다. 여기에 언급된 것은 그 정화법들 중 극히 일부이다.

노동자에 대한 공정한 처우는 여전히 의류 업계의 난제이다. 현장에서 일하는 누구도 최저임금을 받지 못했다. 하지만 이제 안전한 근로조건을 제공하고 법정 최저임금을 지급하는 선까지 노력이 확대되었다. 우리의 경우는 공정무역 관행에 따라 보너스를 지급한다. 노동자들이 직접 이 보너스를 어디에 쓸지 결정한다. 월급에 포함시킬 수도 있고, 지역에 병원이나 학교를 짓거나, 통근용 자전거를 구입하는 데 사용할 수도 있다.

공급망에 깊이 들어갈수록 문제는 심각해진다. NGO와 노동운동 활동가들은 20년 동안 섬유와 봉제 업계의 노동 관행을 알리는 일을 해 왔지만 아직은 1100명의 목숨을 앗아간 방글라데시 공장 붕괴 같은 사고들이 언제든 또 일어날 수 있는 형편이다. 최근에 들어서야 소규모 작업장들도 관심을 얻게 되었다. 2차 협력업체의 감사를 시작한 첫 해에 우리는 납품 업체 중 한 곳에서 인신매매를 적발했다(우리는 그 관행을 끝내기 위해 긴밀히 협력했다).

우리는 환경 영향을 줄이는 데 상당한 진전을 이루었다. 의류의 최종 비용을 높여 경쟁 압박을 늘리는 공정무역 관행들과 달리, 환경적 진전은 추가 비용이 들긴 했지만 장기적으로는 에너지 소비와 비용, 물 사용량, 폐기물 산출량을 줄일 수 있었다. 우리는 스위스의 블루사인 테크놀로지(Bluesign Technologies, 전체 섬유 공급망을 통합적으로 조사, 평가하며 사람과 환경에 미치는 영향을 줄이기 위해 일하는 조직 – 옮긴이), 공급업체들과 협력해 특히 염료와 마감재 중에서 화학물질을 찾아내고 안전, 경계, 사용 금지 단계로 분류했다. 월마트와 파타고니아가 함께 설립하고 개발한 지속 가능한 의류연합(SAC, Sustainable Apparel Coalition)의 히그 지수(Higg Index)는 우리와 함께 일하는 50개 정도의 공장 외에도 수천 개의 공장이 소비, 오염, 온실가스 배출을 줄이는 데 도움을 주었다.

우리의 플라넬렛 셔츠가 만들어지는 포르투갈에는 포르토 인근 강을 따라 천을 염색하는 공장들이 위치하고 있다. 각 염색 공장은 물을 받아 사용하고 다시 강으로 배출한다. 때문에 하류의 마지막 염색 공장에 이를 즈음이면 강은 완전히 검은색으로 오염된다. 이 마지막 염색 공장은 값비싼 독일제 기계를 설치해 물을 정화한 뒤 사용한다. 이 공장은 거기에서 그치지 않고 강에 배출하기 전에 물을 한 번 더 정화한다. 환경을 보호하기 위해 이렇게 한 번의 단계를 더 거치는 염색 공장이 우리가 찾는 협력사이다.

내부 운영의 환경 영향을 최소화하려는 노력은 1980년대 초반부터 시작되었다. 어느 날 관리부의 직원 한 명이 사내의 휴지통마다 비닐봉지를 덧대어 놓는 데 얼마나 많은 비용이 들어가는지 아느냐고 물어왔다. 우리는 매일 버려지는 비닐봉지에 연간 1200달러를 쓰고 있었다. 나는 그에게 비닐봉지를 없애라고 지시했다. 다음 날 돌아온 그는 청소원들의 말을 전했다. 비닐봉지가 덧대어 있지 않은 휴지통에 음식이나 커피 찌꺼기처럼 물기가 있는 쓰레기를 버릴 경우 치우지 않겠다는 내용이었다. 우리는 직원들에게 재활용 종이 쓰레기를 담을 개인용 휴지통을 지급하고 물기가 있는 쓰레기는 책임지고 사무실 곳곳에 있는 별개의 용기에 버리도록 했다. 곧 모두가 자신의 쓰레기를 재활용하는 데 책임지면서 모든 종이가 재활용되기 시작했다. 그 결과 회사전체가 재활용에 동참하게 되었고 회사 경비도 아낄 수 있었다.

또 다른 직원은 식수대와 카페테리아에서 사용되는 스티로폼과 종이컵을 없애자고 제안했다. 직원들은 개인 컵을 사용하기 시작했고 손님들에게 커피를 낼 때는 도자기 컵을 이용했다. 이것으로 연간 800달러가 절약된다. 액수가 크지 않아 보일지도 모르지만 중요한 점은 매번 비용을 생각하지 않고 환경을 위해 옳은 일을 시도해도 결국에는 돈을 절약하게 된다는 것이다. 이 정도의 비용 절감은 빙산의 일각이었다. 우편실에서 판지 박스를 재사용함으로써 1년에 1000달러를 절약했고, 컴퓨터 용지를 보육 센터의 기저귀 가는 테이블에 재활용하면서 1년에 1200달러를 절약했다. 목록은 계속된다.

또한 모든 시설에 대한 에너지 감사를 실시한 후 조명을 에너지 절약형으로 바꿨고, 빛을 반사하도록 나무 재질의 천장을 흰색으로 칠하고, 채광창을 내고, 혁신적인 냉난방 기술을 도입했다. 그 결과 전기를 25퍼센트 절약할 수 있었다. 2005년에 벤투라 사무실의 일부에 전력을 공급하는 태양전지판을 설치했다. 여기에 100만 달러를 투자했지만 세금 환급과 전기료 절감으로 단 몇 년이면 손익 평형에 달할 것이다. 2015년 말, 벤투라 사무실은 필요한 에너지의 10퍼센트를 태양열 발전에서 얻고 있으며 벤투라와 리노 창고 모두에서 이 수준을 넘어설 방안을 찾고 있다.

기업의 범위 내에서 문제의 원인을 찾는 것도 어렵지만 세상으로 나가면 과제는 훨씬 더 커진다. 전형적인 목재 산업이 삼림을 파괴하고, 생물 다양성의 손실 속도를 높이고, 주요 수원의 침식과 홍수를 유발한다. 전 세계 삼림의 절반이 벌채와 농지 전환을 위해 개벌되었고, 매년 코스타리카 규모에 상응하는 면적의 숲이 사라지고 있다.[19] 열대 우림이 초당 1에이커의 속도로 개벌되고 있으며 이미 절반이 사라졌다.[20] 환경운동, 소송, 선거 등을 통해 이런 개벌, 특히 노숙림(老熟林, 숲 나이가 오래된 늙은 숲 – 옮긴이)의 개벌을 막을 수 있지만 그것으로는 근본적인 원인에 이르지 못한다. 임업 산물에 대한 수요가 존재하는 한 나무는 베어질 것이다. 석유와 참치회를 계속 필요로 하면 우리는 결국 야생동물 보호구역에서 석유를 시추하고 다랑어를 계속 잡아들일 것이다.

기업으로서 우리는 덜 해로운 소재로 전환할 수 있는 시점에 이를 때까지 재생 불능 자원에 대한 의존도를 낮추기 위해 노력한다. 우리는 오로지 재활용된 종이와 재생 목재를 사용하기 위해 노력하고 소매점이나 사무용 건물에 대안 자재나 폐품에서 회수한 건축 자재를 사용한다. 다른 대안이 없을 때만 목재를 이용하며 사용할 때는 재활용 목재나 지속 가능한 출처에서 나온 새 목재를 택한다.

반면, 삼림이 줄어들고 있는 상황에서도 정부는 벌목과 제지용 펄프 산업에 보조금을 지급하고 나무 농장을 '지속 가능한' 관행으로 홍보하고 있다. 목재의 진짜 비용을 지불해야 한다면 2×4, 2×6 공법으로 목조 주택을 짓는 사람은 없을 것이다. 유럽에서는 아무도 나무로 집을 짓지 않는다. 건물의 질이 훨씬 낮고 정부가 그런 업계에 보조금을 지급하지 않기 때문이다.

기업의 환경 철학에는 직원들이 가정에서도 참여하도록 촉진하는 내용이 반드시 포함되어야 한다. 예를 들어, 파타고니아는 회사 차원에서 환경운동을 지원하는 기부 프로그램을 가지고 있지만 다른 한편으로 직원들이 자신의 마음에 드는 환경단체나 사회단체에 각자 기부하도록 격려하는 부응 기금(matching fund, 사용자와 종업원이 같은 비율로 적립하는 기금 - 옮긴이) 프로그램도 갖고 있다. 개인 차를 이용해 출근하는 관행을 대체하기 위해 회사는 드라이브 레스 프로그램(Drive Less Program)을 통해 자전거를 타거나, 카풀을 하거나, 대중교통을 이용하는 직원들에게 돈을 지급한다. 직원들이 가정의 물건을 재활용하기 위해 회사로 가져오는 것도 허용한다. 1989년 솔트레이크시티의 직원들은 여기에서 한 발 더 나아가 회사 주차장을 유타주 최초의 재활용 센터로 개방했다.

모든 직급의 직원들이 개인적으로 혹은 그룹이나 부서별로 환경보호에 참여할 권리를 갖는다. 직원들은 정규 업무만 적절히 처리하면 회사에서의 시간을 파타고니아의 환경 프로그램에 참여하고, 새로운 프로그램을 개발하는 데 쓸 수 있다.

예를 들어, 우리는 네바다에 야생보존지역으로 공표된 넓은 땅을 갖게 되었다. 반환경적인 부시 행정부 기간 동안 벤투라에서 네바다 리노로 창고를 옮기게 되어 많은 벤투라 직원들이 이주를 결심하면서 시작된 일이었다. 리노에 도착한 직원들은 네바다에 야생 지역이 많음에

도 불구하고 연방 소유의 토지가 83퍼센트에 이르며, 보호구역으로 지정된 곳은 많지 않다는 것을 발견했다. 그들은 토지를 조사해 보호구역으로 삼을 만한 1200만 에이커의 땅을 찾아냈다. 그리고 가장 쉬운 블랙록 사막 지역부터 작업에 착수했다. 네 명의 직원이 우리에게 와서 이렇게 말했다. "계속 우리에게 일자리와 봉급을 주시면 몇 년 내에 야생보존 지원금을 받을 수 있게 하겠습니다." 그들은 네바다 야생보존지역연합(Nevada Wilderness Coalition)에 가입했다. 그 결과 1200만 에이커의 야생보존지역이 에이커당 10센트의 비용으로 보호받게 되었다. 2004년에 이 연합은 76만 8000에이커를 새로운 야생보존지역으로 추가시켰다.

1990년대 중반 네 명의 사람들이 캘리포니아 수원림의 웅장한 고대 삼나무 숲을 벌목으로부터 보호하자는 시위를 하다가 체포되었다. 그들은 파타고니아 인턴들이었다. 우리 회사의 인턴 과정을 거치는 직원들은 최대 2개월까지 회사를 떠나 환경단체에서 일을 할 수 있었다. 파타고니아는 그들에게 봉급과 직원 복지를 계속 제공했다. 특정한 상황에서는 회사가 비폭력 불복종 운동을 하거나 환경운동을 하다가 체포된 사람들을 위해 보석금을 내준다. 우리는 정부가 법을 어기고 집행을 거부하려 하면 시민 불복종이 마땅한 행동 방침이라고 믿는다.

사람들에게 자녀들을 위해 바라는 것이 무엇이냐고 물으면, 더 나은 세상을 물려주고 자신들이 가지지 못했던 것을 누리게 해 주고 싶다고 말할 것이다. 하지만 사람들은 이런 장밋빛 미래를 꿈꾸기만 하고 실

←
벤투라 사옥의 태양전지판. 사진: 팀 데이비스

현시키는 데 필요한 선택은 하지 않고 있다.

아무도 행동에 나서지 않는 것은 타인이 인식하는 것과 다르게 스스로를 인식하기 때문인 이유도 있다. SUV 소유주들이 그 좋은 예이다. 그들은 SUV가 환경을 생각하면 좋은 선택이 아니라는 것을 알고 있지만, 장비를 많이 실어야 할 때나 짧은 여행을 갈 때만 사용한다며 선택을 합리화한다. 그들은 이렇게도 말한다. 차 한 대일 뿐이잖아. 그렇지만 다른 사람들은 SUV 소유주를 큰 문제로 본다. 우리가 선택한 정부, 그 정부가 만든 정책도 사람들이 환경에 피해를 입히는 선택을 하게 하는 데 부분적인 책임이 있다. 석유에 그렇게 많은 보조금을 주지 않았다면 휘발유의 '진짜 비용'을 치러야만 할 것이고 그렇다면 SUV의 수요는 생기지 않고 따라서 SUV가 만들어지지도 않을 것이다. 모두가 하이브리드나 대체 연료 자동차, 고속 열차를 탈 것이다. 하지만 주유소에 가도 우리는 환경 피해나 해외 원유를 보호하는 비용을 지불하지 않는다. 그런 보조금을 철폐한다면 화석연료와 재생에너지의 비용이 동일해질 것이다.

인위적으로 값싸게 만든 석유는 다른 산업의 혁신이나 연구에도 영향을 준다. 파타고니아와 같은 의류 사업의 경우, 우리는 '소비자 사용 후 재생 폴리에스테르'를 사용하지만 여전히 원유로 생산한 새 폴리에스테르를 사는 것이 더 싸다. 하지만 세상에서 석유가 바닥나는 때가 멀지 않았다.

우리 세대는 어릴 때 지구의 건강이 위협받고 있다는 것을 알지 못했고 기업에 재무 정책뿐 아니라 환경 정책까지 있어야 하는 날이 올 것이라고는 상상하지 못했다. 1962년 레이첼 카슨의 『침묵의 봄』이 나 미국 최대의 약국 체인인 CVS는 2014년 모든 점포의 담배 판매를 중단해 연간 10억 달러 이상의 수익을 잃었다. 물론 고객들은 다른 곳으로 가서 담배를 사겠지만 CVS에서는 사지 못할 것이다! 브라보!

- 이본 쉬나드

오고 나서야 일부가 무감각에서 깨어났다. 오늘날 대부분의 미국인들은 인류가 환경 위기에 직면하고 있다는 것을 안다. 하지만 자신이 어떤 사람이라고 떠드는 것으로는 당신을 보여 줄 수 없다. 행동만이 당신을 보여 준다.

우리는 끊임없이 다른 사람을 탓한다. 멕시코인들은 애를 너무 많이 낳고, 중국인들은 고유황 석탄을 태우고, '정부'는 알래스카의 북극 야생동물 보호구역에서 석유를 시추한다고 말이다. 그러면서 자신은 SUV를 타고 돌아다니고 경기가 하락하지 않도록 쇼핑과 소비에 매진한다.

이렇게 생각하는 것이다. "나는 문제가 아니다. 따라서 나는 해법도 아니다", "기업식 농법으로 키운 유전자 변형 목화를 사용하지 않으면 경쟁이 되지 않아", "앨버타 타르 샌드(tar sand, 중질 타르 원유가 섞인 모래 - 옮긴이)에서 나오는 세계에서 가장 더러운 기름을 사지 않는다면 아랍인들에게 좋은 일을 해야 하잖아", "미국이 ***(생각나는 독재국가의 이름을 넣어라)에 무기를 팔지 않는다면, 그들은 프랑스나 러시아로부터 무기를 살걸", "중국과 인도에서는 펑펑 쓰는 화석연료를 우리는 왜 아껴야 해?"

정부 지도자들이 생각하는 정치적 안건에는 환경문제가 거의 끼어들지 못한다. 유권자들은 건강한 지구에서 살고 싶다고 말하지만, 선거 때는 그 말이 진실이라는 것이 증명되지 않는다. 안보, 의료, 경제, 중산층의 소실과 같은 다른 문제들 때문에 뒷전으로 밀려난다. 정부가 벌목에 보조금을 지급하고, 착취적인 자원 개발과 연료 소비가 많은 차량에 대해 세액을 공제해 주고, 재래식 목화와 다른 지속 불가능한 작물에 장려금을 주고, 소비지상주의를 경제의 기반으로 보고 장려하며 완전히 반대 방향으로 우리를 이끌고 가는 상황에서는 문제 해결이 더 어렵다.

정부 기관들은 석유를 시추하고, 제조로 환경오염을 악화시키기 위해 존재하는 것들이 아니다. 대부분의 기업들은 환경적인 면에서는 겨우 빠져나갈 수 있는 최소한의 일만을 한다. 그들은 환경 전문 변호사들을 고용해 기존 법규를 교묘하게 피해 가도록 술수를 부린다. 그 법들이란 것의 일부는 애초부터 기업이 제정에 관여한 것들이다. 설상가상으로 그들은 계속해서 법 규정을 완화시키기 위해 노력한다. 이익과 일자리가 어떤 문제보다 우선한다. 그들은 '소비자 수요'를 환경적으로 좋지 못한 제품을 만드는 이유로 사용한다.

법과 법 집행을 감시하는 기구가 없다면, 기업은 언제 생산을 멈추게 될까? 소비자들이 제품을 원하지 않게 될 때이다. 그 전에는 불가능하다. 노거수(老巨樹, 수령이 오래된 거목 - 옮긴이)를 자르는 벌목 노동자들이나 일반인이 사용할 수 있는 돌격 소총을 만드는 기술자들도 "다 먹고 살려고 하는 일이야", "난 시키는 일을 할 뿐인데"라는 변명으로 책임을 회피할 수는 없다. 옳은 일을 하지 않으면서 "고객은 왕이고 우리는 고객의 니즈에 부응하는 것이다"라고 변명을 내세우는 것일 뿐이다.

그들은 제품이 존재해야 하는지 아닌지를 시장이 결정하게 두어야 한다고 믿는다. 기업은 제품을 만들 때 사회와 환경에 피해를 최소화할 책임이 있을 뿐 아니라 제품 자체에도 책임이 있다.

예를 들어 자동차 회사는 고객들이 변화를 요구한다면 기름을 많이 잡아먹는 픽업트럭이나 SUV의 생산을 중단하겠다고 말하면서도 SUV 소유에 따르는 환경적, 사회적 진짜 비용이 얼마인지 고객에게 가르치지는 않는다.

생각을 실천에 옮기도록 사람을 설득하는 것이 얼마나 어려운 일인지는 파타고니아의 주차장과 사무실을 보면 알 수 있다. SUV가 주차장 곳곳에 서 있고 직원들은 유독한 화학물질을 이용해 키운 지속 불가능한 섬유로 만든 청바지와 셔츠를 입고 있다. 모두가 이 물건들이 얼마나 나쁜지 알고 있는 이곳에서조차 환경적 가치는 납득시키기 어려운 문제이다. 우리 보육 센터에서 자란 아이들은 좀 더 낫기를 바랄 뿐이다.

속죄한다

세상에서 가장 부유한 사람으로 죽고 싶다면 긴장을 놓지 말라.

계속 투자하라. 절대 쓰지 말라. 자본을 축내지 말라. 재미있게 놀 생각은 말라. 자신을 알려고 노력하지 말라. 어떤 것도 내어 주지 말라. 모두 차지하라.

가능한 부유한 상태로 죽음을 맞아라. 그런데 이건 아는가?

여기에 정말 잘 어울리는 표현이 하나 있다. 수의에는 주머니가 없다.

-수지 톰킨스 뷰엘

사업이 환경에 주는 피해를 줄이기 위해 아무리 노력해도 우리가 만드는 모든 것은 어느 정도의 오염을 유발하고 폐기물을 남긴다. 때문에 우리가 책임져야 할 다음 단계는 죄를 짓지 않게 되는 날이 올 때까지 죄에 대한 대가를 치르는 것이다.

1970년대 초반 OPEC(석유수출국기구)에 의한 원유 부족 사태 이후 일본과 유럽의 산업 국가들은 원유에 엄청난 세금을 매겨 전국가적인 보존 대책 마련과 보다 효율적인 산업 개발을 강제했다. 하지만 미국은 방관했고 그래서 지금 그 대가를 치르고 있다. 그 후 30년 동안 미국의 생활수준은 2배 높아졌지만 유럽은 4배 상승했다. 깨끗한 공기와 물, 교육, 의료, 범죄 예방 등의 요소들을 측정하는 삶의 질에 있어서, 1위를 차지했던 미국은 12계단 아래로 밀려났다.[21] 또한 이들 국가는 장기적인 에너지 정책의 결과로 미국 기업보다 훨씬 적은 에너지를 사용해 산업용품을 생산할 수 있었다.

미국이 공해 유발 기업에 세금을 부과하고, 원유, 목재, 산업형 농업과 같은 소모성 산업에 대한 보조금 지급을 중단하고, 모든 재생 불가능한 자원에 세금을 부과하고, 소득세는 그만큼 낮춘다면 지속 가능한 사회가 되는 방향으로의 가장 큰 발걸음이 될 것이다.

내가 진심으로 그런 신념을 갖고 있다면, 자원을 소비하고 오염을 일으키면서 정부가 변하기만을 기다리고 있을 수는 없을 것이다. 우리는 스스로에게 세금을 부과하고 좋은 일을 하는 데 돈을 써야 했다.

지구에 뿌리를 둔 열성적 조직이 해내는 일에 놀라지 말라. 클라보나를 지키는 사람들(Klabona Keepers)이 만든 프레이어 서클(prayer circle, 참여자들이 손을 잡고 큰 원을 만든 후 특정한 내용으로 기도하는 의식 – 옮긴이) 사진: 제임스 부르퀸

승리

1990년 봄, 나는 무지개송어 가이드 마이런 코작, 데이브 에반스와 함께 황무지, 무지개송어, 모험을 찾아 브리티시컬럼비아주 중부 해안으로 여행을 떠났다. 지도에서 우리는 브리티시컬럼비아주의 가장 긴 피오르 끝에 키틀로프라는 큰 강이 있는 것을 발견했다. 높게 솟은 산, 쏟아져 내리는 폭포, 긴 세월을 견뎌 온 숲, 깨끗한 야생 그대로의 강이 있는 낙원이었다. 그런데 키틀로프에는 길을 닦고 있는 산림 대원들도 있었다. 벌목꾼인 나에게도 이 아름다운 하곡의 나무를 모두 벌채한다는 발상은 터무니없게 느껴졌다. 때문에 우리는 키틀로프를 구하기로 마음먹었다.

브리티시컬럼비아주 초기 환경운동에 연고가 있는 것은 마이런뿐이었다. 우리는 그곳의 사진이 필요하다고 생각했다. 그 장엄함을 말로 표현하는 것은 불가능에 가까운 일이었다. 그해 가을 마이런은 내게 전화해 그와 데이브가 버클리강을 여행하는 이본 쉬나드의 가이드를 맡고 있으며 그가 환경보호론자들에게 돈을 지원한다는 말을 전했다. 우리는 브리티시컬럼비아주 최고의 야생 사진작가인 마이런을 키틀로프로 보내야 했다. 마이런은 쉬나드 일행에게 헬리콥터를 요청해 키틀로프로 들어갈 수 있지 않을까 하는 생각을 했다. 요청을 할 사람으로 내가 뽑혔다. 나는 곧 이 처음 보는 대장장이들에게 상당한 돈을 달라는 부탁을 하기 위해 240킬로미터의 여정에 나섰다.

그날 저녁 이본은 강을 떠나면서 이렇게 회상했다. "덥수룩한 수염에 벌목꾼 셔츠를 입은 거구의 사내가 내게 오더니 '당신이 이본 쉬나드요? 당신이 환경운동에 돈을 기부한다고 들었소'라고 말을 건네더군. 나는 생각했지. 큰일이네. 이런 장화를 신고는 저놈을 따돌리고 도망치기 어렵겠는데."

나는 침이 마르게 키틀로프를 칭찬했다. 그에게 키틀로프가 '요세미티 같은 곳'이라고 말했다. 이본은 나를 진정시킨 후에 어떻게 도움을 주면 되겠냐고 물었다. 나는 사진이, 아주 좋은 사진이 필요한데 그런 사진을 찍을 수 있는 유일한 방법은 헬리콥터를 이용하는 것이라고 말했다. 그는 거기에 돈이 얼마나 드냐고 물었다. 나는 4000달러는 들 것 같다고 대답했다. 쉬나드는 차분히 헬리콥터 회사가 신용카드도 받냐고 물었다.

이틀 후 맑고 청량한 가을날 마이런은 이본, 그의 아들 플레처와 함께 헬리콥터를 타고 키틀로프로 향했다. 마이런은 키틀로프를 공중에서 담은 생동감 넘치는 일련의 사진을 촬영했고 이 사진들은 전 세계에 공개되었다.

우리는 알지 못했지만 다른 사람들도 키틀로프를 보호하기 위한 일을 하고 있었다. 과거 키틀로프를 영토로 두었던 하이슬라 퍼스트 네이션(Haisla First Nation, 캐나다 브리티시컬럼비아 북부 해안에 위치한 선주민족의 하나 – 옮긴이)은 벌목되지 않은 마지막 계곡을 지키는 일에 필사적이었다. 새로운 환경단체, 에코트러스트(Ecotrust)도 바로 얼마 전 키틀로프가 지구에서 가장 큰 벌목되지 않은 해안 온대우림이라는 것을 확인한 참이었다. 에코트러스트의 창립자 스펜서 비브는 하이슬라 부족장 제럴드 아모스와 접촉하고 도움을 제안했다. 키틀로프에 마법이 일어나고 있었다.

우리는 마이런이 찍은 키틀로프의 사진을 전 세계의 모든 주요 환경단체에 보내고 한 세트를 하이슬라에 넘겼다. 하이슬라는 벌목권을 갖고 있는 유로칸의 소유주들과 대화를 나누기 위해 핀란드로 떠났다. 에코트러스트는 여러 곳에 마이런의 사진을 공개하기 시작했다. 에코트러스트는 나를 고용해서 하이슬라와 함께 지역사회 조직, 나나킬라 인스티튜트(Na'na'kila Institute)를 만들게 했다. 하이슬라의 헌신과 에코트러스트의 조합은 가공할 위력을 보여 주었다. 파타고니아는 여러 키틀로프 프로젝트에 아낌없이 기부해 주었고 그 영향은 상당했다.

사회적 문제와 환경적 문제 사이의 관계가 원주민에게보다 즉각적으로 나타나는 곳은 없다. 캐나다의 선주민족들은 수십 년에 걸친 국가의 가부장주의와 일상화된 인종차별에 고

탈탄족 장로가 캐나다 브리티시컬럼비아 세이크리드 헤드워터즈 보호 활동 중에 체포되고 있다. 사진: 테일러
폭스

통받아 왔고 알량한 보호구역에 갇혀 있었다. 그 결과는 질병과 가난, 충격적일 만큼 높은
10대 자살률이었다. 에코트러스트의 브리티시컬럼비아 프로젝트 책임자인 켄 마골리스
는 하이슬라 여성들이 출범시킨 새로운 조직, 하이슬라 리디스커버리(Haisla Rediscovery)
를 지원하기로 결정했다.

20년 전 하이다과이에서 시작된 하이슬라 리디스커버리는 토착민 사회가 캠프를 준비해
연장자들이 어린이들에게 전통문화를 익히게 돕도록 지원하는 국제 프로그램이다.

하이슬라 프로그램은 키타마트 마을에서 10대 자살 사건이 잇달아 일어나자 시작되었
다. 키틀로프가 어린이 캠프의 근거가 되고 파타고니아의 자금 지원이 이루어지면서 키틀
로프에는 곧 토착민과 비토착민 어린이들의 노랫소리가 울려 퍼지게 되었다. 하이슬라와
키틀로프 사이의 강한 유대는 아무도 꺾을 수 없는 수준에 이르렀다.

에코트러스트가 후원해 열린 키틀로프 보호 방법을 모색하기 위한 회의에서 유로칸은 하
이슬라에 놀라운 제안을 했다. 50년간 키틀로프 벌목에서 발생하는 일자리, 임금으로 계산
하면 1억 2500백만 달러에 상당하는 모든 일자리를 실업률이 50퍼센트가 넘는 700명 토
착민 공동체에 제공한다는 것이었다. 하이슬라는 이 그럴듯한 미끼를 물지 않았다. 하이슬
라는 유로칸의 제안을 일언지하에 거절하면서 지구 환경에 대해 그들이 가지고 있는 책임

의식을 보여 주었다. 하이슬라의 장로들은 지역 관료들과 유로칸 임원들에게 나무 한 그루라도 손을 댄다면 그들의 피가 키틀로프에 흐를 것이라고 말했다. 1년이 못 되어 키틀로프 벌목권의 새 주인인 웨스트 프레이저는 정말 드물게 기업의 책임감을 보여 주면서 아무런 보상 없이 키틀로프에 대한 모든 권리를 포기했다. 완벽한 승리였다. 거의 100만 에이커에 달하는 훼손되지 않은 강과 노숙림을 영구적으로 안전하게 지킬 수 있게 되었다.

파타고니아는 이 특별한 환경운동의 승리에 참여한 모든 조직, 에코트러스트, 에코트러스트 캐나다, 나나킬라 인스티튜트, 하이슬라 리디스커버리에 상당한 도움을 주었다. 사실 에코트러스트와 나나킬라는 파타고니아 사상 최대의 기부금을 받았다. 키틀로프를 구한 것이 큰 승리이기는 하지만 그 외에서 더 많은 승리가 있었다. 나나킬라 인스티튜트는 키틀로프에서의 회색 곰 사냥의 전면 중단을 비롯해 브리티시컬럼비아 중부 해안의 회색 곰 사냥을 극적으로 줄이는 데 큰 역할을 했다. 하이슬라의 젊은이들은 환경보호 담당관으로 교육을 받았고 많은 하이슬라 주민들이 키틀로프를 기반으로 하는 여러 프로그램에서 일자리를 찾았다.

키틀로프는 현재 지역 역량을 키우는 방법을 보여 주는 교과서가 되었다. 파타고니아와 환경문제에 기부를 해 준 다른 사람들의 도움이 없었다면, 이런 프로그램들은 불가능했을 것이다. 하지만 더 가치 있는 부분은 이 프로그램들이 야생 지역을 구하는 것 이상의 일을 해냈다는 점이다. 그들은 지역사회와 지역민들의 삶에 큰 영향을 미쳤다. 환경보호 운동이 가장 바람직한 형태의 사회 활동이 된 것이다.

-브루스 힐

우리는 1980년대 초 비영리 환경단체에 세전 수익의 2퍼센트를 기부하기 시작했다. 더 많은 문제들이 있으며 지원의 필요성이 커지고 있다는 것을 알게 되면서 그 비율은 늘어났다. 1985년에는 세금 공제로 허용되는 최대치, 즉 회사 수익의 10퍼센트 수준에 이르렀다. 회사의 수익성이 높아지면서 액수도 커졌다. 우리는 수익을 보너스나 배당으로 나누는 대신 회사에 재투자한 셈이었다. 공개 기업이 아니기 때문에 회계사나 주주들에게 이 일의 정당성을 입증할 필요 없이 옳은 일을 할 수 있었다.

이 10퍼센트 기부법이 정책으로 공식화되면서 회사는 완전히 변화했다. 1980년대 말 다른 몇몇 기업들이 자기 나름의 보조금 프로그램을 개발했고 그중 몇몇은 우리처럼 수익의 10퍼센트 기부를 약속했다. 하지만 수익이 부자연스럽게 적었다. 고위 경영진에게 인센티브와 보너스를 지급하고 나면, 서류상 '수익'은 크게 줄어든다. 수익의 10퍼센트 기부를 약속한 많은 대기업들이 실제로 비영리 단체에 기부한 금액은 매우 적었다. 이런 관행은 피할 구멍을 찾지 않고 아낌없이 준다는 자선사업의 정신을 훼손하는 것이다.

우리는 스스로의 몫을 하고 있다고 생각했고 다른 사람들까지 뒤를 따르려 하는 것처럼 보였기 때문에 지원금을 더 늘리기로 결정했다. 1996년 우리는 매출의 1퍼센트를 기부했다. 돈을 벌든 벌지 않든, 사정이 좋은 해든 아니든 기부를 해야 한다는 의미였다. 이것은 자선이라기보다는 지구에 살고 있고, 자원을 사용하며, 문제의 일부이기 때문에 스스로에게 부과하는 '지구세'가 되었다.

전 세계적으로 10만 개가 넘는 비정부 조직들이 생태적, 사회적 지속 가능성을 위해 일하고 있다. 미국만 해도 3만 개가 넘는 비영리 조직들이 생물 다양성 보존, 여성 건강, 재생에너지, 기후변화, 물 보전, 무역법, 인구 증가, 야생보존지역의 보호와 같은 문제를 다루고 있다. 그들 모두가 어떤 공통의 제도적 장치 없이 독립적으로 발생했다는 사실은 환경 위기의 범위가 얼마나 넓은지 보여 준다. 이런 풀뿌리 조직들 대부분은 자기 이익만 챙기는 다국적 기업이나 정부 기구보다 훨씬 큰 문제 해결 능력을 갖고 있다. 대부분은 최소의 자원을 기반으로 오랜 시간 일해 온 지역 조직들이며 경매, 빵이나 케이크를 구워 파는 바자회 등의 모금 행사, 소액 기부에 의존해 간신히 조직을 운영해 나간다.

현대의 자선가들과 재단들은 노선을 내세우거나 행동주의를 실천하는 조직에는 자금을 대지 않으려 한다. 이 소규모 단체들은 25달러짜리 소액 기부에 의존해서 거대한 기업과 그들의 변호인단, 정부의 편향된 심사자들과 부패한 과학자들에 맞서야 한다. 우리의 1퍼센트 지구세는 다양한 환경운동 단체와 조직들을 지원한다. 파타고니아 기부의 대부분은 위험에 처한 강과 숲, 바다와 사막을 구하기 위해 적극적으로 노력하는 개인과 조직에게 돌아간다. 그렇지만 단체 하나당 3개꼴로 지원 요청을 거절해야 하는 형편이다. 가치 있는 명분은 너무나 많지만 지원할 수 있는 데는 한계가 있다는 현실적 문제를 보여 준다.

시민 민주주의를 지지한다

민주주의는 모두가 자신의 행동을 책임져야 하는 작고 동질적인 사회에서 가장 잘 작동한다. 이런 사회에서는 숨는 것이 불가능하다. 동료

집단의 압박이 있기 때문에 경찰, 변호사, 판사, 감옥이 필요치 않다. 개인은 자신과 부모의 '사회적 안전'을 책임져야 한다. 결정은 타협이 아닌 합의에 의해 이루어진다.

미국의 시작부터 19세기 말까지 국민들에게는 연방정부, 지방정부, 시민 민주주의 이렇게 세 가지 강력한 사회력이 있었다. 이제는 한 가지가 더 있다. 바로 기업이다. 넷 중에 시민 민주주의가 가장 강력했고 지금도 여전히 그렇다고 주장하고 싶다. 애초에 영국으로부터의 독립도 활동가들이 초래한 것이다. 민간 자선단체의 자금 지원을 받는 시민 민주주의는 19세기 가장 큰 사회적 움직임을 자극했다. 노예제를 폐지하고 여성의 권리를 찾기 위한 투쟁을 말이다.

요세미티 국립공원을 만들자는 것은 시어도어 루스벨트의 아이디어가 아니었다. 루스벨트에게 비밀 경호원들을 모두 떨쳐 버리고 삼나무 아래에서 캠핑을 하라고 설득한 것은 환경운동가인 존 뮤어였다. 시민의 평등권이 법에 명시되도록 만든 것은 격리된 버스 뒤에 앉기를 거부하고 연방법원 집행관들에게 맞선 흑인 여성과 어린이들이었다.

베트남전쟁을 종식시킨 것은 반전운동이었다.

신문을 읽으면 우리가 얻고 있는 사회적 이익의 대부분이 활동가 조직에 의해 만들어지고 있다는 것을 알 수 있다. 이런 활동가들은 나쁜 짓을 한 정치가와 CEO를 법정에 세운다. 그들은 기업을 압박해서 착취형 공장을 없애고, 지속 가능하게 벌목한 목재만을 팔고, 컴퓨터를 재활용하고, 유독 폐기물을 줄이도록 만든다.

시민 카야커와 낚시꾼들은 낡은 댐을 무너뜨리고 강물이 다시 흐르도록 만들었다. 매를 부리는 사람들은 멸종 위기에 있던 송골매를 다시 돌아오게 했다. 캐나다의 타르 샌드와 텍사스 휴스턴 인근의 거대한 정유, 항만 단지를 연결하는 키스톤 XL 송유관 건설에 반대하는 수많은 시민들은 오바마 대통령을 설득해 그 계획을 거부하도록 만들었다.

사람들은 '활동가'라는 말에 거부감을 가진다. 이 말에 에코테러리즘 (ecoterrorism)이나 폭력적인 시위를 결부시키기 때문이다. 하지만 내가 이야기하는 사람들은 정부가 우리의 공기, 물, 다른 모든 자연 자원을 보호해야 하는 임무에 부응하기를 바라는 평범한 시민들이다. 활동가들은 문제에 대한 전염력 있는 열정을 갖고 있다. 그들은 자녀를 서서히 죽음으로 몰아가는 유독물 매립지를 정화하기 위해 싸우는 어머니들이다. 무분별한 도시 확산으로부터 4대째 이어 온 가업을 지키려 노력하는 농부들이다. 이들은 일선에 서서 정부가 법을 지키거나 새로운 법의 필요성을 인식하게 만들기 위해 노력하고 있다.

이것이 우리의 순매출의 1퍼센트인 지구세가 주로 그들에게 가는 이유이다. 나는 평생 야외 스포츠를 즐기면서 자연이 다양성을 사랑한다는 것을 배웠다. 자연은 단일 재배와 집중화를 싫어한다. 구성원들이 열정적으로 문제를 다루는 수천 개의 소규모 시민 단체들은 비대해진 조직이나 정부보다 훨씬 많은 일을 할 수 있다.

누가 5퍼센트 남아 있는 노숙림과 북아메리카에서 건강한 연어를 찾아볼 수 있는 몇 안 되는 시내를 지켜 줄 것인가? 산림청? 중앙정부

$\longrightarrow$

톰 케이드가 1970년 설립한 비영리 조직, 페레그린 재단이 연구하는 140종의 맹금류 중 하나인 흰매를 감탄스러운 눈으로 바라보고 있다. 톰은 1954년 팔콘리 클럽의 창립 멤버였고 코넬대학에서 조류학을 가르쳤다. 이후 그는 미국에서 거의 멸종되었던 송골매를 되돌아오게 하기 위해 페레그린 재단을 출범시켰다. 사진: 케이트 데이비스

와 지방정부? 퍼시픽 럼버나 와이어하우저 같은 기업들? 나는 이들 중 누구도 믿지 않는다. 내가 믿는 것은 소규모 풀뿌리 시민 조직들이다. 기꺼이 몇 달 동안 나무 위 농성(tree sitting, 벌목을 막기 위해 나무 위에 앉아 있는 시민 불복종의 한 형태 – 옮긴이)을 하고 불도저 앞에 서는 사람들로 구성된 조직들 말이다. 우리에게는 강을 지키는 사람들, 해안을 지키는 사람들, 숲을 지키는 사람들, 정문에 사슬로 자신의 몸을 묶는 시위자들이 필요하다.

우리는 환경운동에 상당한 금전적 기여를 했다(1985년부터 2016년까지 우리는 현금과 현물로 7900만 달러를 기부했다). 하지만 나는 그들에게 돈 이상의 것을 제공해야 한다는 생각을 늘 갖고 있다. 다른 여러 프로그램과 현물 지원 외에도, 파타고니아는 매 18개월마다 풀뿌리 활동가를 위한 도구(Tools for Grassroots Activist)라는 이름의 컨퍼런스를 개최해 활동가들에게 경쟁이 심한 미디어 환경에서 소규모 단체가 살아남는 데 필요한 조직적 사업 기술과 마케팅 기술을 가르친다. 이것은 파타고니아가 제공하는 가장 중요한 서비스 중 하나이다. 같은 이름으로 책을 펴내기도 했다. 이 사람들은 열정과 용기를 가지고 있지만 고립감과 두려움을 느끼는 때가 많으며 대부분은 변호인단과 '고용된 전문가'를 두고 있는 대기업이나 정부와 맞설 준비가 전혀 되어 있지 않다. 우리는 그들에게 입장을 명확하고 효과적으로 드러낼 수 있는 도구들을 줌으로써 금전적 지원만큼이나 좋은 일을 하고 있다.

그런 노력들은 당연히 보수주의자들의 분노로 이어졌다. 우리는 1990년 24개의 기업들과 함께 기독교행동위원회(Christian Action Council, CAC)가 조직한 정교한 보이콧 운동의 표적이 되었다. 우리가 정기적으로 미국 가족계획연맹(Planned Parenthood, 미국 내 인권 및 가족계획 운동 단체)을 지원한다는 것이 이유였다. 우리 제품을 절대 사지 않을 것이라는 수천 통의 편지를 받았다. 표적이 된 모든 기업(모두가 파타고니아보다 훨씬 큰 규모였다)은 통일된 대응을 하기로 했다. CAC가 우리 매장에서 집단 피켓 시위를 하겠다고 위협했을 때 우리는 플레지 어피켓(Pledge-a-Picket, 직역하면 피켓 하나씩에 대한 약속 – 옮긴이)이라는 전략을 사용했다. 피켓 시위자 한 명당 그 사람의 이름으로 가족계획 연맹에 10달러씩을 기부하겠다고 맞선 것이다. 그들은 시위에 참가하지 않기로 결정했고 보이콧은 무산되었다. 〈뉴욕타임스〉는 우리를 '용감'하다고 묘사했다. 이후 우리는 가족계획연맹 지지자들로부터 수천 통의 편지를 받았다. 1993년 우리는 산림보호 단체에 대한 지원을 막으려는 비슷한 보이콧 시도 역시 막아 냈다.

회사의 정치적 신념에 동의하지 않고 가족계획연맹에 대한 기부를 심하게 반대하던 직원들도 있었다. 사람은 자신이 믿지 않는 회사에서는 일하지 말아야 한다는 것이 내 생각이다. 담배와 같은 제품 자체 때문이든 회사가 이익을 가지고 하는 일 때문이든 말이다.

많은 신입 사원들은 파타고니아가 환경적 명분에 대부분의 기부를 하고 사회적 명분은 무시하는 것처럼 보이는 이유가 무엇이냐고 묻는다. 나는 그들에게 그에 대한 그리고 회사가 직면하는 거의 모든 문제에 대한 답은 우리의 철학에서 찾을 수 있다고 대답한다. 이 경우, 답은 환경 철학 자체에서 찾을 수 있다. 대의에 집중하면 증상이 아닌 철학이 답을 줄 것이다.

가족계획연맹에 대한 지지가 그 한 예이다. 이 조직은 오로지 사회

풀뿌리 활동가를 위한 도구 컨퍼런스에서 발표하는 빌 맥키번. 2013년. 사진: 마이키 셰퍼

적 문제를 다루고 있는 것처럼 보이지만, 사실은 환경문제의 가장 큰 원인을 다루고 있다. 바로 인구과잉의 문제이다. 가장 비참한 삶을 사는 나라들은 출생률이 가장 높은 나라들이다. 또한 가장 가난한 나라이기도 하다. 그들은 아이티나 르완다처럼 자연환경이 파괴되었기 때문에 가난하다. 최저 생활수준이 보장된 사람들까지도 연료와 거처를 마련하기 위해 나무를 베고, 곡식을 키우고 집을 짓기 위해 서식지를 망친다. 가난한 사람들, 특히 과거 농경사회에 속했던 사람들의 대다수가 도시로 몰려 자연환경을 오염시키고 훼손시킨다. 다른 선택지가 없기 때문이다. 토양의 질은 떨어지고, 지하수와 대수층은 고갈되고, 강은 마르거나 오염되었다.

대부분의 선진국이 그렇듯이 삶의 질이 높아지면 자연스럽게 출생률도 낮아질 것이다. 하지만 삶의 질 향상은 땅의 생산성을 되찾을 때까지, 자연에 반하는 일이 아니라 자연과 함께하는 일을 시작할 때까지 일어나지 않을 것이다.

그렇다. 우리는 유전자 변형 식품에 식별 표시를 붙이기 위해 싸우고, 더러운 송유관에 반대하고, 다국적 대기업에만 이익이 되는 자유무역협정에 이의를 제기하는 비영리 단체를 지원해야 한다. 그뿐만 아니라 그들과 함께 일선에 나서야 한다. 우리는 그런 일을 해 왔다.

많은 자원을 가진 규모와 영향력이 큰 회사가 되면서(그리고 가장 큰 영향력을 가질 수 있는 위치에 있게 되면서) 다른 단체를 지원해 주는 것뿐 아니라, 직접 혹은 전략적 제휴를 통해 적극적으로 행동에 나서야 할 책임을 갖게 되었다.

예를 들어, 나는 복원 생태학자 맷 슈퇴커와 함께 자유로운 강의 흐름을 주창하고 미국 내 환경 파괴적인 댐을 철거하기 위한 운동을 옹호하는 영화를 만들어야겠다는 생각을 갖게 되었다. 파타고니아는 대형 하천보호 단체에 돈을 주고 제작을 맡길 수도 있었다. 하지만 외부의 적절한 도움만 있으면 우리가 그 일을 더 잘 해낼 수 있을 것이라는 생각이 들었다. 영화의 메시지가 강렬하면서 흥미로울 수 있도록 하려면 댐과 그 철거의 역사를 잘 알고 강력한 스토리텔링 능력을 가진 공동 제작자를 섭외하는 것이 중요했다. 우리는 파타고니아의 마케팅과 소매팀을 이용해서 영화를 널리 퍼뜨리고, 지역의 비영리 환경단체와 협력해 행사를 개최했다.

〈댐네이션(DamNation)〉은 전 세계 여러 영화제에서 최고상을 수상

했고, 사람들에게 '깨끗한 수력 에너지'가 허위임을 깨닫게 하는 데 직접적인 역할을 했으며, 환경을 훼손하는 워싱턴 스네이크강의 4개 댐 철거를 위한 청원서에 7만 5000명이 서명하게 만들었다. 이 영화는 국제적으로도 영향력을 발휘하고 있다. 핀란드 의회는 미국이 왜 댐을 철거하고 있는지에 대한 연설을 해 달라고 우리를 초청했다. 그날 저녁, 핀란드 수도 헬싱키의 극장에서 〈댐네이션〉이 상영되었다. 표는 모두 매진이었다. 이틀 뒤 핀란드 정치인들은 도시를 흐르는 강에서 연어의 이동을 막는 댐을 철거하기로 가결했다. 댐을 철거하기 위한 운동을 전개하고 있었던 지역민들은, 논의의 방향을 바꾸고 정치인들로 하여금 댐의 철거를 지지하게 한 공을 〈댐네이션〉에 돌렸다.

전 세계에 걸쳐 댐에 반대하는 시민운동에 동기를 부여하고 용기를 북돋운 것이 이 영화의 가장 큰 성과였다. 세계의 지도자들이 기후변화 문제에 대한 해법을 찾기 위해 애쓰는 가운데, 이 영화는 '청정 수력' 에너지라는 환상을 부수고 댐의 제거가 멸종 위기에 처한 야생동물을 되살리고, 메탄 배출을 줄이고, 해안 복원력을 키우고, 공공 안전의 위험 요인을 제거하는 강력한 방법임을 입증하고 있다.

←

위 | 더그 톰킨스, 크리스 톰킨스 그리고 나는 칠레 엔데가이아 국립공원을 10일간 여행하고 있었다. 톰킨스 가족 재단은 몇몇 민간 기부자들과 함께 220만 에이커의 땅을 보존하고, 5개의 국립공원을 새로 조성했으며, 국립공원 조성 사업을 아르헨티나와 칠레로 확장했다. 그 계획에는 대략 1300만 에이커의 땅이 포함된다. 사진: 크리스 반 다이크

아래 | 만들어져서는 안 되었던, 꼭 사라져야 하는 헤츠헤치 댐. 사진: 데이비드 크로스

선을 행한다

막 새롭게 눈에 띈 당근 1개가 혁명을 일으킬 수도 있는 날이 오고 있다.

-폴 세잔

제품을 만드는 데 따르는 피해를 최소화하는 것은 기특한 일이지만, 피해를 줄인다는 것이 선을 행한다는 의미는 아니다. 굶주린 세상을 위해서 식량을 키우는 데 사용해야 할 땅에 목화를 유기농으로 키우는 것이 지구나 사회에 이로운 일이라고 할 수는 없다.

나는 공급망 내에서 환경 피해가 덜 일어나게 하기 위한 우리의 노력에 대해 상당히 만족하고 있다. 하지만 우리의 성장으로 인해, 그러니까 대부분의 사람들에게는 필요치 않은 옷을 더 많이 만들기 위해 더 많은 자원이 사용됨으로써 이런 노력들이 상쇄되고 있는 것은 아닐까? 스스로가 '방 안의 코끼리'가 되지 않기 위해 할 수 있는 일은 없을까? 사람과 지구 모두에게 선한 방식으로 제품을 생산할 길은 없을까?

몇 년 전 나는 유기농 이유식 회사를 성공적으로 출범시킨 사람과 이야기를 나누고 있었다. 그녀는 더 책임감 있게 사업을 이끌어 나가기 위해서 어떻게 해야 할지 조언을 구했다. 나는 유기농 제품을 생산하는 데 만족하지 말라고 이야기했다. "당신들이 사용하는 유기농 당근은 어떤 종류입니까?" 내가 물었다. "그 당근은 어디에서 재배됩니까? 화석수(fossil water, 지하수의 한 성분인 화석수의 대량 사용은 지하 대수층의 고갈로 이어질 수 있다. - 옮긴이)를 끌어 쓰는 사막의 대형 기업형 농장에서 재배한 것입니까? 노동자들에게는 최저임금이 지급되고 있습니까?" 그녀가 이런 질문에 책임감을 갖고 답을 찾아내는 노력을 기울인다면 공급망이 유발하는 피해를 줄일 수 있을 것이다. 하지만 당시의 상황에서 더 나아가는 방법은 그녀에게 말해 주지 못했다. 나 역시 방법을 알지 못했기 때문이었다. 하지만 이제는 알고 있다.

지구의 생물들이 직면하고 있는 다양한 위험 중에서 기후변화보다 위협적인 것은 없다. 우리는 우리의 행성을 다른 행성들과는 다른 곳으로, 생물들이 의지해 살 수 있는 곳으로 만드는 바로 그 요소들을 위험에 빠뜨려 왔다.

파타고니아에서 하는 일들은 우리가 이 문제의 해법 중 일부가 될 수 없는 한 아무 소용이 없다. 데이비드 브로워가 말했듯이 "죽은 행성에서는 어떤 사업도 할 수 없다." 화석연료를 사용하면서 이산화탄소 배출을 줄이기 위해 노력하는(원인이 아닌 증상만을 건드리는) 것은 어떤 도움도 되지 않는다. 지속 가능성을 향한 길에서 이루는 작은 성과들은 성장과 소비 증가 앞에서 무효화된다.

이산화탄소 수치가 350ppm을 넘지 않게 한다는 목표를 세우는 것만으로 만족할 수는 없다(이미 400ppm을 넘어서고 있다).[22] 우리는 실질적인 일은 하지 않은 채 너무 오랫동안 미적거렸다. 이제는 기준을 산업혁명 이전의 수준으로 맞추어야만 한다. 바다는 산을 너무 많이 흡수했다. 생명에 이로운 pH 수준으로 되돌리려면 1000년이 필요하다.

어떻게 해야 이런 일을 해낼 수 있을까? 우리에게는 혁명이 필요하다. 이 혁명은 농업에서 일어나야 한다는 것이 내가 늘 가지고 있는 생각이다.

환경 위기를 해결하려면 인간은 지금과 같은 길을 걸어서는 안 된다. 늘 그렇듯 기업들은 참여하지 않을 것이다. 애초에 우리가 현재의 상황에 처한 것도 기업들 때문이다. 세계 최대 산업인 식량 산업보다 위기 해소가 시급한 부문은 없다. 현대의 '녹색혁명'과 그에 수반되는 모든 기술, 화학물질은 우리를 실망시켰다.

농업에서의 녹색혁명은 유전자 조작 종자, 화학비료, 살충제, 지속 불가능한 물 사용을 아우른다. 일시적으로 좀 더 많은 사람들을 먹일 수 있게 해 주었지만 지속 가능성과는 거리가 멀었다. 초기의 작은 성과는 표토를 망치고, 하늘과 땅과 물을 오염시키고, 소규모 농장을 없애고, 탄소 배출을 늘리는 대가로 얻은 것이다. 그마저도 결국에는 보다 자연적인 농법에 비해 에이커당 산출량이 적어진다. 농부들과 화석 연료 업계에 지급되는 거액의 정부 보조금 때문에 산업형 농업은 기존의 패러다임을 이어가고 있다.

현대적 식량 생산은 지구 파괴의 주범 중 하나이다. 전 세계에서 거주 가능한 땅의 약 30퍼센트, 물의 70퍼센트가 목초지와 농지에 사용되고 있는 상황에서,[23,24] 이 정도로 광범위한 영향력을 가진 다른 사업이 있다고 생각하기는 어렵다. 지금까지 우리는 농업을 관리하는 일을 아주 형편없이 해 왔다.

미국만 해도 연간 45만 톤의 농약을 사용한다.[25] 미국 농무부의 실험에 따르면 미국 식수의 94퍼센트에 아트라진(atrazine)이 존재하고 있다.[26] 아트라진은 광범위하게 사용되는 제초제로 내분비 교란물질이라는 의심을 받고 있다. 지난 150년 동안 세계 표토의 절반이 소실되었다.[27] 부영양화 현상으로 인해 멕시코만과 전 세계 바다에 생물이 살지 못하는 데드존이 나타나고 있다. 기계와 화학물질의 도움을 받는 산업형 단일 작물 재배가 대세가 되면서 생물 다양성은 급감했다.

농부와 목장주들은 한때는 비옥하고 생산성이 높았던 땅이 척박해지는 것을 수십 년에 걸쳐 목격했다. 전면적인 밭갈이, 단일 작물 재배, 합성 비료, 살충제, 농약을 통해 생산량을 높이겠다고 약속한 현대적 농법은 땅을 훼손하고 약화시켰다. 이제 농부들은 땅의 질을 떨어뜨리는 바로 그 기술을 사용하지 않고는 더 이상 작물을 키울 수 없는 의존의 악순환에 빠졌다.

사람들은 땅은 일단 질이 떨어지면 회복할 수 없다고 생각한다. 그렇지만 몇몇 농부들은 땅을 복구하는 것이 가능할 뿐 아니라 상당히 빠른 시간 안에 할 수 있는 일이라는 점을 발견했다. 밭을 가는 기계들과 농약 살포용 비행기를 버리고 사이짓기, 퇴비화 처리, 돌려짓기, 자연 방목 같은 기법을 이용하면 2년 만에 생산력이 있는 건강한 토양을 만들 수 있다. 이런 토양은 물을 덜 필요로 하고, 가뭄에도 산출량이 높으며, 현대 농업을 사용하는 농장보다 비용도 적게 든다.[28·29]

건강한 토양은 많은 양의 탄소를 흡수하는 것으로 드러났다. 지피 작물과 되살림 방목 기법은 광합성을 늘린다. 광합성은 공기 중에서 이산화탄소를 빨아들여 땅에 스며들게 한다. 화학물질이 아닌 퇴비는 탄소 흡수를 돕는 박테리아와 균류의 먹이가 되며, 무경간 농법(no-still, 밭을 갈지 않고 도랑에 씨를 심어 농사를 짓는 방법 – 옮긴이)은 탄소가 땅에서 빠져나가지 못하게 한다.[30·31] 추정치에는 차이가 있지만 가장 낮은 추정치로 계산해도, 전 세계가 되살림 유기농 농법을 사용할 경우 배출된 이산화탄소 전체를 다시 땅으로 끌어들일 수 있다.[32]

버팔로가 돌아다니며 풀을 뜯는 곳에서는 풀이 뿌리를 깊게 내리고 크게 자란다. 사우스 다코타 와일드 아이디어 목장. 사진: 존 레빗

파타고니아 프로비전

식품 업계는 긍정적인 변화가 절실하게 필요하지만 동시에 큰 가능성도 갖고 있다. 2013년 시작한 파타고니아 프로비전이 목표로 하는 바는 다른 계열사의 모든 일과 동일하다. 최고의 제품을 만들고, 불필요한 환경 파괴는 유발하지 않으며, 사업을 환경 위기의 해법을 고무하고 실행하는 데 이용하는 것이다. 하지만 파타고니아 프로비전은 거기에서 멈추지 않고 생산하는 식량과 이용하는 수확 관행을 이롭게 만드는 데까지 목표를 확장한다.

파타고니아 프로비전은 먹이사슬을 바로잡기 위한 해법을 찾는 일을 한다. 우리는 늘 그렇듯이 우리부터 소매를 걷어붙이고 각 제품의 공급에 대해 가능한 모든 것을 배우는 일부터 시작할 것이다. 이미 존재하는 최선의 관행을 넘어서서 자연 생태계를 구축하고 강화하는 방법을 찾을 것이다. 단순히 피해를 줄이기 위해 과거의 방법을 답습하는 정도로 끝내는 것이 아니라 정말 이로운 일을 하는 방법을 찾을 것이다.

여기 그 3개의 사례를 제시한다.

위 | 물고기를 귀하게 대하자. 사진: 에이미 컬러
아래 | 사진: 네이트 프타첵

미래의 어업

야생의 곱사연어는 워싱턴 루미섬에서 리프넷(reef-net) 방식으로 잡는다. 리프넷은 아메리카 토착민 부족들이 향나무 카누와 향나무 그물을 가지고 수백 년 동안 이용했던 낚시법으로 다른 종에 피해를 입히지 않고 선택적으로 곱사연어를 잡을 수 있게 해 준다. 배가 더 커지고 그물을 끌어올리는 데 권양기가 사용되기는 하지만 이 기법은 근본적인 변화 없이 유지되고 있다.

대부분의 상업적 어업은 치열한 경쟁과 낭비로 이어지지만, 리프넷은 협동 정신으로 연결된다. 닻을 내린 두 척의 배 사이에 수평 그물을 설치하고 수평 그물의 바다 쪽 입구에 비스듬한 그물을 둔다. 어부들이 두 배의 누대에 올라 연어가 그물 안으로 헤엄쳐 들어오는지 지켜본다. 연어 떼가 그물 위에 이르면 그물을 들어 올린 뒤 물고기들을 활어조로 조심스럽게 옮긴다. 여기에서 물고기를 분류하고 원치 않는 종류는 다시 물로 돌려보낸다. 연어는 아가미를 잘라 피를 뽑은 뒤 남은 하루 동안 얼음이 든 보냉백으로 옮겨 보관했다가 가공한다.

이 오래된 기법은 최소한의 탄소 발자국을 만들고, 의도하지 않은 어획물 없이 목표로 한 물고기만을 잡으며, 시장에 가장 좋은 품질의 곱사연어를 공급한다. 더욱이 그들은 경탄이 나올 정도로 아름다운 이 지역의 문화와 공동체를 보존하는 방식으로 일을 한다. 우리는 리프넷처럼 오랜 역사를 지닌 선택적 어획 기법이 어업의 미래가 될 것이라고 확신한다.

토양 탄소의 스펀지

산업혁명은 식량을 생산하는 방법에 큰 변화를 가져왔다. 우리는 자연이 의도한 방식대로 식물과 동물을 키우는 대신 자동차를 제조하는 것과 아주 비슷하게 이들을 제조하기 시작했다. 사육장이 초원을 대체했다. 화학비료가 자연적으로 발생하는 비료를 대체했다. 건강한 토양은 관심 밖이었다. 그렇게 우리는 학대를 이어갔다. 현재 국제연합은 우리가 지구상 전체 토양의 거의 3/4을 죽였으며 그 과정에서 뜻하지 않게 기후변화를 초래했다고 말하고 있다.

동물들은 건강한 토양에 없어서는 안 될 부분이다. 과거 대평원에는 3억 마리의 들소가 있었다(현재는 약 100만 마리가 있다). 끊임없이 움직이는 들소 떼가 발굽으로 표토를 잘게 부수고 키 큰 풀들을 먹어 치우면 자연은 대기 중의 탄소를 포획해서 풀을 다시 자라게 했다.

과거의 대초원은 탄소를 끌어들였다. 지금 우리 머리 위에서 지구를 데우고 있는 탄소들을 말이다.

우리가 수많은 들소를 다시 만들어서 자연을 모사하는 방식으로 키운다면 어떨까? 대기 중의 탄소를 다시 토양으로 격리시킬 수 있을까?

물론이다. 사실 파타고니아 프로비전은 육포용 들소를 키우는 와일드 아이디어 버펄로 컴퍼니(Wild Idea Buffalo Company)의 댄 오브라이언과 질 오브라이언이 진행 중인 연구를 후원하고 있다. 그들은 목장에서 땅으로 흡수되는 탄소의 양을 측정하고 있다. 우리는 카본 언더그라운드(Carbon Underground), 응용 환경 서비스(Applied Environmental Services)와의 협력 하에 수백 개의 심부 토양 표본을 산업적인 방식으로 동물을 키우는 주변 목장의 토양과 비교해 왔다. 초기 연구 결과는 오브라이언 목장의 토양이 헥타르당 10톤 많은 탄소를 보유하고 있는 것으로 나타났다. 전 세계 7300만 헥타르의 대평원과 14억 헥타르의 목초지가 대기 중에서 수십 억 톤의 탄소를 흡수할 수 있는 것이다. 우리가 살아 있는 동안에 기후변화를 역전시킬 수 있을지도 모른다.

슈퍼밀 컨자가 우리를 먹이고
토양을 구할 수 있다

컨자(Kernza)는 미국 토양 연구소가 개발한 '밀'을 대체할 다년생 식물이다. 과학자들은 컨자가 지구를 치유하는 데 도움을 주는 완전히 새로운 곡물로 자리 잡을 수 있기를 바라고 있다. 컨자는 씨를 갖고 있는 밀과 비슷한 식물로 현대의 밀보다 영양가가 높고 글루텐이 적다. 옥수수나 밀과 달리, 컨자는 땅속에서 겨울을 난다. 비료, 살충제가 필요하지 않고 땅을 갈거나 심는 노동이 덜 필요하다는 뜻이다.

컨자의 가장 중요한 성질은 이것이 토양과 가지는 상호작용의 방식이다. 밀도가 높은 뿌리가 최소한 땅속 3미터까지 내려가기 때문에 물과 질소, 인산을 흡수하고 토양을 고정해 침식을 막는다. 그뿐만 아니라 가뭄에 강하다. 물이 점점 부족해질 것으로 예상되는 미래에 중요한 특질이다.

더 중요한 것이 있다. 토양 연구소 소속 과학자 리 드한의 말에 따르면, 컨자는 "토양의 질을 높이고 대기로부터 이산화탄소를 제거한다." 이것이야말로 실제로 기후변화의 원인을 없애는 데 도움이 되는 방법이다.

우리는 토양 연구소, 미네소타대학과 힘을 합쳐 컨자를 음식으로 이용할 여러 방법을 개발하고 있다. 그리고 샌프란시스코 타르틴 베이커리(Tartine Bakery)의 채드 로버트슨과 스카짓 밸리 브레드랩(Bread Lab)의 스티브 존스과 공동으로 다른 여러해살이 밀과 메밀에 대한 연구도 하고 있다.

→
오른쪽의 현대 밀과 왼쪽의 여러해살이 컨자 밀. 어떤 것이 탄소를 더 많이 격리시킬지 생각해 보라. 사진: 짐 리처드슨

농장과 목장을 운영하는 방법만 바꾸어도 지구온난화의 추세를 역전시킬 수 있다는 의미이다.

캘리포니아 버클리대학의 과학자들은 캘리포니아의 몇 개 목장에서 탄소 실험을 진행했다. 그들은 방목지에 1.3센티미터 두께로 퇴비를 뿌렸고 이것이 8년의 실험 기간 동안 매해 토양의 탄소 포획 격리 능력을 연간 1헥타르당 0.5~3톤까지 높였다는 것을 발견했다.[33] 캘리포니아 방목지의 1/4에 단 한 번 퇴비를 얇게 뿌리는 것만으로 토양은 캘리포니아의 온실가스 배출량의 3/4을 흡수한다.

되살림 유기농 농법으로 탄소를 격리시킨다는 발상이 기후변화에 대한 해법이 아닌 것으로 밝혀진다 해도 화석연료 비료 유출이 줄어들면 바다의 데드존도 줄어들 것이다. 대형 화학 회사와 유전자 조작 농산물 종자 회사, 거대한 녹색혁명식 농업 산업의 주가에 타격을 줄 것이다. 대형 산업형 농장의 보조금이 사라지면서 패스트푸드의 가격이 높아질 것이다. 이보다 더 좋은 효과를 내는 일이 있을까?

또한 직장이 없는 수백만의 젊은이들에게 고품질, 고영양의 지역 산물을 생산하는 의미 있는 일거리를 줄 수 있다. 화학물질과 물을 덜 이용해서 헥타르당 더 많은 채소를 생산하게 될 것이고, 유기농이나 되살림 유기농 농업을 넘어 표토를 만들어 내는 농사 방식으로 발전해 나갈 것이다.

정말 대단한 일이다. 하지만 여기에 이르기 위해서는 할 일이 많다. 나는 그 혁명에 동참하고 싶다.

2013년 우리는 파타고니아 프로비전이라는 이름의 새로운 회사를 시작했다. 우리 의류 회사와 같은 가치관을 가진 식품 회사이다. 이 굶주린 세상을 먹이기 위해서는 2050년까지 식량을 50퍼센트 더 생산해야 한다는 것을 깨닫고 식품 혁명을 이끄는 데 도움이 되는 일을 하기로 했다.

우리는 질 높은 식품을 생산하겠다는 목표로 식물 유전학자, 어류 생물학자, 농부, 어부, 요리사 등으로 구성된 소규모 '특수 부대'를 구성했다.

우리 모두는 토양의 유형, 기후, 태양빛 노출 등이 와인 포도의 품질에 엄청난 영향을 준다는 것을 알고 있다. 그렇다면 채소와 곡물도 마찬가지가 아닐까? 유기농 당근이 산업형 농법으로 키운 당근에 비해 항상 영양가가 높다고 단정할 수 없는 이유는 당근이 자라는 장소가 차이를 만들기 때문이다. 유기농을 뛰어넘는다는 말은 당근의 품질을 최적화하는 장소에서 표토를 생성시키는 방법으로 기른다는 의미이다.

나는 혁명이 시작되었다고 믿는다. 데이비드 브로워의 말을 빌리면 "돌아서서 한 걸음 앞으로 나아감으로써" 말이다. 우리는 유기적 관행, 생물역학, 돌려짓기를 앞세운 과거의 농법으로 돌아가야 한다. 브라질의 농부들은 녹비(green manure, 녹색식물의 줄기와 잎을 비료로 사용하는 것 – 옮긴이)를 이용하고 콩을 지피작물로 재배해서 옥수수와 밀의 수확량을 2배로 늘렸다. 워싱턴주 브레드랩과 캔자스 토양 연구소의 과학자들은 물을 덜 필요로 하고 표토 훼손이 거의 없는 다년생 밀 '컨자(Kernza)'를 비롯해 오랜 역사를 가진 다른 곡물들의 가치를 재발견하고 있다. 뮌헨 공과대학의 최근 연구는 유기농 농장의 소출 단위당 온실가스 발생이 전형적인 농장보다 20퍼센트 적다는 것을 보여 주었다.[34] 로데일 연구소는 유기적으로 관리된 토양은 방출하는 양보다 많은 탄소를 흡수한다는 것을 발견했다.[35] 또한 모든 경작지가 되살림 모델로 전환된다면 토지가 연간 이산화탄소 방출량의 40퍼센트를 흡수하고, 목초지가 되살림 모델로 전환되면 추가적으로 71퍼센트를 흡수할 것이라고 말한다.[36] 세계의 기후변화, 늘어나는 가뭄, 화석연료의 고갈에 맞서야 하는 우리는 이제 농업 관행에 대해 다시 생각해야만 한다.

많은 사람들이 소규모 영농은 대규모 기업식 영농의 상대가 되지 않는다고 생각한다. 그렇게 생각한다면 어떤 종류의 중소기업도 대기업을 상대하지 못한다는 말이 된다. 대기업과 같은 규칙으로 대기업과 같은 게임을 한다면 당연히 중소기업은 대기업을 당해 낼 수 없다.

20마리 젖소를 키우는 프랑스의 농부는 협동조합에 우유를 파는 것으로는 생계를 유지할 수 없다. 우유의 질이 아무리 좋더라도 말이다. 하지만 직접 치즈를 만들어서 농산물 직판장이나 식당에 판매한다면 상품과 유통 시스템의 제약에서 벗어날 수 있다.

다음 이야기는 재고 회전에 대한 교훈을 준다.

캘리포니아 세바스토폴에 위치한 3.2헥타르 규모의 노래하는 개구리(Singing Frogs) 농장은 패러다임을 깸으로써 경쟁이 가능하고 더 나아가 번창할 수 있다는 것을 입증하고 있다.

브로콜리 같은 작물을 수확할 때 그들은 땅 위에서 줄기를 자른다. 미생물과 지렁이의 먹이가 되도록 뿌리를 땅속에 남겨 두는 것이다. 퇴비 한 층을 쌓고 그날 온실에서 가져온 모종을 심는다. 씨앗이 발아하기를 기다리지 않는다. 화학비료를 사용하지 않고, 땅을 갈지 않는다. 그들은 고설식(raised bed, 나무나 콘크리트 소재의 격납 용기에 흙을 담아 기존 토지보다 높은 위치에서 작물을 키우는 방법 – 옮긴이)으로 1년에 3~6가지 작물을 생산한다. 이 농장은 에이커당 10만 달러의 수익을 올린다. 이는 비슷한 캘리포니아 농장의 에이커당 평균 수입의 10배에 해당한다.[37]

어업도 과거의 방식, 오랜 역사를 가진 선택적 어획 기법으로 돌아가야 한다. 공해에 건강하고 지속 가능한 종들이 멸종 위기에 처한 종들과 섞여 있는 연어의 경우, 어떤 종을 잡고 있는지 정확히 알 수 있는 지역에서 수확하도록 해야 한다. 댐을 철거하고, 개방 수역에서의 양식어업을 막고, 부화장의 파괴적인 관행을 버리기 위해 노력해야 한다. 댐에 막히지 않고 흐르는 강물에 수많은 연어가 자유롭게 이동하는 상황이라면 적은 비용으로 더 많은 물고기를 얻을 수 있는 동시에 하천 생태계를 보존할 수 있다.

식용 동물을 키우는 것도 과거의 방식으로 돌아가야 한다. 축산업에 산업형 가축 사육장, 성장호르몬, 항생제가 도입되기 훨씬 전부터 보다 간단하고 건강한 방법들이 있었다. 놓아기른 유기농 가축은 영양가가 더 많고 좋은 품질의 고기를 생산한다. 온실가스를 덜 배출하고, 동물들이 보다 자연스럽고 존엄한 삶을 살도록 해 준다. 자유롭게 돌아다니는 들소처럼 동물 자체가 야생 생태계의 회복에 도움을 주는 경우도 있다.

과거의 방식으로 돌아간다면 우리는 세 가지 면에서 이득을 얻게 된다. 첫째, 더 맛있고 우리 몸에 좋은 식품을 생산하게 된다. 둘째, 실업률을 줄인다. 전 세계에서 일어나는 많은 갈등은 근본적으로 기술에 자리를 빼앗긴 여러 세대 사람들에게 의미 있는 일거리가 부족하기 때문에 일어난다. 셋째, 유기농 농업과 책임 있는 어업, 축산업은 지구를 구하는 가장 좋은 기회이다.

의류 회사가 음식에 대해서 뭘 안다고? 나는 이런 질문을 수없이 들어 보았다. 좋은 질문이다. 솔직하게 말해서 프로비전을 시작했을 때 우리는 '아는 것이 거의 없었다.' 하지만 이렇게 생각해 보자. 40년도 더 전에 파타고니아를 시작할 때 우리는 이런 얘기를 들었다. "등반가들이 옷에 대해서 뭘 안다고?" 그때의 대답도 지금과 같았다.

그러나 시간이 지나면서 우리는 구매, 제조, 판매에 접근하는 방법에 대한 윤리를 발전시키게 되었다. 내 목표는 이 윤리를 식품에 적용시키는 것이다. 우리는 다시 한 번 직접 소매를 걷어붙이고 가능한 많은 것을 배우며, 일을 시작했다. 과거에도 일에 뛰어들기 전까지 우리는 재활용 음료 병으로 플리스를 만드는 것이나 유기농 면, 메리노(merino, 털이 길고 고운 양의 품종 – 옮긴이) 양털, 인도적으로 수확된 오리털에 대해서 아는 바가 전혀 없었다.

프로비전 사업은 특히 벅찬 과제이다. 우리는 식품 산업을 하루아침에 바꿀 수 있을 것이라고 기대하지 않는다. 하지만 나는 올바르게만 한다면 식량을 생산하는 새롭지만 사실은 오래된 방법 쪽으로 상황을 반전시키는 데 도움을 줄 수 있을 것이라고 생각한다. 이것이 우리의 유일한 바람이다.

이것은 파타고니아가 다루어 온 그 어떤 것보다 중요한 프로젝트이다. 어쩌면 우리가 정말 세상을 구할지도 모른다.

다른 기업에 영향을 준다

말린다와 나는 사업을 계속하자는 결정을 내리면서 문제에 직면했다. 우리가 세상에 이로운 일을 하고 피해를 적게 입히도록 회사를 운영할 수 있을까? 회사를 개인은 할 수 없는 개혁을 불러올 수 있는 모델로 만들 수 있을까? 환경 위기는 하나의 회사, 100개의 회사만으로 해결하기에는 너무 큰 문제이다.

법의 강제가 있거나 주주에게 더 이익이 된다는 입증이 있기 전에는 상장된 대기업들이 스스로 갑자기 책임감을 가지게 되는 날은 아마 오지 않을 것이다. 이런 기업들이 자신의 행동을 정화하기 위해 하는 대부분의 일은 사실 그린워싱(green washing, 위장환경주의)일 때가 많다.

기업의 사회적 책임(corporate social responsibility, CSR)보고서에는 연주회에 돈을 기부하거나 재활용 플라스틱을 사용하기 시작했다는 내용이 들어 있다. 하지만 4만 헥타르의 나이지리아 델타 지역을 오염시켰다거나 지난해 세금을 내지 않았다는 언급은 찾아볼 수 없다.

20년 전 모든 면제품을 유기농 면으로 바꿀 때 우리는 심각한 재정적 위험을 무릅써야 했다. 하지만 그때의 결정은 지금 엄청난 환경적 영향을 보여 주고 있다. 환경문제의 해결에는 큰 노력이 필요하다. 하지만 우리는 그런 노력이 재정적 성공이라는 결과로 돌아올 것이라고 믿는다. 파타고니아는 그런 상황을 여러 번 경험했다. 2013년 파타고니아는 환경적, 사회적 책임감을 가진 신생 업체에 투자하는 벤처 캐피털 펀드인 틴 쉐드 벤처(TSV)를 만들었다. 보다 책임감 있는 사업을 위한 노력의 와중에 배운 교훈들을 아웃도어 의류 산업 이외의 분야에 적용하고 싶었기 때문이다. 우리는 장기적인 재정적, 환경적 이득을 위해 단기적인 수익을 기꺼이 포기했다. TSV는 파타고니아 사명 선언의 세 번째 기둥, "환경 위기에 대한 공감대를 형성하고 해결 방안을 실행하기 위해 사업을 이용한다"를 실천하는 매개체 역할을 한다. 그리고 동시에 환경 위기를 해결하는 데 도움이 될 사업 아이디어를 가진 사람들에게 자금을 지원함으로써 세상에 이로운 일을 하는 역할도 한다.

우리가 영향을 주고 싶은 것은 소규모 개인 사업체이다. 언젠가 자신의 작은 농장을 갖고 싶다는 꿈을 꾸는 수만의 젊은이들 말이다.

모두가 함께 힘을 합한다면 필요한 변화를 만들 수 있다.

파타고니아 공원의 얕은 호수들은 플라밍고들에게 안전한 보금자리와 풍부한 먹거리를 제공한다. 플라밍고는 야생에서 50년까지 살 수 있다. 칠레. 사진: 린데 와이드호퍼

재단

활동가들에 자금을 조달해 환경 위기에 맞서야 하는 절박한 상황에 있다 보면 재단과 그역할에 대한 의문이 생길 수밖에 없다. 재단은 법에 따라 매년 자산의 5퍼센트 이상을 기부해야 한다. 2001년 미국 재단들은 거의 300억 달러의 돈을 기부했다.[38]

상당한 액수이다. 하지만 문제들이 대단히 시급하고 대부분 환경과 연관된다는 점을 생각하면, 환경이 빠른 속도로 훼손되고 있는 지금 당장 돈을 한꺼번에 투자하는 것이 더 이치에 맞는 일일지도 모른다.

대부분의 재단은 설립자의 부와 인격을 드러내기 위해 만들어진다. 때문에 재단에는 보통 영구적으로 따라야 하는 지침이 있다. 하지만 자산을 모두 내주고 재단의 문을 닫는 한이 있어도 지금 당장 거액을 기부하는 것이 나은 경우가 있다. 장시간에 걸쳐 누적액이 많

은 기부보다는 즉각적인 기부가 훨씬 큰 혜택을 가져올 수 있는 것이다. 급속하게 확산되는 환경문제는 분명 이런 경우에 해당한다.

재단, 특히 대형 재단들은 시간이 지나면서 점점 보수적이 된다. 돈과 책임이 주어졌을 때라면 결국 문제는 가장 선한 일을 어떻게 행하는가로 귀결된다. 재단의 목적이 부를 사회적 문제에 대한 해법으로 전환시키는 것이라면 문제가 실제로 해결되는 수준까지 기부액을 늘리는 것이 마땅하다.

여기에는 재단의 설립자가 살아 있는 동안 기부의 긍정적인 결과를 직접 확인할 수 있다는 효과도 뒤따른다.

-이본 쉬나드

지구를 위한 1퍼센트 1% for the Planet 연합

1999년의 어느 가을 오후 나는 스네이크강 헨리스포크에서 몬태나 웨스트옐로스톤에 위치한 블루 리본 플라이스(Blue Ribbon Flies) 창립자 크레이그 매튜스와 플라이 낚시를 하고 있었다. 우리는 각자의 회사가 야생 지역의 존재에 의존하고 있다는 사실을 인식하고 있었고, 건강한 자연환경이 인류의 생존에 꼭 필요하다는 믿음을 공유하고 있었다. 이 두 가지 이유 때문에 우리는 일부 고객들을 잃을 수 있다는 것을 알면서도 사업을 통해 풀뿌리 환경단체를 지원했다.

그날 우리의 대화는 사실 우리의 사업이 '급진적인' 입장 때문에 성장했다는 것을 깨달으면서 전환점을 맞았다. 우리의 성장은 우연도 아니었고, 급진주의자들에게 우리 물건을 사게 만든 것도 아니었다. 다른 어떤 것이 작용하고 있었다. 고객들은 단순히 환경에 대한 입장을 밝히는 데에서 그치지 않고 활동가들에게 기부하는 방식으로 행동하는 기업을 지지하고 싶어 했다.

2001년 크레이그 매튜스와 나는 자연환경을 보호하고 복구하기 위해 적극적으로 노력하며 매출의 1퍼센트 이상을 투자하는 기업들의 연합체, '지구를 위한 1퍼센트'를 창단하기로 결정했다. 이 조직은 풀뿌리 환경단체에 더 많은 자금을 지원해 그들의 활동 효율을 높이는 일에 전념한다. 지구를 위한 1퍼센트의 목표는 이 다양한 환경단체들에 투자해 그들이 세계의 문제를 해결하는 데 보다 강력한 힘을 가질 수 있도록 하는 것이다.

연합체는 이렇게 운영된다. 회원사는 연 매출의 1퍼센트를 세금 공제 혜택을 받는 형태로 비영리 환경단체에 기부한다. 회원사는 지구를 위한 1퍼센트가 승인하고 등록한 수천 개 단체 명부에서 기부할 조직을 선택한다. 회원사는 자신의 기부금을 직접 배분해 의사결정 과정을 단순화하고, 관료주의를 최소화하고, 지원하는 단체와 독립적인 관계를 유지한다.

회원사는 지구를 위한 1퍼센트 로고를 사용해 자신들이 환경문제에 대한 책임을 분담하고 있다는 것을 고객들에게 알린다. 이 로고를 통해 고객들은 그린 마케팅(green marketing, 환경적으로 우수한 제품 및 기업 이미지를 만들어 기업의 이익 실현에 기여하는 마케팅 – 옮긴이)과 진정한 책임 의식을 쉽게 구분할 수 있다. 그리고 그 회사가 환경이 인류를 비롯한 지구상 모든 생명의 토대이며, 모든 형태의 생명에게 미래를 보장하기 위해서는 건강한 환경이 꼭 필요하다는 점을 이해한다는 것을 확인할 수 있다.

우리가 기부의 액수를 매출의 1퍼센트로 정한 것은 그것이 수익에 좌우되지 않아 달성하기 어려운 수치이고 따라서 제품을 홍보하기 위해 그린 마케팅을 이용하는 회사들과 구분해 주기 때문이다. '매출이나 수익의 몇 퍼센트'를 기부하겠다는 모호한 선언은 의미가 없다. 100만 달러가 될 수도 있지만 1달러가 될 수도 있다. 하지만 지구를 위한 1퍼센트라는 이름은 최소한 1퍼센트를 기부한다는 의미이다.

대통령이 다음번 세금 신고 때는 신고서 뒤에 "내가 낸 세금의 15퍼센트는 여기에, 10퍼센트는 저기에 썼으면 한다"라고 적을 수 있는 자리를 마련해 준다고 상상해 보자. 사람들은 자신이 낸 세금이 갈 곳을 정할 기회를 놓치지 않을 것이다. 이런 것을 대의권을 통한 납세라고 부를 수 있지 않을까? 현재로서 당신은 의견을 말할 수 없다. 당신이 지지하는 정당이 집권하고 있지 않을 때는 특히 더 그렇다. 하지만 당신이 먼저 활동가들에 대한 기부의 형태로 스스로에게 세금을 부과한다면, 그 돈이 어디로 가는지 알 수 있다.

정계나 재계의 거물들이 종말로 빠르게 나아가는 환경의 추세에서 우리를 구해 줄 것이라고 생각하는 사람은 많지 않다. 혁명이 있어야 하지만 혁명은 위에서부터 시작되지 않는다. 지구를 위한 1퍼센트는 자원 이용에 대해 자진해서 납부하는 세금이기도 하지만 우리가 미래에도 사업을 계속하기 위한 보험이기도 하다. 나는 기업들이 환경문제에 단 1퍼센트의 기부를 함으로써 모르몬교도들이 매년 수입의 10퍼센트를 교회에 바치고 느끼는 것과 같은 헌신과 만족감을 느끼기를 바란다. 모르몬교인들은 농장을 잃어도 교회가 그들을 지켜 줄 것이라는 확신을 십일조를 통해 얻는다.

세계적 문제들을 해결하는 일은 그리 어렵지 않다. 행동에 나서면 된다. 그럴 수 없다면 지갑이라도 열어야 한다. 가장 겁이 나는 순간은 첫 번째로 수표에 기부액을 쓰는 때이다. 그런데 혹 아는가? 그건 잠깐일 뿐 다음날도 똑같이 흘러간다. 여전히 전화벨이 울리고, 식탁에는 먹을 음식이 있다. 그리고 세상은 아주 조금이지만 더 나아져 있다.

마하트마 간디가 말했듯이 "세상의 변화를 바라는가? 그렇다면 당신 자신이 그 변화가 되어야 한다."

마우로 마조, 크레이그 매튜스, 나. 사진: 팀 데이비스

무엇을 먼저 시작해야 할지 모르겠다면 나무를 심어라. 진정한 낙관주의자만이 할 수 있는 일이다. 사진: 에이
미 컬러

돌아서서 한 걸음을 내딛다

그리고는 스포츠용품 중개상이라고 알려진 기계류를 다루는 사람이
등장했다. 그는 야외 활동을 즐기는 사람들에게 끝도 없이
많은 장치들을 걸쳐 주었다. 자립심, 배짱, 목공 기술, 사격술을 기르도록
도와줄 뿐이라던 이 장치들은 도리어 본래 목적의 자리를 대체해 버릴 때가
많았다. 여러 기구들이 주머니를 채우고 목과 벨트에 달리게 되었다.
나머지가 자동차 트렁크와 트레일러까지 채웠다.
아웃도어 장비들 하나하나는 더 가벼워지고 더 나아졌지만
그 모든 것들을 합친 무게는 점점 무거워졌다.

－알도 레오폴드, 『모래땅의 사계(A Sand County Almanac)』

선승이라면 이렇게 말했을 것이다. 정부를 변화시키고자 한다면 기업
을 변화시켜야 하고, 기업을 변화시키고자 한다면 우선 소비자를 변화
시켜야 한다. 잠깐! 소비자라고? 그건 나잖아. 변화가 필요한 게 나라

고 말하는 거야?

소비자의 원래 정의는 "사용을 통해 파괴 혹은 소진하는 사람, 게걸스레 먹거나 헤프게 쓰는 사람"이다. 세계의 다른 사람들이 미국인과 같은 속도로 소비를 한다면 지구가 7개는 필요할 것이다. 우리가 쇼핑센터에서 사들이는 것의 90퍼센트는 60~90일 내에 쓰레기 더미로 들어간다.[1] 우리가 이제 시민 대신에 소비자라고 불리는 것은 전혀 이상한 일이 아니다. 소비자는 우리에게 잘 어울리는 이름이다. 정치가와 기업가들은 우리가 어떤 사람이 되었는지를 비추는 거울이다. 평균적인 미국인의 읽기 능력은 8학년(우리나라 중학교 2학년) 수준이고[2] 미국인의 50퍼센트는 진화론을 믿지 않는다.[3] 정부는 그런 우리의 수준을 반영한 정부이다.

우리 모두는 끊임없이 소비하고 버리는 일을 기반으로 하는 현재의 세계 경제가 지구를 파괴하고 있다는 것을 알고 있다. 죄인은 바로 우리다. 우리는 '써 버리고, 파괴하는' 소비자이다. 우리는 필요는 없지만 원하는 물건들을 계속해서 사들인다. 우리에게 만족이란 없는 것 같다.

첨단 기술을 자랑하지만 위험성과 유해성이 큰 경제 시스템이 초래한 결과를 보면서 많은 사람들이 광적인 소비자 라이프스타일에 의문을 제기하고 있다. 모든 기술을 거부하자는 것이 아니다. 적당한 기술 수준으로 돌아가 보다 단순한 삶을 지향하자는 것이다.

미국 정부는 승자 독식의 불균형한 시스템을 유지하고 있고, 연방정부와 주요 언론들이 보수적인 반환경적인 단체의 통제 하에 있는 상황에서, 많은 시민들이 권리를 박탈당한 채 살고 있다. 지금은 의견을 밝히고, 참여하고, 자원하고, 해당 단체를 금전적으로 지원함으로써 시민 민주주의를 발전시키고 민주주의 안에서 목소리를 내는 일이 그 어느 때보다 중요하다.

사업에 대해서 생각하다 보면 내가 싸워야 할 가장 큰 문제가 '안주'라는 것을 깨닫게 된다. 나는 항상 파타고니아가 지금부터 100년 후에도 이곳에 있을 것처럼 생각하고 회사를 운영한다는 말을 하곤 한다. 하지만 그 말은 목표까지 100년의 시간이 있다는 의미가 아니다. 우리의 성공과 수명은 빠르게 변화하는 능력에 달려 있다. 지속적인 변화와 혁신을 위해서는 절박한 느낌을 유지해야 한다. 한가롭고 느긋해 보이는 파타고니아의 기업 문화에서는 특히 어려운 과제이다. 사실 내가 우리 회사 관리자들에게 주는 가장 큰 과제는 변화를 일으키라는 것이다. 그것이 장기적으로 우리를 살아남게 하는 유일한 방법이다.

자연도 마찬가지이다. 자연은 끊임없이 진화한다. 생태계는 대재해나 자연선택을 거쳐 환경에 적응한 종을 지지한다. 건강한 환경이 작동하려면 성공적인 기업과 마찬가지로 다양성과 포괄성이 필요하다.

최근에는 기업계나 환경운동 일선이나 안일함으로 가득 차 있다. 생태계의 주변부, 그 외곽에서만 맹렬한 속도로 진화와 적응이 일어난다. 생태계의 중심, 그 내부에서는 현상을 유지하려고 하기 때문에 적응력 없는 종들이 소멸해 간다. 기업도 같은 순환을 거친다. 중심에 있는 전형적인 기업들은 자신들의 잘못이나 암울한 경제 상황, 예상치 못한 경쟁과 같은 파멸적인 사건으로 인해 결국 소멸한다. 절박함을 가지고 움직이는 기업들, 주변부에서 끊임없이 움직이고 계속해서 진화하는 기업들, 새로운 업무 방식과 다양성에 열려 있는 기업들만이 지금부터 100년 동안 살아남을 것이다.

우리 사회에도 같은 비유를 적용하면, 활동가들은 중심에 있는 무사 안일하고 보수적인 사람들의 발꿈치를 물어뜯으며 바깥쪽에서 움직이고 있다. 이 활동가들은 빨리 행동하지 않으면 우리가 살 곳이 없어진다는 것을 알고 있다.

그 과정의 어딘가에서 이 모든 혼란을 만든 것도 우리이고, 그것을 바로잡는 일도 우리의 몫이다. 세상은 나 한 사람의 목소리에 귀를 기울이지 않을 수도 있다. 하지만 수천 명이 함께 내는 목소리는 들을 것이다. 나에게는 영농 산업 전체를 개혁할 능력이 없다. 하지만 나는 파타고니아가 유기농 면만을 구입하게 만들 수 있고 다른 기업도 유기농 면을 사게끔 설득할 수 있다. 당신 역시 카페테리아가 유기적으로 재배된 산물만 내도록 할 수 있다. 지속 가능하게 재배된 산물에 대한 수요가 충분히 커지면 시장도 변화할 것이고, 기업도 거기에 대응해야 할 것이며, 정부도 그 뒤를 따르게 될 것이다.

나는 직접 일선에 나서는 활동가가 될 자신은 없다. 내가 지지하는 자선단체들이 너무나 많다 보니 최전선에 서면 금방 혼란에 빠질 것이다. 하지만 지갑을 꺼내 최전선에서 활동하는 용기 있는 사람들을 지원할 만큼 행동주의에 깊은 믿음을 갖고 있다.

나는 악의 정의를 다른 사람과 다르게 생각한다. 명백하고 공공연한 행동이어야 악인 것은 아니다. 단순히 선의 부재도 악일 수 있다. 당신에게 선을 행할 능력과 자원과 기회가 있는데도 하지 않는다면 그것이

$\longrightarrow$

위 | 쇠황조롱이 둥지가 있는 곳까지 올라간 클레어 펜노이어 쉬나드. 1987년 퀘벡 케스케이피디어강. 사진: 이본 쉬나드
아래 | 플레처 쉬나드와 게리 로페즈가 덱의 형태를 두고 의견을 나누고 있다. 사진: 팀 데이비스

에필로그

악일 수 있다.

아메리칸드림은 자기 사업을 시작해서 가능한 빨리 키운 뒤 현금화하고 은퇴해서 레저 월드에서 골프나 치며 여생을 보내는 것이다. 이들에게는 기업 자체가 상품이다. 샴푸를 팔든 지뢰를 팔든 문제가 되지 않는다. 직원 교육, 사내 보육 시설, 환경오염 방지, 좋은 작업 환경 등에 장기적으로 투자하면 단기적으로 장부에 부정적인 영향을 주기 때문에 주된 관심사가 아니다. 회사가 제대로 살이 오르면 수익을 남기기 위해 팔아 치운다. 회사의 자원과 재산은 산산조각 나고, 사용하고 버리는 개체로서의 기업이라는 개념이 사회의 다른 요소들에게로 이어진다.

회사가 가장 빠른 시간 안에 가장 높은 값을 쳐주는 곳에 팔리는 상품이라는 발상을 버리면, 미래를 위한 모든 결정이 영향을 받는다. 소유주와 관리자들은 회사가 자신들보다 오래 지속될 것이라는 것을 알고, 수익을 넘어서는 책임감을 가진다. 자신을 기업 문화, 자산, 직원들을 관리하고 보호하는 사람으로 인식한다.

사교 클럽, 종교, 운동팀, 이웃, 가족과 같이 사람들을 통합하는 효과를 내는 많은 조직들이 쇠퇴하면서 우리는 허무감을 느끼기 시작했다. 사람들은 이런 조직들을 통해 공동의 목적을 향해 노력하면서 소속감을 느꼈다. 사람들은 여전히 윤리적 구심점을 필요로 한다. 사회 내에서 자신의 역할을 깨닫고 싶은 것이다. 직원들과 고객들에게 기업이 윤리적 책임을 이해하고 있고 개인의 책임에 대응하는 데도 도움을 줄 수 있다는 것을 보여 준다면 기업이 이 허무함을 메울 수 있다.

파타고니아는 사회적 책임을 완벽하게 이행하지는 못할 것이다. 전적으로 지속 가능하고 피해가 전혀 없는 제품을 만들지도 못할 것이다. 하지만 파타고니아는 그런 목표를 위해 최선을 다해 노력할 것이다.

70억 세계 인구 모두를 만족시키면서 지구에 피해를 주지 않는 경제는 상상하기 힘들다. 현재 세계적으로 우리는 1.5개 지구만큼의 자원을 사용하고 있다. 지속 가능성과는 거리가 먼 소비 수준이다. 2050년에는 3.5에서 5개의 지구가 필요한 정도까지 상승할 것으로 예상된다.[4] 우리는 실패한 시스템을 끊임없이 재활용하면서 이번에는 효과가 있기를 바라는 운명에 갇혀 버린 듯하다. 같은 행동을 반복하면서 다른 결과가 나오기를 바라는 것은 바보짓이다. 그렇게 해서 도대체 뭘 얻을 수 있단 말인가? 과거의 비효율적이며 오염을 유발하는 기술을 피해가 적고 보다 깨끗한 기술로 대체해야 한다. 하지만 그것만으로는 진짜 문제, 유한한 지구에서 끝없이 성장하려 해서 생기는 문제를 해결하지 못한다.

사회가 너무 복잡해진 나머지 스스로를 궁지에 몰아넣은 상황이라고 해서 끝내 진창에 빠져야만 하는 것은 아니다. 데이비드 브로워의 말대로 뒤로 돌아서면 앞으로 나아갈 수 있다.

나는 절제, 품질, 단순함과 같은 단어에 답이 있다고 생각한다. 성장이라면 다 좋다는 생각을 버려야 한다. 빠르게 성장하는 것과 건강하게 성장하는 것 사이에는 큰 차이가 있다.

이 유한한 지구에서는 소비를 줄일 필요가 있다. 우리 모두 잘 알고 있는 사실이다. 사람들이 일자리를 잃게 될까 걱정인가? 어차피 자동화와 로봇 기술의 발달로 많은 일자리가 사라질 것이다. 우리가 원하는 것이 아닌 필요한 것만을 구입한다면, 다기능의, 내구성이 좋은, 수선이 가능한, 품질이 좋은, 유행이 없는 그리고 다음 세대까지 물려줄 수 있는 것만을 산다면 어쩌면 일부 사람들은 일자리를 지킬 수 있을 것이다.

40시간을 투자해 아름답고 기능적인 플라이 낚싯대를 만드는 장인에게는 늘 일거리가 있다. 어떤 일을 하는 오랜 방식, 현대의 기술로도 뛰어넘지 못하는 그런 방식들은 쉽게 사라지지 않는다.

냉방이 되는 트랙터에 앉아 질이 떨어지고 유독하기까지 한 농산물을 생산하는 '녹색혁명' 농부들을 생각해 보라. 그들을 손도구를 이용하거나 훈련이 잘된 말이나 소의 뒤를 따르면서 만족감과 즐거움을 찾는 소규모 유기농 농장의 농부와 비교해 보라.

나에게는 하와이 비숍 박물관에 있는 18세기 나무 서프보드를 본 따 만든 보드로 서핑을 하는 친구들이 있다. 이 서프보드는 다리미판처럼 얇고 납작하며 핀이 없다. 하지만 내 친구들은 현대의 플라스틱 보드를 사용하는 상위 1퍼센트 서퍼들만큼 파도를 잘 탄다.

전 세계의 전문 짐꾼들은 모두 머리 위에 짐을 이고 이동한다. 물독을 나르는 아프리카 여성들과 텀플라인(tumpline, 이마에 거는 줄－옮긴이)을 이용해서 50킬로그램의 짐을 옮기는 셰르파들이 그렇다. 사실 국제연합은 연구를 통해 이런 전통 방식이 최첨단의 현대적 백팩을 사용하는 것보다 50퍼센트 더 효율적이라는 것을 입증했다.

탐험대장 섀클턴의 구명선 제임스 케어드에 탄 선공은 남극에서 사우스조지아섬으로 가는 길에 오로지 3개의 손도구만을 챙겼다. 필요한 경우 이 도구들만으로 다른 배를 만들 수 있다는 것을 알았기 때문이다.

나는 모든 일에서 달인이 되는 길은 단순함을 향해 노력하는 것이라고 생각한다. 복잡한 기술 대신 지식을 습득하는 것이다. 많이 알수록 필요한 것은 적어진다.

나 자신의 삶을 단순하게 만들려는 미미한 시도들을 통해 나는 보다 단순하게 살아야, 혹은 그렇게 살기로 선택해야 정말 중요한 모든 면에서 빈곤하고 결핍된 삶이 아닌 풍요로운 삶을 살 수 있다는 것을 배웠다.

세로 피츠로이 정상의 딕 도워스, 더그 톰킨스와 나. 1968년. 사진: 크리스 존스

도매 부문을 운영해 주고, 카탈로그의 카피를 써 주고 파타고니아 인 코퍼레이티드의 역사를 기록해 준 나의 조카 빈센트 스탠리. 내 뒤죽 박죽인 생각을 기적적으로 정리해 준 편집자이자 친구, 찰리 크레이그 헤드와 존 더턴. 성공의 토대를 마련해 준 더그 톰킨스와 수지 톰킨스 뷰엘. 아주 오랫동안 온갖 궂은일을 도맡아 준 크리스 맥디비트 톰킨 스. 그리고 우리가 믿는 것을 현실로 만들도록 도와준 과거의, 그리고 현재의 파타고니아 직원들께 감사를 전합니다.

사진: 데이브 에드워즈

참고 문헌

Chouinard, Malinda, Jennifer Ridgeway, and Anita Garroway-Furtaw. Family/Business: A Visual Guide to Patagonia's Child Development Center. Ventura, California: Patagonia, 2016.

Chouinard, Yvon, Craig Mathews, and Mauro Mazzo. Simple Fly Fishing: Techniques for Tenkara and Rod & Reel. Ventura, California: Patagonia, 2014.

Chouinard, Yvon, Dick Dorworth, Chris Jones, Lito Tejada-Flores, and Doug Tompkins. Climbing Fitz Roy, 1968: Reflections on the Lost Photos of the Third Ascent. Ventura, California: Patagonia, 2013.

Chouinard, Yvon, and Vincent Stanley. The Responsible Company: What We've Learned from Patagonia's First 40 Years. Ventura, California: Patagonia, 2012.

Dagget, Dan. Gardeners of Eden: Rediscovering Our Importance to Nature. Santa Barbara, California: Thatcher Charitable Trust, 2006.

Fukuoka, Masanobu. The One-Straw Revolution: An Introduction to Natural Farming. 3rd ed. Translated by Larry Korn, Chris Pearce, and Tsune Kurosawa. New York City: New York Review Books Classics, 2009.

Gallagher, Nora, and Lisa Myers. Tools for Grassroots Activists: Best Practices for Success in the Environmental Movement. Ventura, California: Patagonia, 2016.

Jeavons, John. How to Grow More Vegetables (and Fruits, Nuts, Berries, Grains, and Other Crops): Than You Ever Thought Possible on Less Land Than You Can Imagine. 8th ed. Berkeley, California: Ten Speed Press, 2012.

Klein, Naomi. This Changes Everything: Capitalism vs. the Climate. New York City: Simon & Schuster, 2014.

Ohlson, Kristin. The Soil Will Save Us: How Scientists, Farmers, and Foodies Are Healing the Soil to Save the Planet. New York City: Rodale Books, 2014.

Schumacher, E. F. Small Is Beautiful: Economics as if People Mattered. Reprint ed. New York City: Harper Perennial, 2010.

주석

서문

1 http://www.globalcarbonproject.org/carbonbudget/15/hl-full.htm, September 21, 2014.

2 Jerry M. Melillo, Terese (T.C.) Richmond, and Gary W. Yohe, editors, Climate Change Impacts in the United States: The Third National ClimateAssessment. U.S. Global ChangeResearch Program, 2014; http://nca2014.globalchange.gov/report/our-changing-climate/sea-level-rise.

3 http://www.iea.org/publications/scenariosandprojections/.

4 http://www.tyndall.ac.uk/communication/news-archive/2015/ipcc-2°c-scenarios-wildly-over-optimistic-commentary-nature-geoscience.

개정 증보판을 내며

1 http://environment.yale.edu/climate-communication/article/analysis-of-a-119-country-survey-predicts-global-climate-change-awareness.

2 http://www.un.org/apps/news/story.asp?NewsID=45165#.VqLR-TaKneA.

제품 디자인 철학

1 http://www.onlineclothingstudy.com/2011/02/carbon-footprint-measure-of-garments.html.

2 www.pan-uk.org.

3 http://www.sustainabletable.org/263/pesticides.

4 http://www.gmo-compass.org/eng/agri_biotechnology/gmo_planting/257.global_gm_lanting_2013.html.

5 https://oecotextiles.wordpress.com/2009/07/14/why-is-recycled-polyester-considered-a-sustainable-textile/#_ftn3.

인사 철학

1 https://www.americanprogress.org/wp-content/uploads/2012/11/CostofTurnover.pdf

환경 철학

1 http://www.ucsusa.org/about/1992-world-scientists.html#.VudQt8esehM.

2 Gregory E. Pence, The Ethics of Food: A Reader for the Twenty-first Century, 2002, p. 13.

3 Sandor Barany, editor, Role of Interfaces in Environmental Protection, 2012, p.2.

4 Ecology Action, letter to Yvon from Jake Blehm; www.growbiointensive.org.

5 http://www.naomiklein.org/shock-doctrine/reviews/profiting-disaster-capitalism.

6 http://www.nejm.org/doi/full/10.1056/NEJMra1109877?query=featured_home&.

7 http://www.nytimes.com/2014/07/16/opinion/the-true-cost-of-a-burger.html.

8 http://science.sciencemag.org/content/297/5583/950.

9 http://www.cdc.gov/women/lcod/2013/WomenAll_2013.pdf.

10 http://www.breastcancer.org/symptoms/understand_bc/statistics.

11 http://www.msmagazine.com/apr2k/breastcancer.asp.

12 http://www.alternet.org/environment/84000-chemicals-use-humanity-only-1-percent-have-been-safely-tested.

13 http://www.worldwildlife.org/stories/the-impact-of-a-cotton-t-shirt.

14 http://www.gracelinks.org/285/the-hidden-water-in-everyday-products.

15 http://www.delorowater.com/deloro/water-information/h2o-trivia.html.

16 http://www.bbc.com/news/magazine-30227025.

17 http://www.vice.com/read/what-actually-happens-to-donated-clothes.

18 http://www.wrap.org.uk/content/wrap-reveals-uks-£30-billionunused-wardrobe.

19 http://www.fao.org/news/story/en/item/40893/icode/.

20 http://www.rainforestfoundation.org/commonly-asked-questions-and-facts/.

21 http://www.numbeo.com/quality-of-life/rankings_by_country.jsp.

22 http://climate.nasa.gov/climate_resources/24/.

23 http://faostat3.fao.org/download/E/EL/E.

24 http://www.fao.org/docrep/017/i1688e/i1688e.pdf.

25 http://www.panna.org/blog/long-last-epa-releases-pesticide-use-statistics.

26 http://www.panna.org/blog/economics-atrazine-dont-add.

27 http://www.worldwildlife.org/threats/soil-erosion-and-degradation.

28 United Nations Conference on Trade and Development, "Trade and Environment Review 2013: Wake Up Before It's Too Late," 51-53.

29 The Rodale Institute, "The White Paper," 13-15.

30 R. Lal, et al., "Soil Carbon Sequestration Impacts on Global Climate Change and Food Security," Science 304, no. 1623 (2004).

31 Judith D. Schwartz, "Soil as Carbon Storehouse: New Weapon in Climate Fight?," Yale Environment 360 (March 4, 2014).

32 The Rodale Institute, "The White Paper," 8.

33 http://alumni.berkeley.edu/california-magazine/justin/2015-03-10/new-global-warming-remedy-turning-rangelands-carbon-sucking.

34 https://www.tum.de/en/abouttum/news/press-releases/short/article/30452/.

35 http://rodaleinstitute.org/reversing-climate-change-achievable-by-farming-organically/.

36 http://rodaleinstitute.org/reversing-climate-change-achievable-by-farming-organically/.

37 http://craftsmanship.net/drought-fighters.

38 http://foundationcenter.org/gainknowledge/research/pdf/payout2012.pdf.

에필로그

1 http://storyofstuff.org/wp-content/uploads/movies/scripts/Story%20of%20Stuff.pdf;Paul Hawken, Amory Lovins, and L. Hunter Lovins, Natural Capitalism: Creating the Next Industrial Revolution, 1999, p. 81.

2 https://en.wikipedia.org/wiki/Literacy_in_the_United_States.

3 http://www.gallup.com/poll/170822/believe-creationist-view-human-origins.aspx?g_source=Percentage%20of%20Americans%20who%20do%20not%20believe%20in%20evol&g_medium=search&g_campaign=tiles.

4 http://www.unep.org/roe/NewsCentre/tabid/7140/EntryId/978512/Biggest-Day-for-Positive-EnvironmentalAction-Kicks-off-with-a-Call-toConsume-with-Care.aspx.

카우보이들이 칠레의 리오강과 파스쿠아강에 댐을 건설하려는 하이드로아이센에 반대하고 있다. 사진: 헨리 타미

많은 분들의 너그러운 승인으로
저작권이 있는 다음의 작품들을 게재할 수 있었습니다.

⟶
막 단조된 피톤. 사진: 쉬나드 컬렉션

아르헨티나 티에라델푸에고 제도 라고 파가노에서 낚싯대를 던지는 중. 사진: 더그 톰킨스

←⎯⎯

쉬나드 이큅먼트 첫 카탈로그의 표지

404-405쪽 | 세로 피츠로이. 사진: 선우중옥

406-407쪽 | 조시 와튼이 캐나다 앨버타주 템플산 그린우드-로크 루트의 마지막 횡단 사면을 지나고 있다.
사진: 마이키 셰퍼

미래를 위한 코칭. 사진: 제시카 맥글로슬린

←——— 스코틀랜드 헬스럼의 더그 톰킨스. 내가 찍은 최고의 사진. 미술 교사였던 말린다는 이 사진이 온갖 둥근 형태로 가득하다고 말했다. 사진: 이본 쉬나드

410-411쪽 | 내가 가장 좋아하는 파타고니아 홍보대사 중의 한 명인 키미 베르너(Kimi Werner, 피싱다이버-옮긴이). 그녀는 환경과 너무나 잘 어우러진다. 그녀는 암컷 백상어의 눈을 보고 안전하다는 것을 알았다고 한다. 과달루페섬. 사진: 크리스 웨이드

412-413쪽 | 브리티시컬럼비아 북부 해안의 늑대가 청어알을 먹는 특이한 유전학적 특성을 보여 주고 있다.
사진: 이안 매칼리스터

위 | 캐스케이드산맥에서 나무 위 농성을 하고 있는 사람. 바닥에서 43미터 떨어진 이 플랫폼은 세 그루의 노거수를 보호하고 있다. 사진: 폴 딕스

←——— 캘리포니아 오하이주 마틸리하 댐. 사진: 벤 나이트

416-417쪽 | 파타고니아에서 더그 톰킨스와 나. 1992년. 사진: 릭 리지웨이

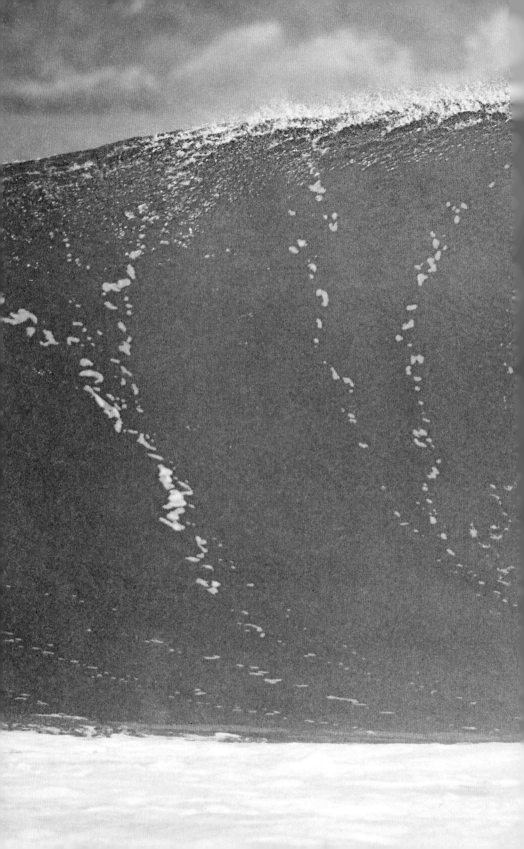

418-419쪽 | 서프보드의 내구성을 실험 중인 플레처 펜노이어 쉬나드. 멕시코 푸에르토 에스콘디도. 2003년. 사진: 루벤 피나

핀란드 헬싱키 반타강의 댐 위에서 배우 야스페르 패쾨넨과 〈댐네이션〉 제작자 맷 슈퇴커가 댐을 부술 준비를 하고 있다. 사진: 유하-마티 하칼라

자연산 배트는 오래간다. 사진: 레인 케네디

422-423쪽 | 파타고니아 본사 근처 린컨 포인트 겨울 바다의 너울. 1973년. 사진: 스티브 비셀

파타고니아,
파도가 칠 때는 서핑을

초판 1쇄 발행 2020년 4월 30일
초판 19쇄 발행 2022년 10월 5일

지은이 | 이본 쉬나드
옮긴이 | 이영래

펴낸이 | 정상우
편집주간 | 주정림
디자인 | 석운디자인
펴낸곳 | (주)라이팅하우스
출판신고 | 제2014-000184호(2012년 5월 23일)
주소 | 서울시 마포구 잔다리로 109 이지스빌딩 302호
주문전화 | 070-7542-8070 팩스 | 0505-116-8965
이메일 | book@writinghouse.co.kr
홈페이지 | www.writinghouse.co.kr

한국어출판권 ⓒ 라이팅하우스, 2020
ISBN 978-89-98075-71-2 (03320)